일풍

風

바람

道光

律呂文化社

파노라마같은 한 세상이었다

어찌 살다 보니 늘그막에 철이 들게 되었고 천지신명(天地神明)님과 조상님들의 도움으로 이렇게 몇 자 글을 쓰게 되었다. 감사함이 넘칠 뿐이다. 필자의 이 여정은 '저주'라는 한마디 말에서부터 시작된다.

이 글은 어떤 상대에 대한 분노나 미움 원망이나 증오의 마음으로 쓴 글이 아님을 밝혀둔다. 이제는 무서울 것도 두려울 것도 없고 이 세상을 미워하고 분노할 것도 없는 나이다. 현대사회는 신본주의(新本主義)와 유물주의(有物主義)에 찌들어서 간 고등어처럼 굳어져 바깥세상은 한 치도 내다볼 수 없는 사고(思考)의 한계에 부딪쳐있다. 이에 새로운 사고의 지평을 열고 싶은 한 인간의 바람이요 애원이며 탄식이다. 인류에 대한 최초의 반항이요, 어쩌면 반란인지도 모르겠다.

따지고 보면 좌파니 우파니 하는 짓들도 인류가 생기면서 본래부터 있었던 것이 아니었고 허접스런 '맑스와 레닌'이란 인간들이 싸놓은 변기통 속에서 허우적거리며 변기통에서 냄새가 나느니 향기가 나느니 하며 다투는 꼴이 좌,우파의 대립이다.

소련과 중국 대 미국이 대립하는 것도 이의 연장선상이요. 남과 북의 대치도 이에서 연유한 것이다. 우리사회가 이렇게 시끄럽고 원수처럼 으르렁거리는 것도 모두가 '맑스와 레닌'의 뒤치다꺼리를 하는 것이라고 할 수 있다. '신까지 창조'해낸 위대한 인간으로서는 실로 한심하기 짝이 없는 짓을 하는 것이라고 하겠다. 싸워도 연유를 알고 싸워야 할 것인데 세상 모두가 싸움의 원인도 모른 채 싸우고 있으니 기기 찰 노릇이다.

"강을 버리지 않으면 바다를 만날 수 없다."고 하였다.

우리의 모든 의식과 삶의 구조를 어눌한 감정에만 기대지 말고 빛나는 지성과 예리한 이성으로 강(江)을 한 번 버릴 때가 되었다고 생각한다. "모돈 것은 하염없이 지나간다."고 쓴 푸쉬킨의 싯귀처럼 불어오는 바람을 타고 모든 것은 지나갈 것이다.

새로운 세상이 오고 있다. 필자는 이러한 혼돈의 시대에 영민한 젊은 세대들의 고견을 구해 보고자 하는 것이 간절한 바람이다.

사람으로 태어나 사나이로서 세상을 향하여 하고싶은 말 한 번해보는 것도 매우 감사한 일이다. 여한이 없다.

이 책을 완성하기까지 물심양면으로 큰 힘을 주신 김영진님과 영애님께 깊은 감사를 드린다. 제호를 주신 최병선 화백님과 본서의 산파역을 맡아주신 이상민 실장님께도 깊은 감사를 드립니다.

온 인류가 평화롭고 남북이 통일돼고 사회가 안녕하며 모든 가정들이 편안하고 심신이 건강하시며 온 우주의 허공을 헤매는 인연 있는 영혼들, 인연 없는 영혼들까지 모두 끝맺음을 이루고 극락왕생하시기를 기원 드린다.

모든 독자 제위의 건강과 행운을 기원 드리면서…

- 道光

🔥 차례

제3장 **성경**

제4장 동양과 서양의 종교

제1장　우주

1. 산다는 것

> '산다는 것은
> 죽으러 가는 것'

이 두 줄의 단문은 필자의 졸시(卒詩) '산다는 것은'의 전문이다.

그렇다. 이 세상에 존재하는 모든 것들은 언젠가는 반드시 소멸의 과정을 거쳐 저 영원한 우주의 시공(時空) 속으로 사라져가야 하는 것이다. 강한 것은 강한 대로 약한 것은 약한 대로, 부한 것은 부한 대로 기쁜 것은 기쁜 대로, 울며 탓을 하고, 원망하고 몸부림쳐도, 높은 자리에 올라 기쁨을 만끽하고 복이 넘쳐 주체를 못해도 언젠가는 모두 다 저 시공 속으로 사라져가는 것이다.

그렇다면 기왕에 죽으러 가는 것이라면 고삐에 코를 꿰인 소처럼 세월에 끌려 죽으러 갈 필요까지는 없지 않은가 하는 것이 필자의 생각이다. 어차피 죽으러 갈 바에는 하루가 남았든, 한 시간이 남았든 죽음이 나를 데리러 올 때까지는 기분 좋게 살다가 가는 것이다. 그러면 돈도 없고 몸도 아프고 걱정거리도 많은데 어떻게 기분 좋게 살 수 있느냐고 묻는 사람이 있을 것이다.

그러나 만사는 생각하기 나름, 하루에는 낮과 밤이 있다. 낮은 밝기만 하고 밤은 어둡기만 하다. 하루를 보는 관점에서 하루를 낮만으로 보는 사람은 하루가 밝다고 할 것이고, 밤만으로 보는 사람은 하루가 어둡다고 할 것이다. 하루를 낮으로만 보든 밤으로만 보든 그것은 본인의 자유의사에 의한 것이다. 인생이 뭐 있는가? 기분 좋게 살다가 가는 것이지.

2. 어떻게 살 것인가?

살아간다는 것의 주체는 본인 자신이며, 삶의 방식 또한 본인이 만들어 가는 것이다. '어떻게 살 것인가?

기왕 살아야 할 바에는 '잘' 살아야 한다. 그렇다면 어떤 게 '잘' 사는 것인가?

잘 사는 방법도 여러 가지가 있겠지만 그것은 본인이 살아온 세월의 여정 속에 축적된 가치관에 따라 각기 다를 것이다. 돈이야 물론 많아야 좋을 것이고, 고관대작의 가치가 인생을 잘 사는 방법으로 인식되는 경우도 있을 것이다.

종교적인 신념에 의한 인생길을 잘 사는 방법으로 보는 사람도 있을 것이고, 평범한 사람일지라도 큰 걱정 없이 별 탈 없이 욕심 부리지 않고 사는 삶을 잘 사는 방법으로 생각하는 경우도 있을 것이다.

그러나 이 모든 각자의 삶의 방식 중에 공통으로 자리 잡은 것이 있으니, 그것은 '행복'이라는 것이다. 그러나 이 행복이라는 것도 자신이 존재하는 공동체의 규범을 침범하지 않는 바탕 위에서 이루어져야 하는 것이다. 이것은 모든 상대적인 것들에 대한 '배려'라고 할 수 있다.

모든 사람들의 본성에 내재(內在)되어 만들어진 것에 대해 경외하고 배려하는 마음이 공통적으로 발현될 때 이는 나도 잘 사는 것이 되고, 타적인 존재도 잘 사는 것이 되지 않을까 생각한다.

내가 쓰레기 하나를 버리면 내가 아닌 어떤 사람이 허리를 한 번 굽혀 그것을 줍는다고 생각하면 어떻게 쓰레기를 함부로 버릴 수 있겠는가?

세상의 이치가 사람이 아무리 권세가 있고 귀해도 혼자의 힘으로는 살아갈 수 없다. 우리들 모두는 남이 만들어 준 쌀로 만든 음식을 먹고, 남이 지어준 옷을 입고, 하늘에서 뿌려주는 비를 받아먹고, 나무가 뿜어주는 산소를 마시며 살아간다. 내가 잘 나서 살아지고 살아가는 것이 아니다. 잘 사는 것은 나 혼자 잘 살아야 되는 것이 아니고 우리 모두가 잘 살아야 하는 것이다.

이것이 우리 모두의 본성에 감추어진 배려가 아닐까 한다.

모든 것에 감사하고 베풀어야 하는 삶이 잘 사는 것이다. 이러한 모든 것의 덕과 은혜를 잊어버리고 교만해지면 잘 사는 것이 아니다.

3. 천지(天地)

천지는 그야말로 하늘과 땅이다.

이 세상에 존재하는 모든 만물은 천지 없이는 단 1초도 삶을 이어갈 수가 없다. 하지만 만물은 모든 것을 소생시키고 길러 주는 어머니적인 존재다. 천지의 아름다운 '배려' 덕으로 만물이 존재할 수 있는 것이다.

달이 뜨고 해가 지고, 별이 빛나고 사계절이 찾아와 꽃이 피고 새가 울며, 강이 흘러 바다에 이르고 바람이 불고 작은 나무의 잎들이 흔들리고 만물이 어우러져 이어지는 것이 천지의 배려가 아닌가 한다.

그렇다면 천지의 조화는 또 무엇일까? 천지는 어떻게 만들어져 있으며, 천지 자체로서만 존재하는 것인가? 아니면 천지도 또한 다른 것으로부터 '배려'를 받아 유기적으로 존재하는 것인가?

이러한 생각을 이천 년, 삼천 년 전의 지식에 대입해보면 지금의 천지는 완벽한 하나의 존재로서 그 자체가 알파요, 오메가요 모든 것의 전부였을 것이다. 그러나 과학이 발달하고 인간의 예지가 성숙된 현재의 상식과 지식으로 보면 지금 인류가 먹고 마시고 숨 쉬며 살아가는 천지라는 것도 우주 모퉁이의 한 작은 공간일 뿐인 것이다.

그렇다면 천지가 존재하는 곳은 어디인가?

그 문제의 답을 얻기 위해 현재 과학이 밝혀주고 있는 우주라는 공간으로 나가 보지 않을 수 없다.

우주(宇宙)라는 개념의 말이 인류 생활의 어느 시점부터 사용되기 시작했는지는 알 수 없으나 한자 문화권에서는 천자문(千字文)에 '우주'라는 단어가 등장한다. 그러나 지금으로서 보면 그 당시의 우주라는 말의 개념은 현대 과학이 정의하는 현재의 우주 개념과는 그 뜻이 많이 달랐을 것이다.

그 당시 선인들이 생각했을 법한 우주라는 개념은, 생각해보면 그저 큰 공간으로서 별이 있고 땅이 있고, 해가 있는 곳 정도가 아니었을까? 현대 과학이 밝혀 주는 지금의 우주와는 그 생각의 결이 다를 수밖에 없다.

이제 나의 소멸 과정으로부터 출발한 여정은 나 자신이 존재하는 천지를 거쳐서 우주라는 공간까지 이르게 되었다. 인류는 무엇이고 어디로부터 왔으며, 어디로 가고 있는 것인가? 크게 보면 결론은 우주로부터 왔고,

다시 우주로 돌아가는 여정인 것이다.

자, 우주로 한 번 나가 보자.

현대 과학이 밝혀주고 있는 찬란하고 위대한 공간 '우주'라는 것이 인간 사고 영역의 한 대상이라면 우주 자체는 무엇으로 만들어졌으며 그 소재는 무엇일까?

4. 우주(宇宙)

'부천지자(夫天地者)'는 만물지역려(萬物之逆旅)요, 광음자(光陰者)는 백대지과객(百代之過客)'이라는 이 싯귀는 이태백의 작품 〈춘야도리원서(春夜桃李園序)〉에 나오는 유명한 구절이다. 그는 천지라는 것은 온 세상 만물이 잠시 머물다 가는 여관과 같은 것이요, 빛과 그림자, 즉 하루라고 하는 시간은 천지 사이로 지나가는 영원한 나그네 같다고 읊었다. 이 지구 상에 존재하는 인간의 언어로써 시간과 공간을 이보다 더 잘 표현할 수 있는 말이 있을까 싶다. 너무나 낭만적이고 은유적이어서 황량한 인생길에서 힘들고 지칠 때 한 번씩 생각해보면 마음의 위안이 되곤 하는 삶의 동반자 같은 글귀라고 생각한다.

그렇다. 우주라는 존재도 분석해보면 그 존재의 밑바탕에는 시간과 공간이라는 위대한 존재가 씨줄과 날줄이 되어 서로 얽혀 우주로 존재한다는 사실을 알게 된다.

그렇다면 인류에게 우주는 무엇이고 시간과 공간은 또한 우리에게 무엇이란 말인가?

권자도 약자도, 귀한 자도 천한 자도 우주라는 공간이 내주는 손바닥만

한 터와 시간이라는 영원한 줄 위에서 곡마단의 곡예사가 되어 있느니 없느니, 잘났느니 못났느니 서로 뒤엉켜 도토리 키 재기를 하면서 울고 웃으며 살다가 본래의 고향으로 되돌아가는 것이 아닌가? 50평 아파트에 산다는 것은 우주 공간으로부터 50평만큼 빌려 쓰는 것이다. 100세를 산다면 우주의 시간으로부터 100년을 빌려 사는 것이고, 50살을 살다 간다면 50년만큼 빌려 쓰고 가는 것이다. 인생살이 뭐 별것 아닌 것이다. 안달복달하면서 살 것 없다. 그런데도 '영원히' 살겠다고 떼를 쓰는 것이다.

영원히 산다는 '영생', 이 말 함부로 할 수 있는 말이 아니다. 이 천지 우주공간에서 영원한 것은 '시간과 공간'밖에 없다. 영생이라는 말은 욕심이 목구멍 넘어 머리끝까지 차오른 사람들이 아전인수 격으로 자기 편하게 만들어낸 단어일 뿐이다. 137억 년이나 된다는 우주도 언젠가는 소멸되고 다시 생겨난다고 한다. 한 번 생각해볼 일이다.

5, 개명의 시대

우리의 사고영역 속에 우주라는 개념을 펼쳐보면 일반적으로 달과 별, 태양이 존재하는 곳 정도로 이해될 수 있겠으나, 과학적인 개념으로 한 발만 들어가 보아도 설명이 확 달라짐을 알 수 있다. 현대를 살아가는 입장에서는 꼭 과학자가 아니더라도 우주를 알아야한다. 그래야 사고의 범위도 넓어질 수 있고, 삶 또한 풍요로워질 수 있는 것이다. 현대과학은 우주의 나이가 약 137억 년 정도 된다고 밝히고 있다.

어느 시점에서 빅뱅(Big Bank), 즉 대폭발이 일어나 우주가 시작되었다고 하는데, 인류가 원시시대, 석기시대, 청동기시대, 철기시대를 지나오면서 이러한 우주의 신비를 밝혀낸 것은 불과 수십 년 전의 일이다. 콜럼버스가 신대륙을 찾아 나선 것이 1492년이었다. 이때까지 세상 사람들은 땅이 사각형이라고 생각하였으며, 또한 땅은 움직이지 않고 그대로 정지해 있으며 달과 태양과 하늘이 지구를 돌고 있다고 생각했다. 즉 천동설(天動說)을 믿고 있었던 것이다. 하지만 인류의 지각이 깨어나고 인간들의 지식이 축적되면서 하늘은 가만히 있고 그 주위를 지구가 돌고 있다는 지동설(地動說)이 고개를 들기 시작했다. 이 과정에서 수많은 현자와 지식인들이 종교라는 맷돌에 치어 곤욕을 치렀으며 희생되어갔다.

지동설의 선두주자는 '니콜라우스 코페르니쿠스'였다. 성당의 사제였던 니콜라우스는 '천구의 회전에 관하여' 라는 논문을 완성해놓고도 신이 지배하는 종교의 위세에 눌려 발표하지 못하다가 1543년 3월 25일 뇌출혈로 오른쪽 몸이 마비되어 죽음을 앞둔 시점에 독일 뉘른베르크에서 보낸 자신이 출판한 논문이 배달되었다. 하지만 이미 의식을 잃은 그는 그것을 보지 못하고 죽었다.

세상의 비난을 이미 예견한 이 논문에서 그는 "그들이 아무리 내 연구에 대해 비난하고 트집을 잡더라도 개의치 않을 것이며, 오히려 그들의 무모한 비판을 경멸할 것이다."라고 했다. 코페르니쿠스의 뒤를 이어 천재 과학자들이 출현하기 시작했다 그 중의 대표주자가 독일 출신의 케플러였다.

그는 태양을 중심으로 도는 행성의 궤도가 정원(正圓)일 것이라는 기본학설을 뒤엎고 행성의 궤도가 타원형 운동을 한다는 사실을 발견하여 '케플러의 법칙'을 발표했으며, 지구가 태양을 돈다는 지동설(地動說: 1571~1630)을 완성하였다. 동시대의 이탈리아에서도 또 한 명의 천재가 나타났으니 망원경을 발명하여 지동설을 완성한 갈릴레오 갈릴레이였다.

갈릴레오는 코페르니쿠스의 지동설을 옹호하여 종교재판을 받고 유죄가 인정되어 결국 1616년 2월 26일, 앞으로는 지동설을 논하거나 옹호하지 않겠다는 서약을 하고 풀려났다. 그러나 갈릴레오가 저술 활동을 통해 다시 자기의 주장을 펼치려 하자 1616년의 서약을 어겼다는 이유로 종신 가택 연금과 사후 장례식을 하거나 묘비 세우는 것을 금한다는 명을 받고 평생을 불운하게 살았다.

하지만 세상은 변하고 있었고, 뒤를 이어 영국에서 뉴튼(1642.12.25~1727.3.20)이 탄생하여 근대과학 탄생을 예고했으며, 인류는 자기의 힘으로 축적한 과학을 통해 새로운 우주에 대한 길을 열기 시작했다.

6. 우주로 나가 보자

우주는 우주대폭발(빅뱅) 후 3분쯤 됐을 때 수소, 헬륨이 생겨나고 이 두 원소가 핵융합을 일으켜 더 복잡한 원소가 만들어졌다. 이들이 모여 별(星)이 되었고 그 후 수없이 많은 세월이 흐른 후 인간을 포함한 우주만물이 만들어졌다고 한다.

인간은 우주의 크기에 비교하면 티끌 중의 티끌보다 작고, 우주의 나이에 비하면 인간의 삶이라는 것은 찰나에 불과하다. 그럼에도 인간의 사고는 처음과 끝을 생각으로 알 수 있게 되었으며 우주의 나이, 지구의 나이, 인간 출현의 시기까지 아는 데 이르렀다.

우주를 거꾸로 거슬러 올라가면 한 점(點)에 모이게 되는데 이것이 시간적으로 137억 년으로 나왔으며, 우주의 나이라는 것이다. 우주의 나이가 약 137억 년으로 밝혀진 셈이다. 이후 여러 물질들의 이합집산이 이루어지고, 지구라는 형태의 구형 물체가 탄생하는 데는 우주 탄생 후 90억 여 년이 지났고, 이 구형의 아름다운 지구가 존재하게 되면서 인간 출현을 맞이하게 된다.

인간의 출현은 불과 수백만 년밖에 되지 않는다고 한다. 우주의 막내로 서 늦게, 아주 늦게 태어난 인간이 이 모든 것의 전과 후를 알아 이치를 통 달하고 자신의 탄생과 모든 사물의 탄생까지 알게 되었다는 것은 실로 경 이로운 일이 아닌가?

우주는 지금도 자라난다(팽창)고 한다. 지구로부터 326만 광년 (빛의 속도로 326만 년이 걸리는 거리)에 떨어져 있는 은하는 1초에 약 50Km의 속도로 멀어지고 있다고 한다. 이것은 우주가 단 1초도 쉬지 않고 계속해 서 팽창하고 있다는 증거인 셈이다.

7, 우주의 크기

인류가 온 우주를 거울처럼 들여다보고 그 크기까지 논하게 된 지는 불 과 수십 년밖에 되지 않는다. 일본의 유명한 만화작가 마쓰모도 레이지 (松本零士)의 만화영화 〈은하철도 999〉는 1979년부터 1981년까지 일본 후지 T.V에서 제작 방영되어 큰 인기를 얻었고 영화로도 제작되었으며, 우리나라에도 수입되어 "기차가 어둠을 헤치고 은하수를 건너면"으로 시 작되는 주제가가 한때 어린 아이들에게 유행한 적이 있었다. 그 시절을 지 난 세대들에게는 그 만화의 추억도 남아 있을 것이다.

여기 〈은하철도 999〉에 나오는 별 이름이 '안드로메다'이다. 1980년을 전후한 이때만 해도 '안드로메다'는 하나의 별이 아니고 가스와 구름덩어리가 뭉쳐있는 별이 되기 직전의 단계인 성운(成雲)이라 불리어졌기에 '안드로메다 성운(成雲)'이라고 하였다. 그 후 우주과학의 발전과 관측 장비의 발달로 안드로메다 성운을 다시 살펴보니 안드로메다는 성운이 아니고 그 자체가 하나의 거대한 은하임을 알게 되었다.

천문학에서는 은하를 지칭할 때 좌(座)라는 말을 쓰는데 안드로메다도 성운에서 좌로 승격된 셈이다. 불과 40여년 만에 일어난 일이다. 그런데 하나의 은하는 얼마나 클까? 하나의 은하 속에는 태양과 같이 스스로 빛을 내는 붙박이별, 항성(恒星)이 약 천억 개 정도 있다고 한다. 그렇다면 우주는 얼마나 클까? 우주는 붙박이별 천억 개를 가지고 있는 은하가 천억 개 있다는 이야기이다. 그 크기는 상상도 할 수 없을 정도라고 하겠다.

태양과 태양 주위를 돌고 있는 아홉 개의 위성(수성, 금성, 지구, 화성, 목성, 토성, 천왕성, 해왕성, 명왕성: 2006년, 행성에서 제외되고 왜소 행성으로 분류되었으며 '134340'이라는 번호를 부여받았음.)이 한 묶음으로 뭉쳐 있는 태양계만 벗어나면 우주는 캄캄한 절벽이고, 태양계를 벗어나 태양과 같은 행성을 만나려면 1초에 30만 km를 가는 광속으로도 몇 만 년을 가야 된다고 한다.

사람이 눈으로 볼 수 있는 깨알 같은 밤하늘의 모든 별들이 하나같이 모두가 그 안에 천억 개의 행성을 품에 안고 돌고 있는 거대한 은하인 것이다. 여름 밤 하늘에 우윳빛 냇물이 흐르는 것처럼 보이는 은하수도 거기에 있는 별 하나 하나가 모두 독립된 은하인데 너무너무 멀리 있어 그렇게 보이는 것이다.

지구에서 100만 광년 떨어져 있다는 별빛을 오늘 밤 우리가 보았다면 그 별빛은 오늘의 별빛이 아니고 이미 그 별에서 100만 년 전에 출발한 별빛인 것이다. 따라서 우주에 비하면 티끌 같은 지구에 매달려 살면서 너 잘났느니 내 잘났느니 도토리 키 재기 하면서 산다는 것이 우스운 일이다.

8. 우주의 증거들

　1990년에 발사되어 지금까지 우주 관찰을 해온 허블 우주망원경은 외부은하계의 존재를 발견한 에드윈 허블(Hubble, 1889-1953)의 공적을 기리기 위해 그의 이름을 따서 지은 전파 망원경이다. 우리가 과학책이나 신문에서 보는 대부분의 천체사진은 거의 허블 망원경이 찍은 것이라고 한다. 허블 전파망원경은 1946년 예일대 교수인 천문학자 라이언 스피처(Spizer, 1914-1997)가 "거대한 망원경을 우주에 띄워 보자"는 획기적인 제안을 한 뒤 미 우주항공국(NASA)이 이 제안을 받아들여 수많은 난관을 딛고 1990년 4월 우주 왕복선 디스커브리 호에 실려 실로 장대한 여정을 시작하게 되었다. 지상에서의 망원경은 그 성능이 아무리 뛰어나고 좋아도 지구의 공기나 먼지 등 여러 입자들 때문에 뚜렷이 천체를 관찰하기 어렵지만 우주에서 우주를 관찰하면 지상에서보다 뚜렷하고 선명한 관찰을 할 수 있기 때문이었다. 주(主) 반사경 거울의 지름이 2.4m로 지구 상공 610km 높이에서 우주를 관측하기 때문에 지상 망원경보다 감도(感度: 빛에 대한 민감도)는 최고 100배, 해상도(정밀함)는 최대 30배나 높다고 한다.

　허블 망원경이 우주에서 처음 보낸 사진의 해상도가 기대하였던 고화질의 선명한 사진이 아니어서 NASA는 그 원인 파악에 나서 반사 망원경에 빛이 모이는 자리가 설계보다 1-3mm정도 아래쪽이기 때문이라는 사실을 발견했지만, 망원경을 지구로 가져올 수도 없고 하여 우주인을 보내 11일간 우주 유영을 하여 바로 잡았다고 한다. 30여 년의 임무를 수행하고 그 수명이 다하자 NASA는 그 후속으로 허블 망원경보다 훨씬 더 크고 정밀한 후임 전파 망원경을 2020년에 발사하기로 하고 그 준비에 박차를 가하고 있다고 한다. 그 이름은 '제임스 웹 우주망원경(James. Webb Space Telescope. JWST)'으로 명명되었으며 미국의 달 착륙, 귀환 프로젝트인 '아폴로 계획'을 이끌었던 NASA 국장의 업적을 기려 지어졌다고 한다.

제임스 웹 망원경은 지구로부터 상공으로 610km 떨어진 곳에 위치하였던 허블 망원경보다 훨씬 먼 150만km 상공에 설치되는데, 지구와 달 사이의 거리보다 4배나 더 먼 곳으로 태양이 지구를 당기는 중력과 지구가 궤도를 유지하려는 원심력이 평행을 이루는 '라그랑주 L2'라는 지역으로 이 위치에 있게 되면 망원경이 엔진이나 별도 추진 장치 없이 지속적인 공전이 가능하다고 한다.

제임스 웹 망원경의 크기와 성능은 전체반사경의 지름이 2.4m였던 허블 망원경보다 3배 가까이 큰 6.5m 이며, 10억 광년의 거리를 관측할 수 있었던 허블 망원경보다 훨씬 먼 135억 광년까지 내다볼 수 있는 그야말로 우주 속을 거울 같이 볼 수 있으며 과학자들은 지금껏 볼 수 없었던 초기 우주의 비밀과 외계생명체의 존재 여부까지 밝혀낼 수 있을 것으로 기대하고 있다.

'라그랑주 L2'는 기온이 섭씨 영하 230도의 추운 지역으로, 추울수록 적외선 관찰에 더 유리해서 더 자세한 관찰을 할 수 있다고 하며 망원경의 정지 위치가 너무 멀기 때문에 한 번 고장이 나거나 이상이 생기면 허블 망원경처럼 가서 수리를 할 수 없기 때문에 2018년 10월 발사 예정이었으나 더 정밀하고 완벽한 제작을 위하여 2021년 10월로 발사 예정이라고 한다.

이제 인류는 한 없이 먼 우주 공간도 거울같이 볼 수 있는 위대한 시대를 맞이하고 있다. 제임스 웹 망원경의 성공적인 발사를 온 인류와 함께 기원하자.

9. 시간과 공간

지금까지 살펴본 우주에 대한 장광설의 귀착점은 시간과 공간에 대한 것이다. 우주는 시간과 공간의 복합체이기 때문이다. 자, 시간과 공간으로 돌아와 보자. 우주에 존재하는 일체의 모든 것은 시간의 언덕에 기대어 꿈속 같은 공간을 거닐며 그 존재를 사유한다. 우주에서의 공간은 음양의 이치로는 음(陰)적이며 만물을 그 품 안에 안고 낳고 길러주는 어머니 같다. 시간은 음양으로는 양(陽)적이며 말없이 흘러가는 것처럼 보이지만 저 무한의 시간은 엄한 아버지의 어깨처럼 만물의 언덕이 되는 존재다. 결론은 우주에 존재하는 모든 존재는 시간과 공간이라는 씨줄과 날줄 위에서 한 토막의 연극처럼 지내다 저 먼 허공 속의 고향을 찾아가는 나그네다. 모든 것은 변한다. 모든 것은 단 1초의 시간도 쉬지 않고 변하고 또 변하고 흘러간다. 변하는 것은 역(易)이다. 필자의 일천한 배움으로 역을 논하는 것은 크게 부끄러운 일이나 독자제현의 넓으신 아량으로 이해하여 주실 것을 당부 드린다.

역(易)은 너무 크고 넓은 분야여서 다 알 수도 없고 자기 역량껏 이해할 수 있는 수준까지만 알면 되지 않을까 싶다. 현대인들 필수품 중의 하나인 자동차도 그 자동차를 사용하는 사람 모두가 자동차의 기계적인 작동 원리를 다 알고 있는 사람은 많지 않을 것이다. 필자 또한 역(易)에 대하여 아는 바는 없지만 귀동냥으로 들은 작은 지식으로 역의 쓰임에 대하여 말씀드리고자 하는 것이다. 여기서 말씀드리고자 하는 역(易)은 주역(周易)이다. 주역은 수천 년 동안 동양의 정신세계를 지배하고 이끌어 온 중심사상이었으며 변화무쌍한 만물의 변화에 대하여 일목요연하게 관찰 정리한 학문이라고 할 수 있겠다. 이 변화의 중심에는 원(圓)이 있고 원은 360°이다. 원의 특성은 시작도 없고 끝도 없는 변화의 연속성이다. 자동차의 바퀴가 360°의 둥근 원이 아니고 4각형의 바퀴라면 1m도 갈 수 없다. 하루를 두고 볼 때 아침에 집을 나서서 회사에 출근하여 일을 마치고 집으로 귀가하였다면 이것은 공간적으로 한 바퀴 원 운동을 한 것이 된다. 조금 더 나아가면 인생사 또한 원 위에서의 놀음이다. 어머니 배꼽에서 떨어져 황혼을 지나 죽음을 맞이한다면 이것도 공간에서 한 바퀴 큰 원을 돌고 제자리로 돌아가는 것이다. 크게 보면 톱니바퀴처럼 맞물려 돌아가는 우주의 작동원리도 큰 원 운동이다. 우주도 언젠가는 소멸한다고 한다. 우주도 성장을 거쳐 소멸한다면 이것은 제일 큰 원 운동이 된다. 결론적으로 주역은 공간을 잘 정리하는 이론이라고 할 수 있다.

지금까지 시간과 공간에 대하여 논해왔는데 주역이 만물이 정해지고 펼쳐지는 공간에 대한 정돈이라고 한다면 시간에 대한 정돈 원리는 없겠는가?

10. 정역(正易)

1826년 충청도 논산군 양촌면 남산리에서 태어나신 일부(一夫) 김항 (金恒, 1826-1898) 선생께서 1885년 음력 6월 28일 영원 속을 무심히 흘러 가는 시간에도 끊고 맺음의 마디가 있음을 역리적으로 증명하신 바 이것 이 정역(正易)인 것이다.

주역이 공간적인 질서의 변화에 대한 고찰과 정리였다면 정역(正易)은 시간에 대한 고찰과 정리인 것이다. 정역(正易)의 독창적이고 핵심적인 사상은 한마디로 개벽(開闢)사상이다. 머지않은 앞날에 엄청난 변화로 인 하여 전혀 새로운 세상이 온다고 예측한 것이다.

현재 1년이 $365\frac{1}{4}$인 시간이 원의 원리인 360° 즉, 1년이 360일이 된다 는 것이다. 지구의 공전 일수가 줄어든다는 결론인데 이렇게 된다는 것은 현재 23.4° 기울어진 지구 지축의 타원 궤도 운동이 지축이 바로 설 때 일 어나는 정원(正圓) 운동으로 회귀하는 것을 뜻하는 것이다.

만물은 음양의 조화와 이치로 변화하고 있다. 짝이 없는 만남은 없다. 하늘이 있고 땅이 있다. 달이 있고 해가 있다. 남자가 있고 여자가 있다. 시간이 있고 공간이 있다. 공간을 정리한 주역이 있었고 드디어 우리나라 에서 만고진리인 시간에 대한 정리를 완성하여 우주의 신비경을 파헤친 경사가 있게 된 것이다.

정역의 발견은 일견 대수롭지 않은 것으로 보일지 모르나 우주사적으 로는 어마어마한 경사이며 온 인류에게는 크나큰 축복인 것이다. 정역(正 易)은 말 그대로 우주의 정도(正道), 운행의 원리를 밝혀 공간과 시간으로 짜여 있는 우주 소재의 절반인 시간의 매듭과 그 변화를 정확한 역수를 통 하여 일목요연하게 밝혀 인류가 바른 미래를 맞이할 수 있도록 이끌어 준

복음과 같은 것이다.

정역(正易)은 주역 보다는 조금 쉽고 재미난 면도 있다. 정역을 말하려면 생뚱맞지만 먼저 129,600년부터 끄집어내야 한다. 129,600년이 우주의 1년이란다. 황당한 소리 같다.

시간	우주시간	지구시간	우주시간	지구와 비교
1年	元	129,600년	1元은 12會	우주1년 12달
1月	會	10,800년	1會은 30運	우주1달 30일
1日	運	360년	1運은 12世	우주1일
1寺	世	30년	1世는 1時	우주1시간 30년 (지구의 2시간)

※ 지구의 시간 1시는 지지에 의하여 현재의 두 시간이 1시로 된 것임

(子丑寅卯辰巳午未申酉戌亥)

위 도표는 지구시간대와 우주시간을 비교한 일람표다.

이해를 돕기 위하여 부연 설명을 드린다.

가내공업, 소기업, 중소기업, 대기업의 경우를 상정해 보시고 이해하여 주시면 된다. 가내공업에서 생산한 몇 가지 물품을 모아 소기업이 조립을 하고, 소기업에서 조립한 제품을 몇 개 모아 중기업이 생산을 하고, 중기업이 생산한 제품을 대기업에 납품한다고 생각하면 된다.

전술한 바와 같이 우주는 넓고 크다는 사실을 알았고 공간은 원 운동에 의하여 변화된다는 것도 알았다. 조합으로 들어가 보면 지구는 둥글다, 360°의 원이다. 지구가 회전한다는 것도 진실이고 진리다. 지구가 태양을 바라보며 한 바퀴 도는 것이 하루다. 태양의 빛을 받게 되면 낮 시간이 되

고 태양의 빛을 받지 못하면 어두운 시간 밤이 된다. 지구가 스스로 이렇게 도는 것이 자전(自轉)이다. 그러면 지구가 자전할 때 그 자리에서 움직이지 않고 가만히 계속 도는 것인가?

그렇지 않다. 여러분들이 아시는 바와 같이 지구는 스스로 회전하면서 태양을 중심으로 하루에 1°씩 돌아가는 것이다. 태양을 중심으로 한 지구의 회전운동이 공전(空轉)이다. 태양을 중심으로 1°씩 움직이는 것이 하루이고 하루가 360번 모이면 1년이 되는 것이다. 그런데 현재 지구의 1년은 360°인 원의 회전 원칙을 무시하고 1년이 $365\frac{1}{4}$일이다. 1년이 360일이어야 정상이지만 현재 1년이 $365\frac{1}{4}$일인 이유는 지구의 자전축이 23.4°로 기울어진 상태에서 타원형 운동을 하고 있기 때문인 것이다. 정역에서는 미래의 어느 시점에 꼬리처럼 붙어있는 일 년 $365\frac{1}{4}$의 $5\frac{1}{4}$시간이 허공으로 사라지고 원의 원리인 360° 정원 운동을 하는 때가 온다는 것을 역리적으로 밝혀 놓았다.

자, 그때가 어느 때이든 온다고 가정해 놓고 태양을 살펴보자. 우리는 학창시절 과학 시간에 태양을 '붙박이별' 또는 항성(恒星), 즉 항상 그대로 있는 별이라고 배웠다. 그러나 그렇지 않다. 태양은 태양 혼자 존재하는 것이 아니고 태양의 인력으로 그 품 안에 자성(子星: 자식 별)을 거느리고 있다. 수성, 금성, 지구, 화성, 목성, 토성, 천왕성, 해왕성, 명왕성의 9성이다. 태양까지 포함하면 10개의 별이 한 그룹인 셈이다. 태양의 9개 자성들이 가내공업이라면 이 가내공업의 납품처가 태양인 셈이고 태양은 소기업이 되는 셈이다. 그러면 소기업격인 태양계 그룹은 정말 붙박이처럼 우주 간 허공중에서 제자리에 그대로 붙어만 있는 것인가? 이 또한 돌고 있는 것이다. 태양계 자체가 소기업 위의 중기업을 중심으로 지구시간으로 1년에 1°씩 도는 것이다.

그러니까 중기업은 예를 들어 안드로메다 좌 같은 하나의 은하인 것이고, 이러한 은하 안에 태양과 같은 행성이 1천억 개나 있다는 것이다. 이 소우주 안에 있는 태양 같은 행성들도 모두 나름대로 거느리고 있는 자식들이 있을 것이니 하나의 은하 속에는 1조 개의 별들이 있다고 하는 것이다. 그렇다면 1조 개의 별들을 거느리고 있는 은하 또한 그대로 가만히 우주에 떠 있느냐? 지금까지 과학이 밝혀낸 우주에는 이러한 은하가 1천억 개나 된다고 한다. 이러한 1천억 개나 되는 은하들이 어디인지도 모르는 대운하를 중심으로 또 회전하고 있다는 것이다. 하나의 은하는 기업으로는 중기업이 되는 셈이다.

지구 시간으로 계산해 보면 지구가 자전하고 공전하는 것이 1일. 태양을 한 바퀴 돌면 360일. 즉 지구시간의 1년이 되며 태양계 그룹이 중기업 격인 은하를 1년에 1°씩 돌아가게 된다. 태양계가 은하를 1년에 1°씩 한 바퀴 돌아오면 지구시간으로 360년이 된다. 그 다음은 중기업격인 하나의 은하가 대기업격인 대우주를 중심으로 지구시간으로 360년마다 1°씩 회전하는 것이다. 360년을 360번 움직여서 소우주가 대우주를 한 바퀴 돌게 되면 360×360=129,600이 되는 것이다. 지구 시간으로 129,600년 즉 우주의 1년 1원(元)이 되는 것이다. 그러면 대우주는 129,600년에 1°씩 돌아가느냐? 더 이상은 없었다.

만약 129,600×129,600을 하게 되면 우주탄생의 시간이라는 137억년 정도의 우주 탄생 나이를 초과하는 숫자가 나오기 때문에 우주의 1년은 1원(元), 129,600년이 맞는 셈이다. 그러면 우주의 1년이 129,600년이라면 그 129,600년이 물에 물 탄 것처럼 맹탕 그대로만 있느냐? 일부 선생께서는 온갖 사연과 희로애락을 않고 무심히 흐르는 것 같은 말없는 우주의 시간에도 매듭이 있다고 밝혀 놓으셨다.

하루가 쌓여 한 달이 되고 한 달이 12번 쌓여 1년이 되는데 1년에는 4계절이 있다. 이 광대한 우주의 시간에도 우주의 4계절이 있음을 말씀하셨다.

우주의 1년이 129,600년이라면 우주의 1달은 지구의 10,800년이고 우주의 하루는 지구의 360년이고, 우주의 한 시간(지구의 2시간)은 지구시간으로 30년이 되는 것이다. 사람들이 하루살이를 보고 하루를 산다고 우습게 여긴다. 그래도 하루살이는 하루를 살아도 아들, 딸 낳고 꽉 채운 나름의 일생(一生)을 살아간다. 그런데 사람은 우주시간으로 보면 길어야 3,4시간 살다 가는 것이다. 모든 것이 보는 사람의 입장에 따라 다르겠지만 영겁의 우주시간으로 보면 찰나를 살다가는 것이 인생살이가 아닌가 한다. 하루살이라고 우습게 볼 일도 아니다. 땅 위에 4계절이 있다면 그 4계절이 그냥 아무것도 하지 않고 가만히 놀고 있지 않다. 봄이 되면 잠자는 모든 만물이 깨어나 따뜻한 봄 햇살과 간들거리는 봄바람으로 꽃이 피고 새가 울어 만화방창하고, 여름은 봄의 바통을 이어받아 만물을 길러준다. 가을이면 길러온 결실들이 떨어질세라 거두어들이고 겨울은 또 다른 다음의 봄을 위하여 긴 휴식기로 접어든다.

우주의 1년이 129,600년이라면 129,600년의 우주 1년에도 우주의 4계가 있다는 것이다. 우주의 봄은 이 지상에 생명을 출현시키고 우주의 여름은 탄생시킨 생명들을 길러주고 우주의 가을이 오면 길러 놓았던 모든 것을 추수하여 거두어들이고 우주의 겨울은 모든 것이 대 휴면기에 들어가게 된다는 것이다. 증산도에서는 이를 생장염장(生長斂藏)이라고 한다. 태어나고 길러주고 수렴하며 거두어들이고 감추어서 다음 우주의 봄을 기다리며 준비한다는 것이다. 하루라는 시간을 보면 하루는 밤과 낮으로 나누어지고 낮은 또 오전 오후로 나뉜다. 4계절을 하루의 오전과 오후로 나누어 보면 봄, 여름이 오전이 될 수 있고 가을과 겨울이 오후가 된다. 광대한 우주의 시간도 4계절로 보면 우주의 봄, 여름이 하루의 오전이 되고 우주의 가을 겨울이 하루의 오후가 된다.

정역에서는 우주의 봄, 여름을 선천(先天), 우주의 가을, 겨울을 후천(後天)이라고 한다. 우리나라에는 24절기가 있다. 봄, 여름, 가을, 겨울의 계절이 바뀔 때마다 봄이 오면 입춘(立春), 여름이 시작되면 입하(立夏), 가을이 되면 입추(立秋), 겨울이 시작되면 입동(立冬)이라고 계절변화의 시작을 예비하는 절기가 있다. 계절의 교차를 알리는 것이다. 일 년 계절의 변화도 봄, 여름은 씨 뿌리고 길러주는 역할이고, 가을, 겨울은 추수하고 저장하는 시간인데 4계절 중에서도 제일 큰 변화는 여름과 가을 간이다. 우주시간의 대 변화도 선천인 우주의 봄, 여름과 후천인 우주의 가을, 겨울로 나누어지는데 현하 지구 시간의 대세(大勢)가 우주 선후천의 교차 시기에 해당되어 여기서 일어나게 되는 시간의 대 변화를 개벽(開闢)이라고 하는 것이다.

백 년 동안 피어 있는 꽃은 없다. 태어난 이상, 존재하는 이상 모든 만물은 모두 시간의 법칙을 따라 피었다가 지고 다시 피었다가 진다. 분열과 통일의 영원한 반복운동을 하는 것이다. 우주 또한 마찬가지다 우주의 1년인 129,600년(1元)도 시간의 법칙을 따라 가고 또 오는 것이다.

11. 천지는 기울어져 있다

우주의 한 계절은 우주의 시간으로 보면, 지구 시간으로 32,400년 정도가 된다. 하루에도 밤낮이 있고, 낮은 오전과 오후로 나누어진다. 4계절도 봄에 태어나서 여름에 길러서 하루에 비교하면 아침이 되고 가을은 거두어들이고 겨울은 쉬게 되니 오후가 되는 셈인데, 우주의 1년 129,600년도 1년을 반으로 나누어 보면 오전 64,800년과 오후 64,800년으로 나누어지게 되며, 여기서 대우주의 시간대인 선과 후가 나온다. 선천(先天)과 후천(後天)이다.

현재의 지구 시간대가 우주의 계절로 보면 여름철이 다하고 결실의 계절인 우주의 가을철로 들어서고 있다고 한다.

분열과 통일의 영원한 반복운동을 하는 것이다. 우주 또한 마찬가지다. 우주의 1년인 129,600년 1(元)도 시간의 법칙에 따라 가고 또 오는 것이다.

지금 지구의 자전축이 23.4°(축미 방향) 기울어져 있어 이 영향으로 태양계 9대 행성과 태양의 자전축도 태양 7°, 달 5°, 금성, 수성 7°, 천왕성 8°, 해왕성 18°, 명왕성 17° 정도 기울어져 있다고 한다. 사람이 걸을 때 23.4° 기울어서 걸을 수 없다. 모든 사물이 마찬가지다. 기울어진 것은 정상이 아니다. 기울어진 그릇에 물을 담아 얼리면 얼음도 비뚤어진 모양의 얼음이 얼리게 된다. 모든 우주의 원칙은 바름, 정(正)이다. 이 대원칙을 벗어나 있는 것이 태양계 행성의 기울어진 현재 운행이다.

우주의 법칙으로 볼 때 언젠가는 태양계 행성의 지축이 바로 서야 된다. 현재의 모든 인류가 가슴아파하고 고통스러워하는 모든 원인은 천지 자체가 비틀어져 있는 모순을 안고 그 모순 속에 인간이 몸담고 있기 때문이다.

12. 지축의 대이동

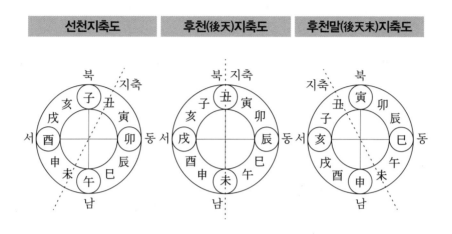

| 선천지축도 | 후천(後天)지축도 | 후천말(後天末)지축도 |

선, 후천 지축도

이 도표는 현재 우측으로 23.4° 기울어져 있는 지구의 자전축이 축미(丑未) 자전축의 방향이 선후천 교차시 시간의 대변화로 자전축이 바로 서게 되면 자전축이 정 위치의 축미가 되고, 후천의 시간이 다하고 후천 말의 시간이 되면 축미의 자전축이 좌로 기울어진다는 것이다. 이것이 개벽(開闢)이라는 것이다. 개벽에 대해서는 후장에서 말씀드리기로 하고 이 지축의 선후천 변화는 역리적으로 정확한 논리와 논거가 있으나 너무 어렵기 때문에 객관적인 사실만 부합하면 될 것으로 사료되어 논거는 생략한다. (관심이 있으신 분들은 정역(正易)을 참고하시면 된다.)

13. 인류의 출현

  악을 쓰고 살아가는 현생 인류의 삶은 어디로 가고 있는가! 인류가 무엇이기에 이리도 탐욕스럽고 그악스럽게 너를 죽이고 내가 올라가야하는 짓을 거리낌 없이 자행하고 있는가, 실로 하찮은 출발이었다.

  지구의 나이가 45억 년 쯤 된다는 것은 이미 과학적으로 밝혀져 있고 그 후 수십억 년의 세월을 거치는 동안 단세포로 출발한 생명체가 수많은 진화 과정을 거쳐 현생 인류의 조상으로 지구상에 나타난 것은 불과 300만 년 정도 밖에 되지 않는다고 한다. 300-350만 년 전쯤 에티오피아, 탄자니아 등 동아프리카 지역에서 채집된 화석이 오스트랄로 피테쿠스 아파렌시스이고, 178-195만 년쯤으로 추정되는 오스트랄로 피테쿠스 세디바를 거쳐 현생 인류와 가장 가까운 조상으로 분류되는 호모사피엔스가 30만 년 전 쯤 출현하였다고 한다. 이러한 인류의 유구한 역사 속에서 인간 스스로 문자와 기록으로 인간 자신의 발자취를 남긴 역사는 불과 수천 년 밖에 되지 않는데 인간의 잔포는 그 도를 넘어 인간이 인간을 죽이는 아비규환의 아수라장을 연출하는 말대(末代)에 이르고 말았다.

제2장 **종교의 탄생**

14. 종교의 탄생 (인간은 신(神)을 발명하였다.)

자기 손으로 자기의 자취를 기록할 수 있는 능력이 생겨난 지 불과 수천 년밖에 되지 않는 인류는 과학이란 이름으로 온갖 기기묘묘한 장치들을 만들고 개발하여 드디어 밤이 되면 꿈처럼 펼쳐져 있는 저 먼 인류 본래의 고향 우주로까지 그 앎의 영역을 넓히는 데까지 이르렀다. 인류의 생활에 이롭고 편리한 것도 많이 만들어 냈지만 인간이 인간을 죽이는데 쓰이는 고약한 물건까지도 만들게 되었다.

하지만 그중에서도 최악의 발명품이라고 할 수 있는 것이 두 가지(이것은 순전히 필자 자신의 주장임) 있으니 필자는 그것이 신(神)과 담배라고 생각한다. 인간이 신을 발명하여 인간이 인간 자신에게 저지른 패악과 죄과를 다 고백한다면 열 권의 책으로 써도 모자랄 것이다. 중세의 유럽에서 일어난 모든 전쟁과 불화의 원인에는 인간이 발명한 신이 개입되어 있었다. 다음 장에서 좀 더 자세히 후술하겠지만 인간이 인간을 팔고 사며 인간이 인간을 죽일 수 있는 무기를 좀 더 빨리 만들었다는 것만으로 자기보다 힘이 약한 사람들을 죽이고 빼앗고 서로 싸우도록 부추기고 이런 모든 추악한 짓을 행한 사람들이 하나같이 모두가 신을 찬양하고 경배하는 사람들이었다.

인간이 실수한 두 번째 발명품은 '담배'다. 담배 안 피워서 죽은 사람은 없지만 담배 피워서 담배에 골병들어 죽은 사람은 셀 수도 없이 많을 것이다. 담배는 백해무익이 아니고 억해무익이다. 수많은 질병과 화재 등 담배가 인류에 끼친 책임의 크기는 에베르스트 산 몇 천 개를 모아도 모자랄 것이다.

15. 신관(神觀)

개화기 이후 조선사회에 서양의 종교와 사상이 들어오면서 우리 민족의 신(神)에 대한 관점이 너무 많이 변하여 주객이 전도되어 버렸다. 굴러온 돌이 박힌 돌 밀어낸 꼴이다. 고래로 우리민족에게 신이란 것은 외부세계의 물형화된 창조자나 감시자 내지 지배자, 또는 옳고 그른 것을 판단해주는 심판과 같은 그런 의미의 것이 아니고, 굿판에서 농살이 판에서 함께 놀고 웃고 즐기는 안내자. 조언자, 이웃집 아저씨 같은 가족이나 친구 개념의 것이었다.

서양종교의 신(God)이라는 개념이 동양의 다른 나라에서는 어떻게 표현되어 불리어지는지 모르겠으나 우리나라에서는 하나님 또는 하느님이라고 불리어지는데 우리나라에도 서양 종교가 들어오기 전부터 하느님이란 개념의 말이 있었다. 나라에 큰 가뭄이 들면 임금님도 기우제(祈雨祭)를 지냈다. 하늘의 노여움을 풀기 위해서였다. 이때 하늘에 있는 하느님이 기우제를 잘 지내는지 못 지내는지 보고 있다가 기우제를 잘 지내면 쥐고 있던 물주머니를 열어 물을 풀어주는 그런 개념이 아니고, 임금을 포함한 만백성들이 순리에 맞지 않는 일을 하였거나 삶을 제대로 살았는지 자신들이 반성하고 잘못이 있으면 순리의 길을 가겠으니 천지가 동하여 억조창생을 살려주기를 바라는 그런 간절한 바람이었다.

억울하게 옥살이하는 사람이 없는지 나라의 옥문을 열어 죄인을 사면해 주기도 하였다. 옛날부터 우리나라는 세계에서 신을 제일 잘 섬기는 나라라고 한다. 세계의 어떤 종교라도 우리나라에 들어와서 실패한 종교가 없다고 한다. 일본 종교인, 천리교, 창가 학회, 여러 수십 파로 갈라진 기독교, 불교, 유교, 이슬람교, 공자 제사지내는 석전대제(釋奠大祭), 명나라 신종 제사지내는 만동묘부터 지하철 6호선 동묘역도 삼국지의 관운장 장군 제사지내는 동묘가 옆에 있어 붙여진 역 이름이다. 이 정도이니 우리나라에 들어온 신들은 호강하는 셈이다. 우리나라 신으로는 하느님이 있으니 땅님도 있었다. 지신(地神) 밟기라고 하였다. 집 안에는 자손 줄 내려주시는 조왕님(어릴 때는 할머님들 말씀을 따라하여 경상도 방언으로 '지앙님'이라 하였다), 정지(부엌)에서 할머니 어머니들이 두 손 비비며 '지앙님'께 빌었다. 부엌에는 오래된 식초병이 있었는데 식초가 잘 시고 맛있으라고 '신도령'이라 불렀다. 장독대에는 '장독신', 뒷간에는 '정낭각시' 들판으로 나가면 '고수레' 동구 밖으로 나가면 '성황당(어릴 때는 '서낭님'이라 하였다)', 밤이 되면 씨름도 하고, 농담도 하는 '도깨비' 등 우리 주변에서 신이란 것은 아주 친근한 벗의 개념이었다.

그래서 우리의 말 속에도 신이 들어가는 말이 많다. 아주 즐겁게 놀 때도 '신나게' 놀았다고 한다. 기분이 좋고 일이 잘되면 '신난다'고 한다. 어떤 일에 흥미를 가지고 열심히 일하는 것도 '신이 나서 신명나게 일 한다'고 한다. 좌중에서 말 잘 하고 잘 노는 사람을 '신'이 많다고 한다. 우리나라 사람처럼 춤 잘 추고 노래 잘 하는 사람도 세상에 드물 것이다. 기분만 좋으면 흥이요, 노래다. 저 신나는 '사물놀이'를 보라. 언제 어디서나 신명을 즐기는 민족이 우리 민족이 아닌가 한다. 이처럼 소박하고 심성 착했던 우리민족에게 개화의 물결과 함께 들어온 서양 종교의 신은 엄격한 신관으로 신과 인간을 구분하여, 신은 만유의 주제자이며 무소불위의 전능을 소유하고 인간의 죄와 벌을 주관하고 복과 화를 내리는 전지전능의 절대자로 나타났던 것이다.

인간과 신이 수평적 관계가 아닌 절대 복종의 종속적 수직개념으로 탈바꿈되어 서양 종교의 신은 이웃집 같은 이 땅의 선량한 신을 우상(偶像)이라는 이름으로 몰아내고 무서울 것이 없는 권능의 화신으로 변하여 수없이 많은 십자가를 이 땅 위에 꽂아 댔다. 산이고 들이고 어디든지 십자가를 그려대고 십자가는 선의 상징처럼 행세하면서 그 누구도 비판할 수 없고 대적할 수 없는 '신성불가침'의 존재가 되었다. 항상 친절하고 가까이 있던 신이 갑자기 절대자, 주재자로 나타나 민중들의 가슴에 자리를 틀게 되었다. 반만년 동안 우리 민족의 가슴속에 녹아들어 온갖 애환을 함께 하였던 신에 대한 생각과 그 출발과 구조의 바탕부터 전혀 다른 서양 종교의 신에 대한 개념을 동일시한다는 것은 갓 쓰고 양복 입은 꼴이나 같다. 서양 종교의 '하느님'과 우리 민족 정서에 배어있는 하느님의 뜻은 다르다는 것을 정확하게 알아야 한다.

16. 동·서양의 종교

각 나라마다 고유의 신앙과 종교가 있지만 세계 종교를 말할 때 흔히 4대 종교라고 한다. 기독교(카톨릭 포함), 이슬람교, 불교, 유교, 이 4대 종교는 크게 두 갈래로 나누어 볼 수 있는데 중동을 포함하여 서구 쪽의 기독교와 이슬람교와 동양 쪽의 불교와 유교로 대변할 수 있다. 종교에도 동·서양이 갈리는 셈이다. 양 진영의 종교 교리와 근원을 살펴보면 서양 종교의 기본은 절대자 하나님에 의한 구원논리이고 동양 종교의 기본은 인간에서 시작하여 인간으로 매듭지어지는 인간위주의 논리다. 기독교나 이슬람교는 타자(他者) 논리이다. 어떤 절대적인 존재가 모든 것을 창조하였고 창조한 자가 주인이니 창조되어진 피조물은 창조자에게 순종하고, 복종해야 복을 받는다는 타자에 의한 종속 논리다. 인간으로서 누리는 자유와 권리는 실종되고 오직 신만이 모든 것을 해결한다는 논리인데 이것은 인간이 인간이기를 포기하는 실로 위험천만하고 어처구니없는 일이다.

인간 자신을 신의 하위개념으로 매김하여 인간 자체를 부정하고 인간의 자유의지, 인간의 자율성, 인간의 존엄성을 부정하고 인간 스스로 신의 노예나, 신의 소모품, 신의 부속품쯤으로 전락시켜 놓았다. 신의 행동으로 행하는 모든 행동은 아무리 사악한 행동이라도 정당화되는 지경에 이르렀다. 자기편과 의견이나 주장이 맞지 않는다고 증오와 원한을 가슴에 품고 몸에다, 차에다 폭탄 띠를 두르고 다 같은 인간이 다 같은 인간을 눈도 한 번 깜박이지 않고 신의 이름으로 콩가루 내듯이 죽이는 이것이 과연 인간의 길인가? 되물어보지 않을 수 없다. 본인이 천당에 가기 위하여 죄 없는 사람을 죽이는 일을 저지르니 한심도 하려니와 가련하기도 하다. 이 좋은 세상에 오직 남을 죽이기 위하여 태어난 것이 되니 이것이 조물주 창조주 신이 시켜서 한 일일까?

폭탄을 터트리는 자보다 이를 뒤에서 부추겨 인간 폭탄을 만들어 내는 자들도 있으니 이들이 더 나쁘다. 어떻게 인간의 생각에서 이러한 분노와 증오가 생겨날 수 있을까? 지구상에서 이런 일들이 사흘이 멀다 하고 다반사로 일어나고 있다. 이것이 인간의 의지나 이성이 있는 것인지 없는 것인지 인류 스스로가 부끄러워하며 반성해볼 일이다. 중세유럽의 거의 모든 역사는 신을 위한 대리전이었다. 신을 팔아 인간의 욕심을 채운 광란의 시간들이었다. 이것이 21세기인 지금도 일어나고 있으며 이것이 서양종교의 실체다.

동양으로 돌아와 보자. 동양사상은 불교와 유교가 양대 축이다. 불교 대변인은 아니지만 서양종교 신봉자들은 불교의 'ㅂ'자도 모르면서 덮어놓고 불교를 미신이니 우상숭배니 하면서 불교신자를 하등인간 취급하듯 한다. 자기 무식을 스스로 들춰내는 불쌍하고 가련한 사람들이다.

불교는 인간자신의 마음을 인간자신이 열어 보고 본인이 자각하는 바에 따라 행동하는 인간 자아 중심의 배움이다. 예를 들어 조물주를 경배하는 서양종교가 반찬이 8만 가지나 있는 반찬가게에 가서 그 중에 한 가지만 꼭 집어 "너는 이것만 먹어야 한다, 다른 반찬 먹으면 죽는다."고 가르친다면, 불교는 이리저리 다니며 8만 가지 반찬 중에 네가 먹고 싶은 것 다 먹어보고 그 중에서 입에 맞는 것 먹으면 된다고 가르치는 것과 같다. 불교는 인간의 마음을 다루는 고도의 정신분석적인 학문이라고 해야 할 것이다. 불교 경전 어디에도 '신(神)' 자 들어가는 곳은 한 곳도 없는 것으로 안다. 2500년 전 사람이라고 밥 안 먹고 대소변 안 보고 사랑까지도 하지 않고 화도 내지 않고 살지는 않았을 것이다. 인생의 고비마다 희로애락(喜怒哀樂)의 감정을 가지고 끝없는 인생길을 걸어갈 때 자기 자신을 뒤돌아보고 그 마음 속에서 자신을 발견하고 자기를 다스리는 길을 불교라는 위대한 가르침을 통해 스스로 찾았던 것이다. '교'라고 하기보다는 불법(佛法)이라고 해야 맞을 것 같다.

유교는 성현 공자님의 가르침이 주다. 인간 삶의 전후좌우 고저 장단 장유유서에 대한 삶의 질서를 가르치는 교범이다. 동양 종교는 인간에서 출발하여 인간으로 돌아오는 인간의 길 위에서 피어난 가치관이다. 이렇게 볼 때 어떠한 것이 인간의 삶에 윤활유적인 역할이 될 수 있는지 양식 있는 이해가 있으면 한다.

17. 종교의 개념

일반적으로 종교라고 하면 무엇을 '믿는다.'고 한다. 부처를 믿는다, 예수를 믿는다, 등 믿는 것으로 일관하는데 필자의 의견으로는 무엇을 '믿는다'는 것은 틀린 표현이라고 생각한다. 종교는 내가 배우고 공부하는 것이지 믿는 것이 아니다.

종교의 이념이 내포하고 있는 진리를 믿는 것은 좋겠지만 어떤 객외적인 대상에 대하여 믿는다는 것은 어리석고 우매한 짓이다. 또 내가 공부하고 배워서 알고 있는 것만으로 그치면 그것도 공염불이다. 나 자신이 바르게 배우고 공부한 것을 결과로 나타내어 결실이 맺어져야 한다. 그것이 '행(行)'이다. 바른 '행'이 따르지 않으면 교만하고 방자해진다. 내가 믿는 것을 아전인수 격으로 해석하여 남에게 불쾌감이나 주고 상식에 어긋나는 짓을 한다면 이것이 어찌 종교를 공부하고 배운 결과라고 할 수 있겠는가? 특히 서양종교는 내가 믿어서 아무리 좋아도, 상대방의 의중이나 의사도 물어보지 않고 막무가내로 뭘 믿으라고 들이대는 짓은 무례하기 짝이 없는 짓이며 심지어 자기종교를 믿지 않는 사람들은 무슨 하위 사람처럼 방자하기 그지없이 함부로 말한다. 방자함이 목구멍을 넘어서 머리끝까지 넘쳐 있는 가련한 행동들을 하고 있다.

대체로 보아 무엇이든지 상대를 믿으면 어리석은 결과를 가져오는 법이다. 잘 돌아가는 선풍기도 타력인 전기코드를 뽑아버리면 안 돌아간다. 한때 일세를 풍미했던 남인수 선생의 노래 '청춘고백'에 '믿는다 믿어라, 변치 말자 누가 먼저 말했던가. 아! 생각하면 생각사로 죄 많은 내 청춘'이라는 가사가 나오는데 이 말의 뜻은 변치 말자고 먼저 말한 내 자신의 약속도 내 자신이 지키지 못하였다는 한탄조의 가사다. 대한민국 사람들 중에 남의 보증 한두 번 안서 본 사람 누가 있겠는가, 그 결과는 거의가 패가망신하거나 치도고니를 당한 것이다. 남을 믿은 결과다. 유언으로 남 보증서지 말라고 신신 당부하고 죽는 세상이다. 신(神)이든, 남이든 상대를 믿는다는 것은 최고로 어리석은 짓이다.

18. 진리(眞理) 타령

서양 종교에서는 성경이 '진리요, 생명'이라고 입에 침이 마르게 말한다.

바른 이성의 생각으로 반발자국만 들어가 봐도 이 주장은 이치에 맞지 않는다는 것을 금방 알 수 있다. 진리의 명제는 '만고불변'이다. 언제, 어디서나 어떤 시대 어떤 환경에서도 진실한 이치라야만 '진리'라고 할 수 있다. '태양은 하나다'는 말은 맞을 수도 있고 틀릴 수도 있는 말이다. 환경과 조건에서 볼 때 온 우주에서 '태양은 하나다'라고 하면 틀린 말이다. 그러나 '태양계 내에서 태양은 하나다.'라고 하면 '진리'가 되는 것이다. 1+1=2는 진리다.

현재 지구상에는 약 600~800개의 기독교 종파가 있는 것으로 알려지고 있다. 이 많은 종파 중에 성경을 기본으로 하지 않는 종파는 없다. 모두가 성경을 자기주장에 맞게 아전인수식의 해석을 하여 자기파가 정통이라고 내세우고 있다. 서로 이단이니 삼단이니 하면서 자기가 맞다고 다툰다. 국내에 어떤 교파는 '아버지 하느님'이라고 하지 않고 '어머니 하느님'이라고 하기도 한다. '어머니 하느님'이 맞는지 '아버지 하느님'이 맞는지는 그 누구도 알 수 없다. 모두 모르기 때문에 시비가 가려지지 않는다. 또 살아 있는 사람을 하느님으로 모시는 교파도 있다. 땅에서 나오는 것 먹는 하느님도 있나? 하느님 정도 되면 땅의 흙 밟지 않고 이슬 먹고 살아야 되는 것 아닌가? 이러한 수백 갈래의 해석이 가능한 이현령비현령 성경이 어찌하여 '진리요 생명'인지 독자 제위께서 해명해 주시면 한다.

19. 존재하는 모든 것들은 인간을 위하여

미국의 제16대 대통령 에이브러햄 링컨은 저 유명한 게티즈버그 연설(Gettysburg Address)에서 인민의, 인민에 의한, 인민을 위한 (of the people, by the people, for the people)이라는 유명한 문구를 남겼다. 마찬가지로 세상에 존재하는 모든 만물은 인간의, 인간에 의한, 인간을 위한 것이라야 그 어떤 것도 인간 위에 군림할 수는 없다. 종교도 신도 마찬가지다. 신(神)이 인간을 만들었을까, 인간이 신(神)을 만들었을까? 아득한 옛날 인간형태의 직립원인이 출현하면서 그들은 먹을 것을 찾아 비바람을 맞으며 정처 없이 헤맸을 것이다. 다른 포식자들로부터 생명의 공포를 느끼며 이 산을 넘고 저 강을 건너 유랑의 시간을 살았을 것이다. 햇살이라도 비추는 낮이면 그나마 괜찮았겠지만 밤의 공포는 더 심했을 것이다.

어디에나 무엇에나 기대어 보호받고 싶었을 것이다. 이들은 처음으로 불을 발견하여 불의 보호를 받았을 것이고, 많은 시간이 흐르고 흘러 인지가 좀 더 발달한 후에는 자신들을 보호해 줄 수 있는 무엇인가를 원하였을 것이고 그들이 찾아낸 최후의 보호처가 신이 되었을 것이다. 하늘이 있고 땅이 있고 사람이 있어 천,지,인(天,地,人)으로 세상을 이루게 되니 문명(文明)의 시작이었다. 드디어 인간이 신을 발명한 것이다.

발명품은 발명자의 소유물이다. 발명품이 발명자 위에 군림할 수가 없다. 한데 세상이 거꾸로 되어 발명자가 자기가 발명한 발명품에 농락당하는 세상이 되어 버렸다. 백 번 천 번을 양보하여 설령 신이 인간을 포함한 만물을 창조하였다고 해도 인간 없는 신이 무슨 쓸모가 있겠는가? 신 혼자서 무엇을 하겠는가? 인간이 주인이다. 신의 노예가 되지 마라.

그놈의 신, 하느님.

본무(本無)

본래 없었다.
아무것도 없었다.
없는 것조차도 없었다.

신은 없었다.
그러나
영악한 인간들은
드디어
신을 만들고야 말았다.

그리하여

존재하지도 아니하는
그 신은
인간의 손에 의하여
존재(存在)당하게 되었다.

영악에다
사악함을 더한 인간은
존재 당하게 된 신을
자기 손아귀에 넣고
떡 주무르듯 주무르기
시작하였고
불쌍한 신은 인간에 의해
자린고비 굴비 매달리듯
인간의 머리 위에 매달려
썩은 눈을 뜨고서
가만히 매달려 있는 것이
신의 일이 되고 말았다.

바늘 도둑이 소 도둑 된다고
굴비 타령만 하면
안 되는 것이 없다는 것을
재빨리 눈치채버린
약삭빠른 인간들은
점점 더

굴비 타령에 맛을 들였다.
드디어
굴비는 전지전능이 되어 버렸고
이때부터
불쌍한 인간들은
굴비의 위세에 기대어 우쭐대다가
종장에는
굴비의 포로가 되어 버렸다.

이상한 것은
굴비의 포로가 된 인간들이
굴비의 포로가 된 그날부터
한시도 편한 날이 없게 되었다.

앞으로 가면 굴비가 노할까
뒤로 가면 굴비가 삐칠까
쳐다보면
굴비가 건방지다고 할까
내려다보면
힘없다고 나무라지나 않을까
노심초사
한 날 한 시도 마음 편한 날이
없었다.

제가 만들어서 제가 달아놓은
눈 썩은 굴비에다 대고
양산 읍 내 물레방아처럼 돌려도
굴비가 말이 없으니까 인간들이
그때부터 본격적으로 굴비를 팔아
사기 행각을 벌이기 시작하였다.

인간 제가 만들어 놓은 신이니
신이 말을 할 리가 있나
이제는
인간 자신이 말해 놓고
신의 말이라고 우기게 되었다
맛을 들인 인간들은 신의 포장만
덮어씌우면 무슨 짓을 하여도
무사통과인 것을 알고서
신을 팔아 인간의 배를 채우는
잇속 장사와 신을 팔아 너를
지배하는 지배수단으로 신을
이용하기 시작하였다.

인간이 신을 만들어서 시작된
이 땅의 모든 사악함과
전쟁과 작패들은
신이 시킨 적도 없고

신이 시킨 것도 아닌

인간 자기 놈들이 신을 팔아서

만들어 낸 패악들이었다.

억지와 광기가 판을 치고 있다.

이제는

인간들이 정신 차릴 때가 되었다.

신을 팔아 인간을 죽이지 마라.

신을 팔아 창조자 인간을

심판하지 마라.

신을 팔아 행하는

모든 것을 멈추어라.

인간 위에 군림할 수 있는 것은

아무것도 없다.

20. 자율(自律)과 타율(他律)

* 주관과 객관

자율은 자기의 뜻에 따라 스스로 느끼고 판단하고 스스로 움직이고 일하는 것이다. 타율은 나 밖의 타의 뜻이나 힘에 따라 움직이는 것이다. 주관과 객관이다. 주관은 모든 행위에 나 자신이 중심이 되어 나 자신이 주인공이 되어 내가 판단하고 행동하고 나 자신이 모든 결과의 책임을 지는 나의 뜻을 말한다. 자율이다. 객관은 상대의 뜻에 따라 객외자의 입장에서 보고 듣고 하는 것이다. 동양의 신관과 서양의 신관은 그 차이가 자율과 타율, 주관과 객관의 차이만큼 다르다. 특히 우리나라의 경우 신은 무소불위의 절대자가 아니고 인간과 같이 감정이 있고 희노애락의 정서가 있는 허물없는 조언자였고 가까운 이웃이었으며 손위 어른 격이었다. 산천초목과 천지신명이 모두 경배의 대상이었고 자신을 따라온 죄와 벌은 모두 자신이 저지른 행위의 결과 때문에 일어난 것으로 알고 스스로 조심하고 지나친 일이 있었다고 생각되면 신과 화친하도록 노래하고 춤추며 신들을 달래고 그 매듭이 풀리도록 노력하였다. 신과 인간과의 관계를 인간 자신이 주관적인 입장이 되어 자율적으로 조정했던 것이다. 반면 서양의 신관은 신이 모든 것을 주관하고 통제하고 인간은 신의 뜻에 따라 '종'처럼 움직이면 되었다.

인간이 죄를 지어도 신이 용서만 하면 만사형통이 되는 식이다. 중세 카톨릭에서는 신의 이름으로 인간의 죄를 사해주는 '면죄부'를 팔았다. 죄를 사 주는 냄비에 돈을 넣어 냄비에 돈 떨어지는 소리가 "땡그랑-" 하고 나면 그 소리와 함께 죄가 사해진다고 했다.

'고해성사'도 있다. 자기가 지은 죄를 신을 대신하는 대리자 신부에게 작은 방으로 가서 속삭이듯 고하고 나면 자기 죄가 가벼워지거나 없어진다는 것이다. 인간 자신이 행한 모든 행위의 결과가 죄 사함의 대상이 되든지 아니든지 간에 이 모든 것이 타율로 모든 것을 해결하려는 것이다.

자율과 타율, 주관과 객관의 차이는 '하늘과 땅', '삶과 죽음' 만큼의 차이가 있는 것이다.

'자율'은 한마디로 '신 난다'이다. 나를 중심으로 하여 일어나는 모든 일들의 원인은 슬프든 기쁘든 그 결과가 나에게로 돌아오는 것이고 이에 대한 모든 책임도 나에게 있다. '콩 심으면 콩 나고', '팥 심으면 팥 나는 것'이다.

'타율'은 '의지'하는 것이다. '너를 믿는다'는 것, '상대를 의지하는' 것이다. 나의 모든 행위는 너에 의하여, 너를 위하여, 너 때문에 일어나고 행하여진다.

나의 존재는 한없이 작고 비루하여 너를 통해서야만 내가 존재하게 되고, 네가 용서하면 나의 잘못도 흉허물이 되지 않는다. 너를 위해서, 너의 영광을 위해서라면 너의 목적을 위해서라면 그 어떤 잘못도 죄가 되지 않는다. '순교'라는 이름으로 용서가 되는 것이다. 이것이 '타율'의 비극인 것을 인간들은 모르고 있다. 자율과 타율이라는 작은 말의 뜻이 하잘 것 없이 보일수도 있지만 그 결과는 실로 엄청난 차이로 나타날 수 있다. '전쟁과 평화'가 될 수도 있다.

자율적인 신관이 있는 동양권에서는 전쟁이란 것이 거의 없다. 현재 지구상에서 일어나고 있는 거의 대부분의 분쟁이나 충돌은 타율적인 신관이 존재하고 있는 서양사상의 잔존물 때문에 발생한다. 저명한 사가들이나 문명 비판론자들이 작금의 지구적인 사태를 '문명의 충돌'로 비판하고 있지만 필자의 소견으로는 '자율과 타율'의 문제라고 본다. '자율적인 인간이거나, 자율적인 인간이기를 거부하느냐'의 차이지 '문명의 충돌'은 아닌 것이다.

내가 자율적으로 사고하고 행동하는 양심적인 인간이라면 나는 사람을 죽일 수 없다. 내가 자율적인 인간이라면 그림처럼 아름다운 저 창공의 벽에 비행기를 몰고서 돌진할 수 없다. 내가 내 정신이 살아 있는 자율적인 사람이라면 너를 죽이기 위해 내 몸을 무기로 제공할 수 없다. 내가 타율적이 될 때는 이 모든 것이 가능해진다. 신의 영광을 위하여 신의 이름으로 '신의 축복과 신의 은혜'를 믿고 산화될 수 있는 것이다. 자율적인 현명한 인간의 이성으로 되돌아오면 결코 일어날 수 없는 일이다.

21. 유물론(唯物論)과 유심론(唯心論)

자율과 타율은 유물론과 유심론이 잉태된 원천이다. 자율의 바탕은 인간이 중심이 된 '인본주의(人本主義)'다. 잘못을 저질러도 내가 저질렀고 불행이 닥쳐오거나 일이 잘 안 되어도 내 자신이 저지른 인과의 업(業)이라 생각하고 스스로 반성하고 뉘우치며 이를 바로 잡기 위하여 스스로 노력하였다.

타율의 바탕은 신이 중심이 된 '신본주의(神本主議)'다. 모든 것은 신이 주관하고 신의 뜻대로 행해지며 선하든 악하든 신의 이름으로 행해지면 면죄부가 주어지고 용서되는 것이다.

자율적인 발상은 유심론을 낳게 되었고 타율적인 발상은 유물론을 잉태하게 되었다. 서양사상의 양대기조로 알려진 헬레니즘과 헤브라이즘을 보면, 헬레니즘은 진화하여 이탈리아에서 문예부흥을 일으켜 '르네상스'를 낳게 되었고 헤브라이즘은 유물론으로 진화되어 공산주의를 잉태하였다. 그래서 공산주의를 일러 기독교 사상의 '사생아'라고도 한다.

타율적인 '신본주의'는 신이 모든 것을 주관하고 모든 것을 다 내려준다. 복도 주고 밥도 주고 돈도 주고 옷도 주고 자식도 신이 준다. 모든 것을 내 자신보다 신이 우선하고 신이 다 준다고 하니 자연적으로 신이 '물형화'하게 된 것이다. 모든 행동이나 생활의 기준을 신의 잣대에 맞추어 놓고 신의 기준에 어긋나기만 하면 그때부터 물, 불 가리지 않고 죽이고, 살리고 분탕질하고 나는 내가 옳고 너도 내가 옳고 해서 난장판이 되는 것이다. 따지고 보면 '신의 뜻'이란 것도 인간이 만들어 낸 '신의 뜻'이고 인간이 만든 '신의 기준'이지 신이 이건 이래라, 저건 저래라 딱 부러지게 정해주는 것도 없다.

'사람 나고 돈 났지. 돈 나고 사람 났느냐'는 옛말처럼 사람 나고 신 났지, 신부터 나와 있었고 그 다음에 사람 났나? 백번을 양보해서 신이 사람보다 먼저 나와 있었다 해도 사람이 안 났으면 신이 '신 대접' 못 받는 것 아닌가? 젊은 시절 중국 장춘에서 공산주의를 가르치는 동포 여자선생을 지인의 소개로 만나서 대화를 하면서 공산주의에 대한 말이 나왔는데 이 여선생님 주장이 세상 모든 것의 시작은 물질이라고 하면서 사람의 정신도 물질이라고 했다. 왜 그러냐고 물어보니 물질로 이루어진 인간으로부터 나왔으니 정신도 결국 '물질'이라는 것이었다. 말이 더 나가면 안 되겠다 싶어 말을 접었는데 공산주의 교육 한 번 잘 받은 셈이었다. 공산주의자들은 잘 아시다시피 그들이 주장하는 '공산(共産)'이란 목표를 위해서는 수단과 방법을 가리지 않고 어떠한 폭력이나 희생도 '공산'이란 이름으로 도배하고 정당화하는 것이다. '공산'을 위하여 '공산'이란 이름으로 얼마나 많은 사람과 인류의 재산이 탕진되고 파괴되었는가. 그 '공산'의 최대 피해자가 우리 민족이다. 공산은 자율이 아니고 타율의 법칙이요. 이론인 것이다. 적어도 자율적인 인간이라면 사람을 그렇게 파리 목숨처럼 짓이겨 죽일 수가 없다.

동토의 시베리아 벌판에서 얼마나 많은 사람이 죽었으며 문화혁명의 중화인민공화국에서 수천만 명이 아사하지 않았는가. 북한의 고난의 행군이라는 허울 좋은 이름의 행군에서 수백만 명의 동포들이 아사한 것도 모두가 타율적일 때는 가능한 일이다. '공산'을 위하여 '공산'의 이름으로 '신'을 위하여 '신'의 이름으로는 가능하다. 동양의 신관사상이 지배하는 곳에서 일어난 최근세의 가장 불행하고 가슴 아픈 일 중의 하나가 캄보디아에서 공산주의자들인 크메르루저가 일으킨 '킬링 필드(Killing field)' 사건이다. 300만 명의 사람을 자기들의 주장에 동조하지 않는다고 온갖 이

유와 트집을 잡아 죽인 것이다. 인간이 타율에 의해 조종되다보면 이성을 잃게 되고 목적만 보고 내달리면 등불을 보고 달려드는 불나방이 되는 것이다. 신만 내세워 앞뒤도 없이 달려드는 것도 또한 이와 같은 것이다.

22. 절대와 절대는 충돌이다

이 우주에서 '절대'는 절대 없으며 '절대'는 절대 존재할 수 없다.

절대라는 것은 상대에 대한 절대이지 절대 혼자서는 성립이 될 수 없는 말이다. 절대라는 뜻은 상대에 대한 비교이다. 이 우주에서 절대자란 존재할 수 없다. '절대자'란 상대자에 대한 절대자이지 절대자 혼자서는 절대자가 될 수 없다. 상대를 인정하지 않고서는 절대도 없고 '상대자'를 인정하지 않고서는 '절대자'도 없다.

강한 자는 강함을 탐내지 않는다. 약하기 때문에 강하게 보이려 할 뿐이다. 윗동네처럼 행복하지 않기 때문에 '우리는 행복하다'고 떠들어 댄다. 누가 해님에게 가까이 가서 "해님 어떤 녀석이 달빛이 해님보다 더 밝다고 합니다"라고 한다면 해님이 역정을 내고 화를 내었겠는가? 해님은 그냥 웃으시겠지! 이건 처음부터 상대가 아니니까. 절대 강자는 있을 수 있어도 유일한 절대자는 존재할 수 없다. 장기판에서 '궁' 하나로 장기를 둘 수 없다. 전쟁판에서 '장군' 한 사람으로 전쟁을 할 수 없다. '졸'이 있어야 장기를 둘 수 있고 '부하 병사'들이 있어야 전쟁도 하는 법이다. 상대를 인정하지 않는 유일한 절대자만 내세우면 이것은 온전한 일이 아니다. 적군 없는 아군, 아군 없는 적군은 없다. 적군과 아군이 함께 있어야 판이 짜이는 것이다. 상대와 상대를 서로 인정하지 않고 절대와 절대가 맞붙은 어리석은 전쟁이 저 유명한 '종교전쟁'이다. 중세 유럽을 피로 물들인 종교전쟁, 현대의 중동전쟁, 북아일랜드 분쟁, 이스라엘과 팔레스타인 분쟁, 스리랑카 내전, 필리핀 게릴라 전, 인도, 파키스탄 전쟁 등 종교전쟁의 결정판이 '9. 11테러'다. 전부 내가 옳고 내가 1등이고 2등은 없다. 그래서 부딪치고 충돌할 수밖에 없는 것이다. 인간이 인간에 의한 인간을 위한 세상이 와야 한다. 인간이 올바른 이성으로 인간 스스로 인간답게 사는 세상이 와야 한다. 오고 있다.

23. 절대 모순이 강요하는 이분법

절대는 절대를 지키기 위하여 어떠한 수단과 방법을 동원해서라도 무조건 상대를 굴복시켜야 한다. 내가 너를 인정하고 네가 나를 인정하는 공생(共生)의 방법보다는 신(神)이 인간을 지배하는 것처럼 강자가 약자를 지배하고 일방통행의 강자 우선 문화가 탄생되어 신은 항상 정의이며 옳은 것이고 신을 따르는 자는 약자가 되고 피지배자가 되어 의도하지는 않았지만 강요된 이분법에 적용되게 된 것이다.

인간은 자신이 개발한 자신의 논리에 의하여 인간 자신이 신의 종속물이 되고 인간은 또 다른 인간을 지배하기 위하여 인간 자신을 신에게 팔아 인간 자신이 종속되었던 것처럼 강자가 양자를 종속하기 시작하였다. 지배와 피지배의 이분법(二分法)이 성립되는 것이다. 대립과 갈등 지배와 피지배 종교 속의 대결구도가 형성된다.

흑과 백의 논리, 아군과 적군의 논리, 나의 것은 좋고 너의 것은 천하고, 우리는 천사이고 너는 악마, 우리가 믿는 것은 하늘 아래 제일이고 네가 믿는 것은 우상이고, 관용과 포용이 인정되지 않는 편협하고 독선적이고 추악한 집단 이기주의적 발상이 나오게 된 것이다. 이러한 서부영화의 '마카로니 웨스턴' 식의 적이 아니면 아군, 흑이 아니면 백의 서양종교와 서구문화가 우리나라에 함께 찾아들면서 우리 사회가 겪는 정신적인 충격과 문화 파괴 현상의 댓가는 값으로는 따질 수조차 없을 정도다.

배금주의, 천민주의, 집단 이기주의들이 모두 이분법적인 사고방식에서 기인한다고 볼 수 있다. 자기집단을 비판한다고 수천 명씩 떼거리로 몰려다니며 공공기관이고 뭐고 간에 기물을 파손하고 난동을 부리고 자기 이익 추구에 조금이라도 불리하면 머리에 붉은 띠 두르고 사자처럼 달려드는 이러한 의식구조는 상대의 입장은 전혀 고려하지 않는 일방적이고 독선적인 서구의 신관과 하나도 다른 것이 없는 행태다. 냉철한 이성과 자율이 지배하는 인간이 사는 세상으로 돌아와야 그나마 공동체라도 유지될 수 있는 것이다.

24. 일원(一元)적 다신관(多神觀)

한 아버지 밑에 한 자식 둘 수도 있고 열 자식 둘 수도 있다. 마찬가지로 으뜸 신 아래 여러 신이 존재할 수도 있다. 아버지가 자식을 사랑하듯이 으뜸신은 으뜸 신답게 자식 같은 상대 신들을 다 인정하고 감싸 안아 보듬을 줄 알아야 한다. 사단장 밑에 연대장, 연대장 밑에 대대장, 대대장 밑에 중대장, 중대장 밑에 소대장, 분대장 있듯이 큰 신 아래 작은 신도 있고 해야 다양하고 어울리는 맛도 있는 것이다. 절대가 아무리 강하고 크다 하여도 절대는 혼자다. 그러나 상대는 무한대이다. 내 자신이 아무리 똑똑하고 잘났어도 나는 언제나 혼자일 뿐이고 상대는 온 세상의 무한대이다. 대결이 안 된다.

우리에게 모든 것이 바뀔 때가 되었다. 그리고 바꾸어야 한다. 모든 것의 처음 시작은 '하나'부터요. 인생의 삶도 그 '하나'로 돌아가는 여행길이다. 삼라만상 모두도 '하나'라는 고향을 찾아가는 형제요 동반자이다. 끝도 모르는 곳으로부터 와서 끝도 모르는 곳으로 가야 하는 이 길의 법칙에서 벗어난 것은 아직 아무것도 없었다.

신(神)

神은 사랑, 관용, 용서
神은 햇빛
神은 질서
神은 행복
神은 힘
神은 정열
神은 꿈
神은 이슬
神은 길
神은 먼 곳에 따로 존재함도 아니요
神은 위에서 내려다봄도 아니요
神은 강제함도 아니다
神은 샘물처럼 솟아나는 당신의 마음처럼
　　당신의 마음에서 솟아나는 '정수(晶水)'일 뿐이다

25. 현하대세(現下大世)

　지금 세상 되어가는 모양이 달도 없는 캄캄한 그믐밤을 초라한 몰골로 정처 없이 헤매는 형국이다. 어느 쪽이 잘하고 못하고 어느 쪽이 옳고 그른지를 떠나 세상이 막장으로 달려가고 있다. 다 같은 하늘 아래 살고 다 같은 땅에서 나오는 쌀 먹고 나물 먹고 음식 먹으며 다 같은 물을 먹고 다 같은 공기 마시며 살고 있는데 어찌하여 생각하는 것은 '태양을 달이라' 하고 '달을 태양이라'하는 지경에 이르렀는지 그 까닭을 이해하려고해도 이해할 수 없는 지경이 되었다.

　하루는 밤과 낮이 어우러져 이루어진다. 한쪽은 낮을 하루라고 우기고 다른 한쪽은 밤이 하루라고 우긴다. 손은 손바닥과 손등이 합쳐져야 손이 된다. 손바닥만으로는 손이 아니고 손등만으로도 손이 아니다. 손등과 손바닥이 합쳐져야 손이 된다. 이러한 순리(順理)를 무시하고 돼지 엄발나듯이 모두 자기 욕심대로만 거꾸로 치닫고 있으니 이것을 어찌 함께 사는 공동체라고 할 수 있겠는가. 옛날의 우리나라는 작은 시골에도 향약(鄕約)이 있어서 공동체의 질서를 유지하였다. 그런데 수천리 길을 경각지간에 갈 수 있고 제자리에 앉아서도 천리만리를 볼 수 있는 이 개명 세상에 살면서도 사람 하는 짓들이 강아지보다 못한 짓을 하고 있다.

　모두가 제 욕심만 차리고 욕심이 목구멍까지 차올라서 머리 꼭대기까지 넘쳐 숨을 제대로 못 쉴 지경이 되었다. 지금 세상은 사람이 사는 '공동체'라고 할 수도 없고 하나의 '나라'라고도 할 수 없는 지경이다. 사람들의 의식수준이 몇 백 년 전의 시골 공동체 사람들의 의식 수준에도 훨씬 못 미치고 있다. 이것이 어찌 사람 사는 세상인가. 이러한 난세에 세상의 길잡이라도 되어 주어야 할 종교마저도 제 역할을 하지 못하고 탐욕에 탐욕을 더하여 끼리끼리 뭉쳐서 패거리 놀음이나 하고 있다. 종교가 하는 짓이라야 고작 '소원성취'나 팔아먹고 있다. '소원성취'라는 것도 그 속을 들여다볼라치면 거의가 "나 잘되고 내 가족 잘되기를 바라고 비는 속물적인 것뿐이다. 이런 하찮은 것을 '기도'하면 이루어진다고 꼬드겨서 '소원성취'를 상품으로 포장하여 팔아먹고 있는 판이다. 이제는 우리가 몸담고 있는 공동체 모두가 모든 것을 뛰어 넘어 새로운 세상으로 나아갈 수 있도록 의식의 프레임을 바꾸어야 할 때가 되고 있다.

요즈음 산업현장에서 4차 산업혁명을 외치고 있는바 필자의 의견으로는 온 세상 사람들의 생각이 먼저 4차 혁명을 일으켜 나 보다 먼저 상대를 배려하는 구조로 바뀌어야 한다고 생각한다. 이제는 이것도 저것도 믿을 수 있는 세상이 아니다. 세상을 리드한다는 종교마저도 바뀌어야 한다. 새로운 세상의 선구자가 될 수 있는 자격을 스스로 상실하고 있다.

26. 모든 것을 바꾸자

어느 날 지인의 사무실에 들렀던 나는 그곳에서 우연히 성경의 창세기편을 펼쳐 보면서 이 이야기는 시작되었다. 처음에는 호기심으로 읽어나갔다. 그러나 황당한 논리전개가 나의 사고와 판단에 불꽃을 튀게 하였고 창세기편을 다 읽을 즈음엔 과학이 만개하고 인간의 빛나는 지성이 지배하는 21세기 첨단문명이란 것이 모두 허구이며 '창세기'의 지령 내지는 '창세기적인' 사고의 지배에서 한 발짝도 전진하지 못하고 있다는 것이 내가 내린 결론이었다. 인간의 역사에서 서양의 경우 모든 서양 사상을 형성하는 모체 역할을 하고 서양사상의 골격을 이루고 있는 것이 성경이다. 성경을 빼고서는 서양 사상과 서양의 역사를 논할 수 없다. 먹고, 자고, 숨쉬고, 움직이는 일거수일투족이 성경과 연결되어 있다. 그 결과 지금도 서양인들의 사고 속에는 알게 모르게 성경의 사상이 기둥이 되어 흐르고 있고 뒤죽박죽의 모순을 안은 21세기는 항로 잃은 배가 되어 이리저리 기우뚱거리며 흘러가고 있다.

인간이 어떻게 한두 명도 아닌 600만 명을 죽일 수 있으며 얼마만큼의 증오와 원한이 쌓여 있기에 비행기를 탈취하여 수천 명의 목숨을 빼앗는 분탕질을 할 수 있으며 같은 동족 300여만 명을 개, 돼지 짐승도 아닌데 그렇게 잔인하게 죽일 수 있는가? 부모가 물려주시고 천지가 물려주신 금쪽같은 내 몸에다 폭약을 휘감고 너를 죽이는데 일말의 회한도 못 느끼는 저 마음이 어디서 나왔으며 무엇을 위한 죽음이란 말인가? 여기서 나의 판단은 인간들의 이 모든 어리석은 행동이 '창세기'적인 형태를 판에 박은 듯이 빼 닮고 있다는 것을 느낀 것이다.

동족 300만 명을 살해한 캄보디아의 '킬링 필드(Killing field)' 사건이 펼쳐진 무대는 동양이었지만 그 사상의 배경은 서양의 유물론에 입각한 공산주의 사상의 환각이 만들어 낸 비극이었다.

여러 장에 걸쳐서 논하겠지만 한 가지만 예로 든다면 '노아의 방주' 사건이다. '창세기 6:6-8'에 써 놓기를 '가라사대 나를 창조한 사람을 내가 지면에서 쓸어버리되 사람으로부터 육축과 기는 것과 공중의 새까지 그리하리니 이는 내가 그들을 지었음을 한탄함이니라 하시니라'로 되어있다.

여호와 하느님이 자기 말 잘 듣는 노아만 빼놓고 땅 위의 모든 것, 하늘의 모든 것까지 깡그리 휩쓸어 버린 것이다. 내 말을 잘 듣지 않고 내 편이 아니면 너에게 물어보고 타협하고 설득하고가 아니고 그저 내 하고 싶은 대로 휘둘러 버린 것이다. 창세기에는 이러한 형태들이 여러 수십 번 반복되고 있다. 이러한 것을 신주단지처럼 모셔 놓고 애지중지하면서 따라 배우다 보면 맹모삼천(孟母三遷)처럼 알게 모르게 세뇌가 되어 그 결과가 잔인하고 폭력적이고 비타협적인 타입의 사고가 형성되어 '창세기'처럼 하게 되는 것이다.

21세기는 자부심과 패배감, 비범함과 비열함, 선과 위선이 뒤엉킨 채로 자기 모순을 안고 몸부림치면서 저 넓은 우주로 향하고 있다.

빛나는 인간의 이성이 더 낳은 것을 성취할 수 있는 길은 과연 없는 것일까?

27. 당의정(糖衣錠)

당의(糖衣)라는 것은 글자 그대로 '단옷'이란 뜻을 가진 단어이다.

옷이 무슨 단 것이 있겠느냐마는 '당의정'이라면 무슨 덩어리에 단 옷을 입힌 것이라는 단어가 된다. 요즈음엔 당의정이란 말 자체도 거의 들어 볼 수 없지만 7080 세대의 소싯적에는 '당의정'이란 말의 위력이 힘을 발휘하던 시절도 있었다. 필자는 국민학교(지금 초등학교) 입학 전에 폐렴을 앓았다. 5-6세쯤으로 기억되니 벌써 67-8년 전이다. 지금도 폐렴으로 사망하는 사람들이 허다하니, 그 당시로서는 폐렴이 아주 무서운 병이었고 딱히 마땅한 약도 없던 시절이라 잘못하면 세상구경 다하는 판이었다.

그러나 필자는 매우 운이 좋았던지 그 당시로서는 최신 신약으로 알려진 '파스'라는 약이 국내에 들어와서 그것을 복용하고 살아나게 되었다. 그런데 이 '파스'라는 약은 하얀 가루인데 이놈의 맛이 너무나 써서 어린애가 먹기는 고역이었다. 이 고역을 보상해주는 보조제가 설탕이었다. 쓰디

쓴 '파스'를 입속에 털어 넣고 물을 마시고 함께 꿀꺽 삼키고 나면 옆에 대기하고 있던 설탕이 입으로 달려 들어와서 그 쓴맛의 보상을 해주었다. 그 설탕 먹는 재미로 먹기 싫은 쓰디쓴 파스를 먹고 병이 나았던 것이다. 옛날에는 말라리아를 유식하게는 학질, 좀 무식하게는 '도둑놈'이라고 했다. 학질은 앓을 때 열이 나면 나도 모르게 덜덜 떨기 때문에 학질 앓는 것을 '도둑놈'이라고 했던 것 같다.

그런데 그때 학질 잡은 특효약이 나왔다고 떠들썩했는데 그 약 이름이 '금계락'이었다. 지금의 유식한 말로는 '키니네'다. '금계락', 이 놈 또한 쓴맛으로는 파스와 마찬가지였다. 그리고 그 당시 유행했던 어린이 영양제 중에 '원기소'란 놈도 있었다. 종이 곽 포장지에 남자가 역기를 들고 서 있는 그림이 그려진 종합영양제였다. 이놈은 쓰지는 않았지만 깨물어 씹어 먹게 되어 있었는데 먹어 보면 맛이 좀 고약했다. 그 후, 어느 날 쓰지 않은 '금계락'이 나왔다고 좋아들 했다. 아마 그때 우리 제약회사들이 약 표면에 단맛을 코팅하는 기술을 도입했는지 그 이후로는 무슨 무슨 '당의정' 하면서 당의정이라면 무슨 고급약이라도 되는 것처럼 선전했던 시절이 있었다. 지금은 그러한 쓴 약도 없으려니와 쓰면 먹지도 않을 것이니 모두가 호랑이 담배 피우던 시절 이야기이다.

여기서 창세기 이야기 중에 느닷없이 왜 '당의정' 이야기가 나왔느냐고 의아해하시겠지만 '당의정'이란 놈의 정체와 그 기능을 말하지 않을 수 없기 때문이다. 당의를 입히게 되면 첫째, 당의 안쪽에서 무슨 일이 일어나도 밖에서는 그 안쪽의 일을 알 수 없기 때문에 완벽한 커버, 즉 위장이 된다. 두 번째, 밖의 놈이 안쪽으로 들어갈 수 없기 때문에 안쪽에 있는 놈은 밖으로부터 완벽한 보호를 받게 되는 것이다. 결론적으로 당의의 정체는 위장과 위선 등 자기보호를 위한 고약한 일을 한 셈이다. 물론 당의를 입혀서 쓴맛을 달게 해주는 긍정적일 때도 있지만 부정적으로 쓰일 때는 상황이 훨씬 심각해진다. 일단 당의라는 보호막으로 가려지면 안과 밖이 단절된다. 안쪽은 바깥을 볼 수 없고 바깥쪽은 안을 볼 수 없다. 안과 밖을 완벽하게 통제할 수 있게 된다. 이때부터 '당의'를 입힌 자의 의도대로 안과 밖을 마음대로 주무를 수 있게 된다. '당의정'의 묘미다.

28. 하느님

창세기를 보면 아담과 이브로부터 아브라함까지의 세대수가 대략 21대(代)가 되고 시간은 얼추 11,000년 정도 된다. 11,000년 전쯤에는 인간의 문자도 없었고 기록도 없던 시절이다. 이러한 알 수도 없고 믿을 수도 없는 남의 나라 조상 이야기는 입이 닳도록 졸졸 외워대면서 5000년 역사가 눈을 멀쩡하게 뜨고 있는 자기나라 역사는 신화니 전설이니 하면서 '실증사학'이라는 괴물까지 데려다 놓고 비토하는 것이 우리 종교인들의 행태다.

그렇다면 서양의 하느님만 있고 우리는 하느님은 없었나? 정확한 연대는 알 수 없으나 수천 년 전 우리 조상님들의 수신 교과서격인 〈천부경(天符經)〉에 '심(心)은 본(本)이니 본태양(本太陽) 하여 앙명인중천지(昂明人中天地)라고 되어 있다. '인간의 근본 마음자리는 태양처럼 밝은 광명세계요, 사람의 마음 심경 속에는 하늘과 땅 천지가 일체 하나가 되어 있다.'는 것이다. 우리 민족의 하늘 경배 사상은 창세기 보다 훨씬 앞서있는 것이 사실이다. 인간의 '마음'이 '하느님'인 것이다.

29. 창세기(創世記)

필자가 창세기를 논할만한 전문적인 신학자는 아니지만 창세기를 쓴 자가 결코 하느님이 아니라는 사실만은 분명히 말할 수 있다고 생각한다. 하느님이 창세기 편의 글자 한 획도 쓴 사실이 없는데 하느님이 쓰지 않은 창세기가 어떻게 생겨났느냐이다. 답은 간단하고 분명하다. 사람이 쓴 것이다. 사람이 기록한 '하느님의 말'이 맞는 말이다. 처음에 하느님이 아담을 만들어놓고 그때부터 아담과 하느님이 정담을 나누고 아담이 하느님의 말씀을 기록하였나? 천만의 말씀인 것은 여러분도 잘 알 수 있는 사실이다.

사람이 태어나서 말을 하려면 최소한 일 년 정도는 되어야 옹알이를 거쳐 겨우 "엄마, 아빠" 한마디 할까 말까다. 말은 어떻게 생겨났을까? 원생 인류가 생겨나서 직립할 때까지 그리고 그 후까지 청각을 통하여 들을 수 있는 천둥소리, 빗소리, 바람소리, 새소리, 물소리, 짐승의 울음소리 이런 것들이 어울려서 원생 인류 나름대로 하나의 통일된 소리를 얻게 되고 이런 것이 하나 둘 모이고, 시간이 흐르고 시행착오를 거치고 하여 말이 생겨났을 것이다. 언어와 문자를 사용한다는 것은 만물의 영장일 수 있는 인간의 특권이다. 인간의 의사소통 방법에서 언어와 문자 중 어느 것이 먼저 사용되었는지는 불문가지이다. 말보다 수 천 년 수 만년 늦게 나올 수밖에 없는 것이 문자다. 어느 정도 문명을 향유할 수 있을 때라야 가능한 일이다.

수 천 년 전은 지금과 같이 다양한 감정표현이나 화려한 언어를 구사할 수 있는 글이나 말이나 어휘조차 없던 시절이다. 말은 사람을 열 명 세워놓고 "밥"이라고 말해놓고 전달시키면 열 번째 사람은 "죽"이라고 말하게 되는 것이 인간의 의사전달 능력이다. 사본학자들은 사본의 정의를 '손으로 그대로 옮겨 적은 글'이라 하면서 '창세기'는 글 쓰는 사람의 사상이나 의견을 첨부한 것이 아니고 하느님으로부터 들었던 계시의 말씀 그대로 옮겨 적은 것이라고 말하고 있다. 그러면 창세기가 단일본이어야 한다. 현대 성경이 사해본이니 무슨 본이니 하며 논쟁을 하는 것은 들은 사람이 잘못 들었거나 쓰는 사람이 잘못 썼기 때문일 것이다. 이렇게 이본이 많다는 것은 '창세기'가 진실이 아니라는 방증이다. 이렇게 해석하면 이렇게라고 저렇게 해석하면 저렇게라고 이현령비현령이 되었으며, 이러한 것이 수백 년 수천 년 내려오면서 무슨 파, 무슨 파가 되어 인간들이 서로 싸우고 다투는 원인을 제공하게 된다. 인간의 이러한 불확실한 의사전달 과정에서 탄생된 '창세기'의 구절구절이 21세기 첨단 인류의 '사고'를 아직도 지배하고 있다는 사실을 믿을 수가 없다. 이것이 현실이다.

30. 한심한 창조론(創造論)

한심하고 불쌍한 인간들이 왜 이렇게 '창조론'에 매달리는 것인가?

나와 창조 간에 무슨 연관이 있어서 창조 소리만 나오면 경기가 든 사람처럼 굳어져서 말도 못하고 벌벌 떨기만 하는가. 창조가 무슨 밥 먹여주는 것도 아니고 똥 받아 내어주는 것도 아닐 텐데 '창조자' 소리만 나오면 기겁을 한다. 단 6일 만에 이 큰 천지와 우주만물과 사람이 무엇인지도 알 수 없는 '창조자'라는 것에 의하여 만들어졌다는 것이 가당한 일인가? 그렇다면 왜 이렇게 인간들이 '창조자'에게 매달려 애걸복걸 법석을 떠나. 이를 심층적으로 따져 보면 모두가 얄팍한 인간의 '욕심' 때문이다. 인간 자신이 만든 '창조자'를 '아바타'로 모셔 놓고 섬기면서 거기에 매달려 무엇 좀 받아 챙길 것 없나하는 공짜 심리 때문이다. 미안한 말이지만 '창조자'는 본래 없었을 뿐 아니라 있다 해도 아무것도 주지 않았다. 모든 것은 경상도 사투리로 '지질로', '지멜대로' 생긴 것이다. 표준말로는 '저절로', '제 멋대로' 지어진 것이다. 묻지도 말고 따지지도 말고 알려고도 말지어다. 저절로니까.

사람이 "으앵-"하고 울면서 태어났을 때 남자아기 고환 속에 정자가 가득 들어 있었을까? 태어나는 여자 아기의 자궁 속에 난자가 생겨 있어서 정자를 기다리고 있었을까? 이러한 것이 사실이라면 여자 아기는 태어난 달부터 생리가 시작되어야 한다는 이치가 된다. 어불성설이요, 말이 안 되는 것이다. 남자 아기나 여자 아기나 태어나서 땅에서 나는 음식 먹고 하늘의 공기 마시고 성장한 후 성징이 나타나는 때가 되면 남자는 수태시킬 수 있는 능력이 생겨나는 것이고 여자는 수태할 수 있는 능력이 되는 것이다. 즉 갓난 애기 때는 없던 난자와 정자가 언제 어디서 어떻게 만들어졌기에 그러한 생식 능력의 결과가 나타나는 것일까? 누가 창조하였나? 아니면 '창조자'가 몰래 와서 '창조'하여 놓고 갔나? 이게 다 하늘의 공기 마시고 땅에서 나는 음식 먹고 '저절로' 생긴 것이다. 모든 것이 자연 발생적인 것이다. 졸시 한 수 바친다.

저절로

너 절로
나 절로
절로 절로 저절로
세월 따라 저절로

바람 따라 저절로
절로 절로 저절로

하늘절로 땅절로
세상절로 만사절로
절로 절로 저절로

저절로
저절로
절로 절로 저절로

인연 따라 저절로
세월 따라 저절로
지멜대로 저절로
절로 절로 저절로
일시무시(一始無始)
일종무종(一終無終)
처음도 없고 끝도 없다
절로절로 저절로

니 절로
나 절로
절로 절로 저절로

31. 이브 만들기

하느님은 처음으로 아담을 만들고 아담이 모든 육축과 공중의 새와 모든 짐승들에게 이름을 주니라. 아담에게 돕는 배필이 없으므로 여호와 하나님이 아담을 깊이 잠들게 하시니 잠들매 그가 그 갈빗대 하나를 취하고 살로 대신 채우시고 여호와 하나님이 아담에게서 취하신 그 갈빗대로 여자를 만드시고 그를 아담에게로 이끌어 오시니 아담이 가로대 이는 내 뼈 중의 뼈요 살 중의 살이라, 이것을 남자에게서 취하였은즉 여자라 칭하리라 하니라. 이상이 창세기에 나와 있는 인류의 반쪽 조상인 여자를 만든 시발인즉 인류는 여기서부터 여호와에게 밉게 보여 고생길로 접어들게 된다.

32. 여호와의 갈빗대 절취사건

요즈음의 법대로 하면 '갑'이 소유하고 있는 물건을 '을'이 정당한 값을 지불하고 사거나 혹은 값을 치르지 않고 외상으로 구입하든지 하여 일단 '을'의 소유가 되고나면, '을'이 소유한 물건을 '을'의 승낙 없이 마음대로 처분할 수가 없다. '갑'이 '을'의 승낙 없이 마음대로 물건을 가져가든지 처분하면 '절도죄'가 성립된다.

여호와는 아담이 배필이 없어서 그에게 배필을 만들어주기 위하여 그를 잠들게 해 놓고 아담의 갈빗대를 취하였다고 했는데 이는 명백한 '갈빗대 절취'다. 비록 자신이 만든 '아담'이고 또 아담에게 배필을 만들어 주기 위한 것이었더라도 아담의 갈빗대를 취하려고 하면 사전에 아담의 동의를 구해야 하는 것이 맞는 이치다. "아담아, 내가 보기에 이렇고, 저렇고

하여 네가 배필이 없어 불편해하는 것 같아 너에게 배필을 만들어 주려고 하니 그리 알고 있거라. 네가 잠든 뒤에 내가 너의 갈비뼈 하나를 살짝 **빼어** 갈 테니 그리 알고 있어라."는 사전 설명 내지는 동의를 구했어야 한다. 이러한 선후의 절차도 없고 아무 말 없이 슬쩍 아담의 갈빗대를 빼낸 것은 분명한 '갈빗대 절취'다. 내 마음대로다.

33. 아담 따로 이브 따로(따로 국밥)

여호와 하나님께서는 왜 아담과 이브를 따로 만들면서 그것도 남자를 먼저 만들고 하필, 남자의 갈빗뼈를 취하여 여자를 만들었나. 이것은 인류 역사에서 여성을 비하하는 비극을 불러들인 단초를 제공한 매우 큰 실수였다. 5일 만에 천지를 창조하는 능력이 있다면서 요즈음 말로 "짠" 하고 동시 패션으로 아담과 이브를 만들었으면 아담의 갈빗대를 몰래 **빼내올** 필요도 없고 여자를 울릴 일도 없었을 것 아닌가. 필자는 창세기의 아담과 이브 만들기를 보고 마음의 충격을 받아 아래의 졸시를 쓰게 되었다.

갈빗대 출신

당신의 고향은
갈빗대이십니까?

그렇다면
당신은

갈빗대 출신이시군요.

요즈음은
갈빗대가
갈빗대 출신에게
눈만 조금 잘못 흘겨도
뭐다 뭐다해서
야단에 법석이 됩니다.

'갈빗대 출신'의
권리가 침해당했다고

이리도 당당하신 갈빗대 출신들이
자신의 출신이 갈빗대였다는
사실에 대하여서는
어찌하여 꿀 먹은 벙어리처럼
코도 한 번 훌쩍이지 않으십니까?

목하 이 세상은
하도 많은 '갈빗대 출신' 단체들이
온 세상을 쥐락펴락하는 시대입니다.
그러함에도
본인들의 출신에 대하여서는
한마디도 못하는 것을 보면
당신의 고향은 정녕
갈빗대가 분명한가 봅니다.

정말
당신의 고향이 갈빗대라면
당신은 갈빗대 임자에 대하여

대항도 하지마시고
저항도 하지마시고
갈빗대 주인과 똑같은
요구도 하지 마십시오.

그렇지 않으시다면
당신의 고향이 갈빗대라고 떠드는
그 입에 지퍼를 채워 주십시오.
그때서야
당신의 누명은 벗겨지고
당신은 갈빗대와 동격(同格)이
될 것입니다.

    인류가 자기의식을 가지기 시작할 무렵 창세기가 인류에 끼친 악영향
은 이루 말할 수 없었을 것이라 생각하는 바이다.

34. 이브의 고통

    갈빗대 절취 사건은 인류사에서 웬만큼 중요한 일이 아니었다. 이로 인
하여 이브는 꼼짝없이 아담의 예속물이 되어 이후 여자가 남자의 노리갯 감

내지는 소유물로 인정되는 빌미를 제공한 꼴이 되었다. 여권이 어쩌니 저쩌니 떠들어대도, 지금도 저개발 국가나 또 다른 일부 국가에서는 여성을 노예나 짐승처럼 다루고 있다. 몇 년 전 이슬람권 국가에서 13살짜리 소녀가 시집간 시집에서 뛰어나와 법원에 고소한 사건은 유명한 사건이었다.

시집간 여자가 어떤 이유에서든지 소박맞고 친정으로 돌아오면 가문의 명예를 더럽혔다고 그 자식을 죽여도 되며 이것을 잘한 일이라고 간주하여 '명예 살인'으로 추켜세워 벌도 주지 않는 것이 오늘날에도 일어나고 있는 야만적인 여성 박해 현실이다. 이것뿐만이 아닐 것이다.

세세하게 다 밝혀지지는 않아도 여성이 당한 박해는 다 모으면 큰 산을 이루게 될 것이다. 이 모든 박해의 원인과 이론을 제공해 준 것이 아담의 '갈빗대 절취 사건'이다. 이브의 고통은 누가 만들었나? 그리고 한심하고 분통터지는 일은 지구상에 허다한 여성단체니 해서 여성 세력들이 많다. 이런 단체의 사람들 입을 봉해 놓았는지 여자가 남자의 갈빗대에서 나오지 않았다는 것을 안다면 이 불행의 단초를 제공한 사건에 대하여 역사적이든, 신적이든, 성경적이든 아닌 것은 아닌 것이고 맞는 것은 맞는 것으로 당당하게 시시비비를 가려 틀린 일이라면 고치도록 해야 할 것이 아닌가? 이브들이여 왜 말이 없는가? 그럴 용기가 없다면 앞으로 '아담'에게 눈도 바로 쳐다보지 마시라.

35. 왜, 따로!

그 전지전능하신 여호와 하느님께서 이런 사태를 예측하지 못하고 왜 아담과 이브를 따로 만들어 사단을 만들게 되었는가?

1. 깜박설

아담과 이브를 함께 만들려고 생각했다가 깜박 잊어버리고 따로 만들게 되었거나

2. 소재 부족설

아담과 이브를 동시에 만들려고 하였으나 마침 그때 재료인 흙이 옆에 없어서거나

3. 기술 부족설

아담이 이브보다 좀 덜 복잡하므로 먼저 아담부터 만들어 연습을 하고나서 좀 더 정교한 이브를 만들기 위해서거나

4. 능력 부족설

아니면 동시에 함께 만들 수 있는 능력이 안 되었기 때문에 이런 사단이 일어났다고밖에 볼 수 없는 일이다.

처음 만들 때부터 시키면 시키는 대로 말 잘 듣게 만들어야지 말 듣지 않는 이브를 만든 것이 치명적인 실수다. 하드웨어는 잘 만들어놓고 소프트 웨어를 만드는 것은 실패하였다.

36. 에덴에서

에덴에서는 무슨 일이 일어났나?

여호와 하느님께서는 꾀도 많으셨든지 에덴동산에다 본인들 먹는 '생명나무'와 선과 악을 알게 된다는 '선악과'를 함께 심어놓고 아담과 이브에

게 둘 다 못 먹게 하였다. 이게 처음부터 말이 맞지 않는 수작이다.

1. 못 먹을 나무를 왜 심어 놓았나?

사람의 심성이란 것이 하지 말라고 하면 더 하고 싶어지는 법이다. 이런 현상을 심리학에서는 무엇이라고 하는지 모르겠으나 좌우지간 인간의 호기심은 붙잡으면 도망가고 싶고 가라면 오고 싶고 오라면 가고 싶은 것이 본능적인 심보다. 이런 인간에게 못 먹을 나무를 심어 놓고 먹어라 먹지마라 마음에 바람을 집어넣었나? 처음부터 심지를 말든지, 심었으면 말을 말든지 이게 사람 약 올리는 일이지 심어 놓고 따먹지 말라는 것은 "먹어보라"는 소리와 똑 같은 말이다.

2. 선악과는 어린이 대공원의 지뢰

어린이 대공원에 지뢰 묻어 놓고 여기 들어가지 말라고 하면 지뢰가 터지지 않고 계속 그대로 있을 것 같지만 이것은 언제 터져도 터지게 상황설정이 되어 있는 것이다. 지뢰의 속성은 터지는 것이 제 임무이고 오늘 안 밟아도 내일 안 밟아도 언젠가 누군가가 밟아 터지게 되어 있다. 폭탄은 터지는 것을 전제로 하고 있다.

에덴동산의 선악과도 지뢰와 마찬가지로 심어진 이상 아담과 이브 아니라도 언젠가 누군가는 따서 먹든지 익어 떨어진 놈 주워 먹든지 먹게 마련이다. 재수 없게 이브가 먹어서 욕을 먹고 치도곤을 당한 것이다. 어떤 면에서 보면 다른 놈이 따먹고 들어먹을 욕을 이브가 먼저 먹고 죄를 받았으니 누군가에게는 크게 적선한 셈이다.

37. 에덴은 낙원이 아니었다

세상에 널리 회자(膾炙)되고 있는 말 중의 하나가 '에덴 낙원'이다. '에덴'이라고 하면 기화요초가 만발하고 사람들은 대,소변도 안 보고 비단금침에 아무런 근심 걱정 없이 살 것 같은 그야말로 '낙원'을 연상하게 되고 또 '낙원'이라고 하면 어쩐지 '에덴'이란 말이 떠오르는 것이다. 그런데 처음부터 이 '에덴'은 낙원이 아니었다. 온갖 권모술수와 음모와 배신이 춤추던 '악'의 동산이었다. 가령 10,000cc의 물이 똑같은 그릇에 양쪽으로 담겨 있는데 한쪽은 아무것도 들어 있지 않은 깨끗한 물이고, 다른 한쪽에는 실수로 0.0001g의 똥물이 들어갔다고 할 때 당신은 어느 쪽 물을 마시겠는가? 또 어느 쪽을 청정수라고 부르겠는가? 불문가지로 한쪽은 청정수이고 한쪽은 똥물이 되는 것이다. 그 양이 아무리 적어도 오물이 들어 간 물은 청정하지 않은 것이 사실이기 때문이다. '에덴'도 마찬가지다. 그 아름답고 완벽하게 선하고 착한 동산에 선과 악을 구별하는 나무가 있다는 것 하나만으로도 에덴은 낙원이 아니라 할 수 있다.

완벽한 낙원이라면 선과 악을 구별하는 것조차 없어야 하는 것이다. 깨끗하고 청정하게 만들지 않았다. '부스럼이 종기 된다'고 이 정도 되면 낙원이 아니고 음모와 배신의 공장쯤 되는 것이다. 뱀이 머리에 빨간 띠 두르고 '결사 단결' 구호 외치고 데모하지 않는 것이 다행인 동네가 '에덴'이란 곳이었다.

38. 승리의 법칙(法則)

　세상에는 모든 게임(game)에서 모두 이길 수 있는 법칙이 단 하나 있다. 바둑이든, 장기든, 화투든, 포커든, 체스든 무슨 게임이든 이길 수 있는 법칙이다. 무조건 상대를 이길 수 있는 '절대 법칙'이 있으니 그것은 '하나 법칙'이다. 모든 게임에서 상대를 이기기 위해서는 많이 알 필요도 없고 상대보다 '단 한 수'만 더 알 수 있으면 백전백승할 수 있다. 예를 든다면 바둑에서 나와 상대가 겨룰 때 상대가 100수를 볼 때 내가 101수를 볼 수 있다면 내가 이길 수 있다. 상대가 만 수를 본다면 내가 만 1수를 보면 되고 상대가 1억 수를 볼 때 내가 1억 1수를 보면 이길 수 있다. 세상 판이 다 그렇다. 너를 이기기 위해서는 너보다 한 수만 먼저 짚으면 승리자가 될 수 있다. 만고의 승리법칙이다. 단 한 수 차이로 승자와 패자가 확연히 갈라지는 것이다.

39. 여호와 하느님과 뱀

　여호와 하느님이 만든 동쪽의 에덴동산에서 하느님이 심어놓은 선악과의 정체를 정확하게 파악하고 그 정보를 이브에게 제공한 것은 뱀이었다. 창세기 3:5-6절에는 "동산 중앙에 있는 나무의 실과는 하나님의 말씀에 너희는 먹지도 말고 만지지도 말라. 너희가 죽을까 하노라 하셨느니라. 뱀이 여자에게 이르되 너희가 결코 죽지 아니 하리라, 너희가 그것을 먹는 날에는 너희 눈이 밝아 하나님과 같이 되어 선악을 알 줄을 하나님이 아심이니라. 여자가 그 나무를 본즉 먹음직하게 보임직도 하고 지혜롭게 할 만큼 탐스럽기도 한 나무인지라 여자가 그 실과를 따먹고 자기와 함께 한 남편에게도 주며"라고 되어 있다.

여호와 하나님은 요즈음 말로 '뻥'을 쳤고 그 '뻥'을 정확하게 '뻥'인 줄 안 것은 에덴동산 안에서는 유일하게 뱀뿐이었다. 먹어도 죽지 않는데 왜 먹으면 죽는다고 거짓말을 했을까. 여호와 입장에서는 분통이 터지지 않을 수 없게 된 것이 이브가 자기가 시키는 대로만 하고 있으면 자기 혼자서 굿하고 장구치고 자기 멋대로 해도 될 수 있는 일이었는데 '선악과'를 먹고 눈이 밝아져서 뭐든지 알아보게 되었으니 산통이 다 깨진 판이라 역정이 안 날 수가 없다. 게임의 법칙으로 보면 하느님은 뱀에게 자기의 '포커페이스'를 읽히고 만 것이다. 수로 보면 하느님의 수가 뱀의 수보다 한 수 낮은 것이었고 뱀의 입장에서는 하느님 수보다 한 수 더 읽은 결과다. 결론은 하나님이 뱀과의 게임에서 완패한 것이다.

40. 패자가 한 일-저주(詛呪)

필자가 성경을 보면서 제일 거슬리고 충격 받은 단어가 저주(詛呪)라는 말이었다. 뒷장에서 저주에 관하여 총평을 하겠지만 아무튼 성스러운 경전이라는 '성경'에서 저주라는 말을 이렇게 마구잡이로 추풍에 낙엽 휘날리듯 사용하게 된다는 것은 온 인류에게 불행한 일이 아닐 수 없다. 얼른 국어사전에서 '저주'라는 말을 찾아보았다.

'저주(詛呪)-남에게 재앙이나 불행이 일어나도록 빌며 바라는 것'이다.

저주라는 말은 점잖은 사람이 하는 말도 아니고 사용해서도 안 되는 말이다. 이런 따위의 말은 억울하고 한탄스러울 때 약자들이 악에 받혀 하는 말이지 강자가 할 말은 결코 아닌 것이다.

중세 유럽의 봉건주의 시대 영주에게는 자기 아래의 '농노'들이 결혼할 때 그들의 마누라가 될 처녀를 첫날밤에 먼저 하룻밤 꿰어 차고 자는 악습이 있었다. 이것을 이름 좋게 '초야권'이라고 했다. 취하는 놈 입장에서는 입이 귀에 걸릴 일이겠지만 당하는 놈 입장에서는 분통이 터지고 눈 튀어나올 일이지 기쁘지는 않은 일이다. 이때 어떤 똑똑한 농노 한 사람이 성주에게 자기 마누라 될 사람의 첫날밤 허용을 인정하지 않고 성주에게 반항하였다고 한다면 성주가 고이 "그래, 네 말이 맞다. 내 네 마누라를 취하지 않으마. 잘 먹고 잘 살아라, 이 자식아 저주나 받아라." 하고 입으로 저주 따위를 주억거리지 않는다.

성주는 힘 있고 권력 있는 사람이니 불응하면 당장 "이 자식 너 죽을래?"하고 윽박지르고 심하면 죽여 버리든지 패대기를 쳐서 굴복시키든지 아니면 돈으로 달래든지 얼마든지 자기의 주장을 행위로 옮기면 그만이다. 당하는 입장에서야 억울해서 미칠 지경이지만 힘에 눌리고 대에 눌리니 어쩔 수 없이 당하고서 돌아서서 할 수 있는 것이 말로서 욕하고 저주하는 것이다. "이 자식아 내일 아침, 숨이나 콱 막혀 뒈져버려라."

이렇게 하는 것이 저주(詛呪)다. 그래 뱀에게 자기 수가 읽혀 자기 뜻대로 되지 않았다고 여호와 하나님이 한 일이 고작 창세기 3:13절에 "뱀이 저주(詛呪)를 받아 영원히 배로 기어 다니고"이다. 이후 저주라는 말이 봇물을 이루어 성경 여기저기에 마구 나왔다. 이 정도 되면 성스러운 경전이라는 것이 성스러운 것이 못되고 숫제 저주를 가르치는 책이나 마찬가지가 된다. 배운 것이 일천하여 아는 것도 없지만 동양의 고전 어디에나 불경 어디에도 '저주'라는 말 가르치는 경전은 없는 것으로 알고 있다.

저주라는 말뜻을 곰곰이 생각해보고 성경의 저주와 비추어 보니 하도 한심하고 기가 차서 졸시 '저주'를 한 수 읊었다.

저주(詛呪)

'저주(詛呪)'의 사전적 의미는
'미운 이에게 재앙이나 불행이
닥치기를 빌고 바람'이다

듣기에도 고약한 이 '저주'를
가르치는 곳도 있어서인지
우리 시대에 저주의 악령이
곳곳을 배회하고 있다

'저주'는 약자의 주억거림이고
비명소리일 뿐
강자에게는 '저주'라는 따위가
필요도 없다.
저주를 하기 전에 먼저

법보다 가까운 주먹이면 주먹
힘이면 힘, 돈이면 돈으로
빽이면 빽으로
꽉 눌러 버리면 그만이다

저주와 증오 따위로
문제가 해결될 수는 없는 법
저주와 증오에는 관용과 용서가
'쥐약'.

저주나 증오를 가슴에 담고 있으면
너를 이길 수 없고
승자가 될 수 없다.
아무리 큰 미움이나 저주 증오도
강물이 흘러가듯 흘려보내야 한다.
저주와 증오는 약자로 가는 길
저주를 가슴에 안고 살아가면
송사리 신세 못 면한다.

41. 부처와 제바달다

부처와 제바달다는 세속 인연으로는 사촌지간이다.
싯달다 태자가 깨달음을 얻어 '부처'가 되니 처음에는 부처의 제자가 되었으나 자기 욕심을 채우기 위하여 부처님을 시기하고 부처님을 없애기 위하여 갖은 수단과 방법을 동원하였다. 석존을 죽이기 위하여 아사세 태자와 결탁하여 아사세 태자가 자기의 아버지인 빈바사라 왕을 죽이도록 하고 어머니 위지희를 감옥에 가두도록 하였다. 또한 성질 포악한 친구 화리에게 시켜 여러 마리의 코끼리들에게 술을 먹여 취하게 한 뒤 석존을 코끼리 발에 밟혀 죽도록 하려 하였고 결국에는 석존을 해치기 위하여 무리들을 이끌고 달려오다 원인도 모르게 죽고 말았다.

제바달다가 석존을 죽이기 위하여 쳐들어온다는 소식을 듣고 겁이 난 제자들이 석존께 아뢰었다.

"석존이시여, 지금 제바달다가 석존을 해치고자 하오니 급히 몸을 피하셔야 되겠습니다."

"걱정 말아라 제바달다는 결코 나를 해칠 수 없다."

제바달다는 결국 끝까지 못된 마음을 버리지 못하여 지옥에 떨어져 고생을 하게 되었다. 그러나 석존은 제바달다의 행동은 밉지만 그가 업보를 치르게 되는 지옥살이를 가엾게 여기시고 아난과 목련 두 제자를 보내어 제바달다를 달래도록 하였다.

"제바달다야, 이 지옥에서 나가고 싶으냐?"

"석존이 직접 오면 내가 나갈 것입니다."

"제바달다야 석존이 어찌 직접 오실 수 있겠느냐?"

"석존이 오지 않으면 나는 지옥에 있겠습니다."

지옥에서 돌아온 아난이 석존께 제바달다의 말을 아뢰니 "아난아 그리고 비구들아, 남을 위한 마음은 만복을 모이게 하지만 표독하게 먹는 마음은 한 개의 복도 사라지게 하느니라"

고 하셨다.

부처는 자기를 죽이려 한 자에게도 그 처지를 딱하게 여겨 용서하고 관용과 너그러움으로 이해하려고 하였다. 비록 나를 죽이려 했어도 '저주'하지 않았다. 무슨 일에나 '저주'를 하여 해결될 일이 있다면 밥도 안 먹고 잠도 자지 않고 저주만 하면 된다. 모두 한심한 일이다. 이 세상은 따지고 보면 '저주'도 저주할 것도 없는 곳이다. 아름다운 것이 세상이다.

42. 왜 그토록 못 먹게 하였는가?

창세기 2:8-9, 여호와 하나님이 그 땅에서 보기에 아름답고 먹기에 좋은 나무가 나게 하시니 동산 가운데는 생명나무와 '선악'을 알게 하는 나무도 있더라.

창세기 3:1-6 뱀이 여자에게 물어 가로되 "하나님이 참으로 너희더러 동산 모든 나무의 실과를 먹지 말라 하시더냐." 여자가 뱀에게 말하되 "동산 나무의 실과를 우리가 먹을 수 있으나 동산 중앙에 있는 나무와 실과는 하나님의 말씀에 너희는 먹지도 말고 만지지도 말라. 너희가 죽을까 하노라 하셨느니라." 뱀이 여자에게 이르되 "너희가 결코 죽지 아니 하리라. 너희가 그것을 먹는 날에는 눈이 밝아 하나님과 같이 되어 선악을 알 줄을 하나님이 아심이니라."

창세기 3:24-24 여호와 하나님이 가라사대 "보라 이 사람이 선악을 아는 일에 우리 중 하나 같이 되었으며 그가 손을 들어 생명나무 과실도 따먹고 영생할까 하노라." 하시고 여호와 하나님이 에덴동산에서 그 사람을 내어 보내어 그의 근본인 토지를 갈게 하시니라. 이 같이 하나님이 그 사람을 쫓아내시고 에덴동산 동편에 그룹들과 두루 도는 화염검을 두어 생명나무의 길을 지키게 하시니라.

창세기 2절과 3절에 여호와 하나님이 왜 그토록 선악과 열매를 못 따먹 도록 하였는지 그 답이 소롯이 담겨 있다.

첫째, 선악과나무와 생명나무 두 가지가 있는데 선악과 열매를 먹으면 뱀의 말처럼 눈이 밝아 하나님처럼 되는 것이 심히 못마땅한 일이고,

둘째, 먹는 데도 서양의 코스요리 먹는 것처럼 순서가 되어 있는지 "이 사람의 선악과를 따먹고 영생할까 하노라 하시고"로 되어있다. 이 말은 사람들이 먼저 선악과를 따먹고 선악을 알고 생명나무까지 따먹고 영생 까지 하게 되면 여호와 하나님과 동격이 될 판이니 이것은 그렇게 되면 산 통 다 깨져서 안 된다는 말이다.

셋째, 사람들이 영생을 얻는 것이 불쾌했던지 아니면 못마땅했던지 또 는 괘씸하였던지 여하튼 여호와 하나님은 그 까짓것 생명나무 열매 못 따 먹도록 비겁하게 천사를 시켜 생명나무 주위에 불칼을 휘둘러 보초를 세 워 지키게까지 하였다. 치사한 일이다. 깨달은 즉 너도 부처가 될 수 있고 깨달은 즉 너도 신이 될 수 있다는 것이 아니고 이것은 처음부터 계급을 정하여 발바닥과 발등을 구분시켜 놓으려고 작정하고 하는 짓이다. 이런 이분법이 서양 사상의 밑바탕을 흐르고 있는 한 조류다. 흑백 논리니 노예 니 하는 것이 다 이유가 있는 것이다.

43. 처음 한 일이

여호와 하나님께서 6일 동안 천지와 사람 장만하시고 에덴동산 만들고 에덴동산에서 처음 한 일이 에덴동산에서 사람 쫓아낸 것이었다. 이유는

단 한 가지, 뱀의 말을 듣고 자기가 시키는 대로 하지 않았다는 그것뿐이었다. 그냥 내보내지도 않고 창세기 3:16에서 이브에게 한 말이 "네가 잉태하는 고통을 크게 하리니 네가 수고하고 자식을 낳을 것"이며, 창세기 3:17에는 아담에게 "땅은 너로 인하여 저주를 받고 종신토록 수고하여야 그 소산을 먹으리라"고 하였다. 이 정도 되면 용서니 사랑이니 따위의 말은 사치스러운 말이 되고 전부가 증오, 원망, 불평 투성이 뿐이다. 이러한 구절을 읽으면 마음이 가라앉고 평온해진다든지 희망적이 된다든지 하는 것이 아니고 어딘지 마음이 불안하고 뭔가 공포스럽고 어수선하고 안정되지 않고 무엇에 부딪친 것처럼 정신이 멍해지는 느낌이 스며든다. 살아가는데 득이 될 일이 아니다.

44. 이유 있는 카인의 살인

아담과 이브의 첫 생산 작품이 큰 아들 카인과 둘째 아들 아벨이다. 카인은 동생 아벨을 죽이고 인류 최초의 살인자 누명을 쓰고 허공을 떠도는 신세다.

절대로 살인을 옹호하는 것은 아니지만 창세기를 보면 카인은 어쩌면 살인을 할 수밖에 없도록 내몰린 측면이 있다. 카인의 살인 원인을 제공한 것은 여호와 하나님이었다.

창세기 4:2-9, '그가 또 카인의 아우 아벨을 낳았는데 아벨은 양 치는 목동이었고 카인은 농사하는 자이었더라. 세월이 지난 후에 카인은 땅의 소산으로 재물을 삼아 여호와께 드렸고 아벨은 자기도 양의 첫 새끼와 그 기름을 드렸더니 여호와께서 아벨과 그 재물은 열납하셨으나 카인과 그 재물은 열납하지 아니 하신지라 카인이 심히 분하여 안색이 변하니' 여호와께서 카인에게 이르시되 "네가 분하여 함은 어쩜이며 안색이 변함은 어쩜이뇨? 네가 선을 행하면 어찌 낯을 들지 못하겠느냐? 선을 행하지 아니하면 죄가 문에 엎드리느니라. 죄의 소원은 네게 있으니 너는 죄를 다스릴지니라. 카인이 그 아우 아벨에게 고하니라." 그 후 그들이 들에 있을 때 카인이 그의 아우 아벨을 쳐 죽이니라. 창세기에 기록된 카인의 아벨 살인사건 전말이다. 기록대로라면 카인의 살인은 여호와의 편파성에 의해서 저질러진 일이다.

첫째 여호와는 질서를 어지럽혔다. 선과 후, 앞과 뒤를 바꾼다는 것은 격분을 일으키기에 충분한 조건을 만들어 준 것이다.

둘째 여호와는 비겁하였다. 요즈음 계산으로는 카인은 농사를 지으니까 조금 가난한 형편이었고, 아벨은 목축업을 하니 형 카인보다 밥술 뜨기가 좀 쉬웠던 모양이다. 카인의 재물은 기껏 곡식 종류나 채소 따위였을 것이고 아벨의 재물은 고기에다 기름에다 형 카인보다 훨씬 고급스럽고 '럭셔리'했던 것이다. 동양의 정서대로라면 부모가 재물을 받을 때 좀 못사는 형의 재물이라도 받아주고 "요즘 살기가 어떠냐. 그래 수고가 많지? 건강 조심하고 내년 농사도 잘 지어서 동생보다 넉넉해지도록 열심히 살거라"하고 격려해 주었을 것이다. 그렇지 않아도 동생보다 넉넉하지도 못한 것이 신경 쓰이는 형에게 "야 너의 재물은 푸성귀 곡식 따위라서 못 받겠다하고 내팽개쳐졌으니 당하는 놈 기분이 어찌 되었겠나. 기분이 분기탱천하여 눈에 불을 켜고 '아벨 이 자식 죽여 버려야지.'"하고 약이 올랐을 것이다.

좋은 쪽으로 이해하면 여호와가 카인의 재물을 내팽개치고 아벨의 재물만 받아들인 것은 아마도 여호와가 육식주의자이었기 때문이 아니었나

싶다. 아무튼 하나님이란 입장에서 골고루 정을 나누어 주지는 못할망정 편파적으로 형과 아우의 질서를 바꾸고, 약자와 강자 중 강자의 입장만 편들어 주는 것은 비겁한 짓이다. 카인만 '엿'된 것이다.

45. 노아의 홍수는 한풀이

창세기 6:5-9, 여호와께서 사람의 죄악이 세상에 만연함과 그 마음의 생각과 모든 계획이 항상 악할 뿐임을 보시고 땅 위의 사람 지으셨음을 한탄하다 마음에 근심하시고 가라사대 "나의 창조한 사람을 내가 지면에서 쓸어버리되 사람으로부터 육축과 기는 것과 공중의 새까지 그리하리니 이는 내가 그것을 지었음을 한탄함이니라." 하시니라. 그러나 노아는 여호와께 은혜를 입었더라.

창세기 7:5, 땅에 비를 내려 나의 지은 모든 생물을 지면에서 쓸어버리리라. 7:23, 지면의 모든 생물을 쓸어버리시니 곧 사람과 짐승과 기는 것과 공중의 새까지도.

이상이 하나님 권능의 상징으로 입에 침이 마르도록 몇 천 년 동안 회자되어 내려오고 있는 '노아의 홍수' 전말이다. 도대체 쓸어버려야 할 만큼 말 안 듣는 사람을 왜 만들었느냐. 이것은 자신의 잘못에 대한 한풀이일 뿐이다.

46. 아담과 이브는 쭉정이

창세기에서 창조론자들이 입이 닳도록 자랑해대는 것이 여호와 하나님께서 아담과 이브를 만들었다는 이야기다. 그래, 만들었다고 하자. 하지만 만든 것이 문제가 아니다. 문제는 어떻게 만들었느냐가 중요한 것이다. 결론적으로는 여호와 하나님이 만든 아담과 이브는 쭉정이였다. 현대 공학이 만들어 낸 로봇과 꼭 같은 것이다. 로봇은 겉이 아무리 멀쩡하여도 그 운영 체계인 소프트웨어(soft wear)가 없으면 고철 덩어리에 불과하다. 여호와 하나님이 아담과 이브는 만들었으나 그 혼을 만들지 못하였다. 형상을 만들었으면 그 형상에 걸맞은 운영체계인 마음도 만들어 넣었어야 그야말로 자랑할 수 있는 아담과 이브가 되지 바른 소프트웨어를 만들어 넣지 못한 아담과 이브는 쭉정이와 마찬가지다.

여호와 하나님께서 정말로 완벽한 아담과 이브를 만들었더라면 하나님이 시키는 대로 했어야 하는 것이 맞다. "선악과 과일 따먹지 마라"라고 하면 "예"하고 따먹지 않고, 시키면 시키는 대로 하고 이래야 완벽하게 만들어진 아담과 이브이지 하지 말라는 짓 내 마음 내키는 대로 하고 뱀이 꼬드긴다고 하나님 말 듣지 않고, 이 정도 되면 바른 정신이 아니고 요즈음말로 '문제아'들인 것이다.

이것은 순전히 만든 사람 책임이다. 이런 것을 잘 만들었다고 떠들고 외칠 수 없다. 이 사실을 여호와 자신도 벌써 알고 있었던지 창세기 6:5-9에 자기가 사람 잘못 지었음을 두 번이나 한탄한다. 그래서 내린 결론이 창세기 6장과 7장에서 세 번이나 쓸어버린다고 역정을 내면서 결국 홍수로 쓸어버린 것이다. 윗사람이나 무리를 이끄는 지도자쯤 되려면 역정을 내기 전에 호(好), 불호(不好)도 없어야 되는 것 아닌가? 아담과 이브는 쭉정이다.

47. 바벨탑 사건

불교, 유교, 도교 등 동양권의 어느 경전에도 자기 말 듣지 않는다고 모조리 쓸어버리고 죽여 버리는 것 가르치는 종교는 없는 것으로 안다.

자기 말 잘 듣는 예쁜 놈만 몇 놈 살려두고 모조리 죽인다. 열 자식 있는 아버지가 제일 말 잘 듣는 한 자식만 남겨두고 아홉 자식은 모두 죽인다는 것과 노아의 홍수사건이 무엇이 다른가. 이런 것 가르쳐가지고 얻으려는 것이 무엇인가? 목적은 하나 '맹목적인 충성'만 요구하는 가르침인 것이다.

바벨탑 사건도 그렇다. 창세기 11:3-10에 서로 말을 하게 되자 "벽돌을 만들어 견고히 굽자" 하고 이에 벽돌로 돌을 대신하여 역청으로 진흙을 대신하고 또 말하되 "자, 성과 대를 쌓아 대 꼭대기를 하늘에 닿게 하여 우리 이름을 내고 온 지면에 흩어짐을 면하자" 하였더니 여호와께서 이들이 돌로 쌓는 성(城)과 대를 보시려고 강림하셨더라. 여호와께서 가라사대 이 무리가 한 족속이요, 언어도 하나이므로 이 같이 시작하였으니 이 후로는 그 경영하는 일을 금지할 수 없으리로다.

"자, 우리가 내려가서 거기서 그들의 언어를 혼잡하게 하여 그들로 서로 알아듣지 못하게 하라" 하시고 여호와께서 거기서 그들을 온 지면에 흩으신 고로 그들이 성 쌓기를 그쳤더라. 그러므로 그 이름을 바벨이라 하니 이는 여호와께서 온 땅의 언어를 혼잡하게 하셨음이라.

이것이 전설로 내려오는 바벨탑 붕괴 사건의 내용인데 하나님의 '용심(用心)'스러운 마음이 뭉텅 뭉텅 뭉텅이 째로 묻어나는 광경이다. 인간들이 하는 일이 마뜩치 않으면 "얘들아 그만 하라"든지 하고 타이르면 되는 일이지 죄과는 단 하나 단을 쌓아 하늘에 닿고자 한다고 그래 그 심술을 부려서 말도 뒤죽박죽이 되도록 만들고 쌓던 단도 흩어서 온 지면에 팽개쳤다는 것이다. 이 논조도 단 하나 하나님 말씀만 잘 들었으면 괜찮은 것을 하나님에게 기어오르려고 응대했다는 것이 나쁘다는 것이다. 무조건 항복하고 시키는 대로 '충성'하라는 것이다. 이쯤 되면 공갈 수준이다.

48. 시험(試驗)

국어사전을 펼쳐 시험이라는 단어의 풀이를 보면 '재능, 실력, 능력 등을 일정한 절차에 따라 알아보는 일'이라고 되어있다.

성경에는 개밥에 도토리처럼 툭하면 '시험'이란 말이 튀어 나온다.

아침이고 저녁이고 머리에 박히도록 매일 기도하는 '주기도문'에도 아예 박혀있다. "우리를 시험(試驗)에 들게 하지 마옵시고"라고, 전지전능하신 여호와 하나님께서 시험 안하면 사람 알아볼 수 있는 능력이 없는 모양이다. 시험을 그렇게 많이 시켜 보아야 사람을 알아볼 수 있다면 이건 전지전능하신 여호와 하나님이 아니고 아예 '시험관'이다.

혀가 만 발이나 빠지도록 고생시키고 시험에 들게 하여 여호와 하나님이 얻으려고 하는 것이 무엇이겠는가. 필자도 그 통수는 안다. 뻔히 보이는 계산인바 이 정도 되면 필자도 반은 하나님 된 것 아닌지 모르겠다. 결국 여호와 하나님이 얻고자 하는 것은 맹목적이고 무조건적인 '충성심' 아닌가? 그게 '믿음'이라고 하는 '당의정'이다. 일체 의심이나 물음을 가지면 불경이 되고 때려죽일 놈이 되고 지옥에 마귀가 몽둥이를 들고 내려와서 심판을 하고 금방이라도 때려죽일 것 같이 가르치니 어리석고 욕심 많은 인간들. 순종 안하면 빠져 나가게되는 줄 알고 숨도 못 쉬고 고개 콱 내리쳐 박고 '믿음 당의정' 먹고 자빠지는 것이다. 이런 것 받아 내려고 그리 시

험 많이 시키는 것 아니겠나. 제가 저질러 놓고 받는 결과를 '하나님 시험'
으로 돌려놓고 위로 받는 놈들이 어리석은 인간이다.

필자는 내 양심 바르면 그만이지 '시험' 당해가면서까지 섬기고 싶은 대
상은 정말 없다. 속 보이는 짓이다. 차라리 아양을 떨라면 아양을 떨지.

49. 죽어도 내가 죽지 – 이삭

창세기 22:1, 그 일 후에 하나님이 아브라함을 시험하시려고 그를 부르
시되 "아브라함아 ! 하시니 그가 가로되 내가 여기 있나이다." 여호와께서
가라사대 "네 아들, 네 사랑하는 독자 이삭을 데리고 모리아 땅으로 가서
내가 네게 지시하는 한 산에서 그를 번제로 드리라."

아브라함이 아침에 일찍 일어나 나귀에 안장을 지우고 두 사환과 아
들 이삭을 데리고 번제에 쓸 나무를 쪼개어 가지고 떠나 하나님이 자기에
게 지시한 곳으로 가더니 제 삼일에 아브라함이 눈을 들어 그곳을 멀리 바
라본지라. 이에 아브라함이 사환에게 이르되 "너희는 나귀와 함께 여기서
기다리라. 내가 아이와 함께 거기 가서 경배하고 너희에게 돌아오리라"
하고 아브라함이 번제 나무를 취하여 그 아들 이삭에게 지우고 자기는 불
과 칼을 손에 들고 두 사람이 동행하니 이삭이 그 아비 아브라함에게 말하
여 가로되 "내 아버지여" 하니 그가 가로되 "내 아들아 내가 여기 있노라."
이삭이 가로되 "불과 나무는 있으나 번제할 어린 양은 어디 있나이까?" 아
브라함이 가로되 "아들아 번제할 양은 하느님이 자기를 위하여 친히 준비
하시리라." 하고 두 사람이 함께 나아가서 하나님이 그에게 지시한 곳에
이른지라.

이에 아브라함이 그곳에 단을 쌓고 나무를 벌려놓고 그 아들 이삭을 결박하여 단 나무 위에 놓고 손을 내밀어 칼을 잡고 그 아들을 잡으려 하니 여호와의 사자가 하늘에서부터 그를 불러 가라사대, 그 아이에게 네 손을 대지마라, 아무 일도 그에게 하지 말라. 네가 네 아들 네 독자라도 내게 아끼지 아니하였으니 내가 이제야 네가 하나님을 경외하는 줄을 아노라. 아브라함이 눈을 들어 살펴본 즉 한 수양이 뒤에 있는데 뿔이 수풀에 걸려 있는지라 아브라함이 가서 그 수양을 가져다 아들을 대신하여 번제를 드렸더라.

자식 잡아 제물로 바치는 것이 무슨 자랑인가? 우리네 정서로는 입에 담기조차 무서운 이러한 말이 인류를 교화한다는 성경이라는 이름의 책에 실려 수천 년 동안이나 인류의 머릿속에 신을 찬양하는 모범 사례로 나열되어 인간을 짓밟아 왔으니 이것은 가족파괴요, 인류를 파괴하는 짓이다. 아무리 좋은 것을 받고 태산 같은 복을 주어 복 밑에 깔려 죽는다고 해도 나 같으면 못할 짓이다. 죽어도 내가 죽지 자식 잡아 죽여 바치면서까지 얻으려고 한 것이 무엇이며, 남의 귀한 자식까지 잡아 죽여 바치라고 시킨 쪽은 무슨 배짱이며, 남의 자식 잡아 바치라고 할 무슨 권리가 있어서 그렇게 시켰는지 자식 잡아 바치고 나면 뭘 줄려고 하였는지 도무지 이해할 수가 없다. 유치하기 짝이 없는 논리와 논조가 인류의 가슴에 공포의 멍을 들이고 인류의 사유세계를 짓밟아 놓았다.

"네가 네 아들 네 독자라도 내게 아끼지 아니하였으니 내가 이제야 네가 하나님을 경외 하는 줄을 아는도다" 전지전능한 여호와쯤 되면 자식 잡아 바치라고 하기 전에 아브라함의 그 마음 정도는 꿰뚫어보고 있어야 되는 것 아닌가? 이러한 맹목적인 충성을 강요하는 것은 스스로 자신이 없기 때문에 의심의 발로(發露)에서 나오는 짓이다. 인간의 가장 약한 곳을 찔러 임계 상태까지 몰고 가서 자기에 대한 '믿음'의 정도를 테스트 시켜보는 악질적이고 비열한 짓이다.

만약 네 아들을 내게 바치지 않으면 복이고 뭐고 국물 한 방울도 안 주겠다는 말이다. 이러한 논조와 말투는 여호와 하나님이 너를 사랑하고 예뻐해 주고 하는 것이 아니라 공갈치는 것이나 다름없다. 아무리 시험해 보고 싶어도 남의 자식까지 잡아 죽여 바치라는 것은 입에 담기도 싫고 듣기도 싫고 보기도 싫은 말이다. 자식 잡아 바치려는 쪽도 마찬가지다. 무엇이 겁이 나고 두려워서 무엇이 그렇게도 얻어 하고 싶어서 자식까지 잡아 바치려 하는가. 인간의 맹목적인 저돌성이 두렵고 안타깝다. 죽어도 내가 죽고 말지....

50. 천당

어느 날 지하철 역을 지나가다 묘령의 여성군단이 제공하는 대추차 한 잔에 이끌려 전도를 당하는 입장이 되어 나와 한 여성 간에 선문답이 시작되었다. "예수 믿으세요." 라는 간절한 부탁에 "왜 믿습니까?" 라고 대답했더니 잘 되었다고 생각했는지 즉시 돌아오는 화답이 "천당 가려고요."였다. 어리석은 화답에 내가 가만있질 못하고 "천당이 어디 있습니까?"하고 되물었고 답은 "하느님이 육과 영의 집을 지으시고 내 안에 천당이……" 어려운 대화가 될 것 같아 내가 다음 질문을 던져 보았다. "천당은 왜 가시려고 합니까?" 나의 질문이 꼬리도 끊어지지 않을 즈음 "영생하려고요."라는 대답이 나왔다. 그 소리를 듣는 순간 나는 거의 기절초풍할 것 같았고 대화가 될 수 없겠다 싶어 돌아오면서 졸시 '영생환'을 읊게 되었다.

영생환(永生丸)

영생(永生)은 영원한 생명
영원히 산다는 것은
간교한 인간이 만들어 낸 말일 뿐
우주천지간 영원히 사는 것은 없다
영생은
오직
영생이란 말밖에.

말없는 저 우주도
성주괴공(成住壞空)의
법칙을 따를 뿐
영생은 없다.

이러한 영생을
환(丸) 지어놓고 파는 사람이 있다.
파는 사람이나 사먹는 사람이나
우매하기는 어금 버금.

영생환 먹은 놈들
냉수 먹고 이빨 쑤시듯
세상이 제 것이라도 된 양
뒷짐지고 헛기침 하며

뒤뚱거리고 으시댄다.

보이지도 않는 영생
보지도 못한 영생 사기가
세상 버려 놓고 있다.

　여하간 우주 어디에도 영생은 없다. 언제나 영원할 것 같은 빛나는 저 태양도 50억 년 정도 후에는 그 생명을 다하고 사라진다는 것이 현대 과학이 밝혀낸 사실이다. 태양의 수명 정도인 50억 년까지 산다고 해도 50억 년 후에는 또 어디로 가려는가, 영생이 무엇이길래…?.

　불쌍한 사람들아, 50억 년을 살든 100억 년을 산들 그리 살아서 무엇을 할 것이며 왜 그리 영생에 마음이 내려 꽂혀 고무풍선처럼 허황한 꿈을 가슴에 달고 둥둥 떠서 오늘을 살고 있는가? 욕심이 목까지 차서 배 밖으로 삐져나오고 있다. 기껏 예수 믿는 목적이 그까짓 '천당 가려고.'란 말인가?

51. 여호와의 질서 파괴

　세상만사는 선과 후, 앞과 뒤와 같은 질서로 이루어져 있다. 이 질서가 파괴될 때 분쟁이 일어나고 종장에는 혼란으로 치닫게 된다. 동양의 역사와 정신사상에서 가장 중심에 있었던 것이 장유유서(長幼有序)였다. '어른과 어린이는 질서가 있어야 함'이 직역이지만 더 나아가면 형제간의 질서요 가족 간의 질서요, 사제 간의 질서요, 군신(君臣)간의 질서요, 천지자연의 질서가 된다.

　역사적으로도 질서를 무시하고 장자승계를 하지 않아서 일어나는 비극적인 역사가 얼마나 많았으며 천지자연도 봄, 여름, 가을, 겨울의 질서가 무너지고 봄에서 바로 겨울이 오고 가을이 되고 여름이 되면 만물이 생존할 수 없게 되는 것이다. 이러한 질서를 무시하고 손바닥 뒤집듯 뒤집어서 질서를 무너뜨리고 형제가 반목하고 살인까지 저지르게 한 것이 여호와 하나님이 한 짓이다.

　아담과 이브의 자식 중 첫째 카인을 내치고 둘째 아벨을 편애한 결과 카인의 아벨 살인 사건이 일어나게 되었고 아브라함의 아들 이삭이 낳은 장자와 동생 야곱도 여호와 하느님이 야곱이 모든 힘을 가지게 함으로서 두 형제간에 의가 상하게 되었고 야곱의 열한 아들도 장자 우선의 질서가 무너지고 동생 요셉이 하느님의 정통성을 이어 받게 된다. 그리도 유능한 여호와 하나님이 장자들에게 복을 내려주어 차례차례 분쟁 없이 잘 다스려지도록 하면 될 것을 왜 아래 동생들에게 정통성을 내려주어 분쟁과 음모를 만들어 내어 싸우고 죽이게 하는지 그 이유를 모르겠고 모든 것이 이치에 맞지 않는 짓뿐이다.

52. cursed. wipe

　cursed (ka:rsid)는 저주받는, 벌 받는 등의 뜻을 가진 단어이고 wipe는 명사적으로는 자동차 앞의 유리 닦는 것으로 쉽게 생각하면 되고 동사적으로는 닦아내든지 훔쳐내는 행위로 보면 되겠는데 영문 성경에서 한글 성경으로 번역될 때에는 '쓸어버린'으로 해석되어 있다. 누가 어떤 연유에서 닦아 낸다는 뜻이 '쓸어버린다'라는 강한 표현의 번역으로 되었는지는 알 수 없지만 여하간 몰상식한 어투라고 할 수밖에 없다.

저주란 단어가 창세기에서만 13번이 나온다. 살펴보면 창세기 3:13, 뱀이 저주를 받아 배로 기어 다니고, 창세기 3:17, 땅은 너로 인하여 저주를 받고 종신토록 수고, 창세기 4:11, 카인이 아벨을 죽이고 땅의 저주를 받으리니, 창세기 5:29, 여호와께서 땅을 저주하시므로, 창세기 9:25, 가나안은 저주를 받아 그 형제의 종이 되기를 원하노라, 창세기 12:3, 너를 저주하는 자에게 내가 저주하리니, 창세기 27:13, 아버지를 속이는 자로 보일지라, 복은 고사하고 저주를 받을까 하나이다. 어미가 그에게 이르되 내 아들아 너의 저주를 내게로 돌리리니, 창세기 27:29, 너에게 저주하는 자는 저주를 받고, 창세기 49:7, 그 노염이 혹독하니 저주를 받을 것이요, 분기가 맹렬하니 저주를 받을 것이다.

wipe, 쓸어버린다는 말도 5번 있다.

창세기 6:7, 창조한 사람들이 말을 안 들어 창조한 사람을 내가 "지면에서 쓸어버리되"

창세기 6:17, 기식(氣息)있는 육체는 멸절하리니

창세기 7:4, 7일간 비 내려 지면의 모든 생물 쓸어버리리라

창세기 7:23, 생물을 쓸어버리시니, 쓸어버림을 당하였으되 등이다.

우리말은 '어' 다르고 '아' 다르다. 실제로 다르기도 하려니와 말의 감정 표현에서 나타내는 뉘앙스, 표면적 뜻 이외에 느껴지는 미묘한 의미가 말을 듣는 상대방의 기분을 좋게도 할 수 있고 감정을 상하게도 할 수 있는 것이다. 하고 많은 좋은 말 다 놓아두고 '저주'니 '쓸어버린다'느니 하는 말들은 표현도 저속하거니와 이런 류의 말들은 시정잡배들이나 조폭 따위들이 쓸 수 있는 말이지 점잖은 자리나 좋은 책에서 쓸 말이 아니다.

현대 학자들의 연구에 의하면 병원성 세균만 감염되는 것이 아니고 감정이나 행동도 감염된다고 한다. 친구가 비만이면 본인이 비만일 확률이 57%, 친구의 친구가 비만이면 내가 비만일 확률이 20% 친구1, 친구2, 친구3 이 비만이면 본인이 비만이 될 확률이 10% 더 높았다는 것이다. 천 년 전이나 이천 년 전이나 인간이란 존재는 생각을 공유하면서 살아가는 요즈음 말로 네트워커(Net worker)적인 존재다. 혼자서는 생존할 수 없다. 이런 관점에서 보면 나쁜 말이나 행동들을 자주 접하면 나도 모르는 사이에 감염 적용이 되어서 그 결과가 나쁜 행동으로 나타나게 되는 것이다. '저주'를 저리 많이 듣고 배운 사람은 용서나 관용을 못 배웠기 때문에 기껏 할 수 있는 것이 '저주'밖에 못하는 것이다.

53. 창세기 구성 내용

필자는 창세기를 읽고 나서 분노하고 절망하지 않을 수 없었다. 과학이 발달하여 우주를 여행하고 달나라를 다녀오고 인지가 발달하여 못하는 것이 없는 첨단의 시대라고 자부하는 현대인들의 행동양식이나 사고의 형태가 창세기적인 방식에서 한 발짝도 더 나간 것이 없는 것에 대한 허탈감 내지는 분노였다.

a. 파괴적

창세기를 관통하고 있는 전반적인 기조는 대단히 파괴적이다. 여호와 하나님이 자기가 만든 사람이 뱀의 말을 듣고 자기가 시키는 대로 하지 않았다고 화가 나서 취한 첫 행동이 에덴동산에서 사람 쫓아서 내치는 일이었다. 두 번째가 사람 만드는 것을 한탄하며 하늘을 나는 새까지 기식(氣息) 있는 것, 즉 숨 쉬고 있는 모든 것을 지상에서 쓸어버리는 일이었고 세 번째가 의로운 사람이 없고 나쁜 사람이 많다고 소돔 성과 고모라 성을 불을 질러 씨도 없이 파괴하는 것이었고, 네 번째가 사람들이 하늘까지 솟는 높은 탑을 쌓아 올라올까 봐 그 탑을 짓부수어서 땅에다 팽개치고 흩어버리는 일이었다. 그 외에도 창세기의 내용 전체가 평화롭고 인자하고 교육적인 그런 분위기가 아니고 전편이 칼로 사람을 찌르고 잡아 죽이고 싸우고 벌하고 배신하는 등 모든 것이 파괴적이다. 잘 타이르면 기분이 상하고 권위가 떨어지는지 심사가 뒤틀리는지 하여간 파괴적이다.

b. 패륜적 '야곱 고종 사촌 간 결혼'

창세기는 대단히 패륜적이다. 다분히 신화적임을 감안하더라도 남녀노소 다 읽어 볼 수 있는 내용이 아니다. 아브라함만 해도 두 번이나 마누라를 누이라 속이고 실력자에게 밀어 넣어서 많은 재물을 받아내는 인륜에 벗어나는 짓을 하였고, 아브라함의 아들 이삭도 마누라를 누이동생이라 속여 목숨을 구걸하고 많은 재화를 취하였으며, 소돔과 고모라 성의 멸망 때 도망 나온 아브라함의 조카 롯과 두 딸이 각기 아비와 동침하여 큰딸은 모암 족속 조상을 낳았고 둘째 딸은 벤암미를 낳아 암몬 족속의 족장이 되었다고 되어있다.

창세기 35:23에는 이스라엘(야곱)이 그 땅에 유할 때 르우벤이 가서 그 서모 빌하와 통간하매 이스라엘이 이를 들었더라. 이삭의 큰 아들에서는 배다른 사촌 마한닷과 혼인하고 야곱도 외삼촌의 두 딸을 아내로 맞이한다. 유다가 며느리 다만과 상간하여 쌍둥이를 생산하였다. 이러한 내용은 논박을 하려니까 할 수 없이 문장으로 옮겨 써 놓은 것이지 필자의 마음으로는 이런 따위 내용의 글은 듣기도 싫고 보기도 싫고 쓰기도 싫다. 왜 인간들이 이러한 내용의 글을 성스럽다거나 세상을 창조했다는 억지 논리에 꿰매어서 신주단지 모시듯 하여 애지중지하는지 이해가 가지 않는 일이다. 인간 양심의 문제요 받아들이는 사람 개개인의 수준 문제이지 싶다.

c. 질서 파괴적

창세기 내용 중에는 인류의 질서를 파괴하고 형제간의 우애나 형과 아우의 질서 등은 아주 무시해 버리고 기회만 있으면 동생을 편애하거나 형과 동생을 부추겨 형제간에 싸움시키거나 하는 내용들이 소개된다. 인류가 질서가 없다. 인류 살인의 원조라고 하는 카인의 살인도 카인이 동생 아벨을 죽이긴 하였어도 원인제공은 여호와 하나님이 동생 아벨을 편애하였기 때문에 촉발된 일이었고 창세기 27:2-46의 내용이 아브라함의 아들인 이삭의 아들 즉 아브라함의 큰 손자 에서와 작은 손자 야곱의 이야기인 바 아버지 이삭이 나이가 들어 고기가 먹고 싶어 큰 아들 에서에게 활을 주며 사냥해서 별미를 만들어 바치고 나의 축복을 받아라 하는 소리를 어머니 리브가가 듣고 이 소리를 작은 아들 야곱에게 알려 주어 형보다 먼저 양을 잡아 바치고 눈먼 아버지를 속여 자신이 형 에서라고 거짓말을 하고 아버지 이삭의 축복을 받자 뒤늦게 사냥에서 돌아온 에서는 이 사실을 알고 노발대발하며 동생을 해치려 하자 어머니 리브가가 야곱을 오빠인 외삼촌 라반에게 도망시켜서 그에게 의지하여 살도록 한다는 줄거리다.

그 뒤의 사기 치는 이야기도 마저 써야겠다. 외삼촌댁에는 두 딸이 있었는데 큰 딸이 레인 작은 딸이 인레인데 인물은 작은딸이 예쁘더라. 외삼촌은 야곱에게 약속하기를 7년 동안 네가 나를 위하여 일해주면 예쁜 작은 딸을 너와 혼인시켜 주마고 약속해놓고 그 첫날밤에 외삼촌이 농간을 부려 좀 못생긴 큰 딸을 들여보내 속이고 예쁜 작은 딸을 얻으려면 7년을 더 일하라고 하여 조카 야곱의 노동력을 착취하였다. 야비하고 패륜적이고 속이고 속이는 이러한 질서 파괴적인 것이 창세기 내용이다.

d. 잔인과 위압

창세기의 내용은 잔인하고 위압적이다. 전체적인 문장의 흐름 자체도 번역에 번역을 거듭하여 온 결과물이어서인지 표현이 부자연스럽기도 하려니와 어투와 내용이 전부가 위압적이고 권위적이며 명령적이다. 여기에 잔인함까지 더해지니까 전체를 읽다보면 머리가 멍해지고 짜증스러워진다. 다정다감하다든지 선생님이 제자를 대하듯 정답다든지 부모가 자식을 대하듯 자애롭고 인자하다든지 사랑스러워 한다든지 하는 이런 면은 눈을 씻고 찾아보아도 보이지도 않고 볼 수도 없다. 전부가 때려 부수고 원수를 갚고 사기치고 뺏고 뺏기는 무슨 활극시리즈 연재물 같다.

e. 편애, 심술

창세기에서 여호와 하나님이 하는 유일한 활극이 편애와 심술이다. 홍부전의 놀부심술은 하느님 심술에 비하면 그야말로 조족지혈 정도밖에 되지 않는다.

놀부 심술이래야 어릴 때 부린 동네심술과 기껏 제비다리 부러뜨린 정도고 제 형제간에 부린 심술이니 우리가 관여할 바가 아니라고 할 수 있겠으나 여호와의 심술은 다분히 감정적이고 편애적이다. 여호와 하나님은 왜 마음에 드는 놈만 따라다니며 예뻐해 주고 꿈에 나타나 현몽까지 해주면서 자기 마음에 들지 않는 사람은 쫓아내고 쓸어버리고 부수고 하나. 이브가 선악과 따먹고 에덴동산에서 쫓아낼 때 그냥 쫓아내면 될 일이지 왜

애 낳는 고통까지 보태서 쫓아내나, 이건 순전히 심술이다.

　인간이 탑을 쌓아 높이 올라오면 만나서 잘 가르쳐주면 되지 아예 꿈도 못 꾸게 밑동부터 싹둑 잘라 내팽개친다. 야, 아브라함 너 내 말 잘 듣는지 잘 안 듣는지 모르겠으니 네 자식 칼로 잡아 내 앞에 바쳐봐라. 이건 양심도 없는 심술이다. 자식 잡아 바치는 게 뭐가 좋은 일이라고 이것을 TV 앞에서 입에 거품을 물고 찬양하는 자들도 있다. 창세기의 사상과 사고가 이 시대에도 21세기 밖으로 반발도 못 빠져 나오고 입만 동동 띄워놓고 겁에 질려 토끼 눈이 되어 맞장구치는 불쌍한 무리들, 여하튼 편견과 편애의 바다다.

54. 하나를 보면 열을 안다 – 독생자

　옛 속담에 "하나를 보면 열을 안다"는 말이 있다. '사람이 하는 행동이나 말 사고방식 등에 있어 그 사람이 행하는 짓으로 미루어보아 그 사람의 다른 경우도 짐작해 볼 수 있다'는 말이다. 기독교 성립의 이론적인 모체가 하나님이 독생자를 보내어 그 독생자의 죽음이 흘린 피로 그를 믿는 모든 사람들의 죄를 대속해주는 보상의 피 즉 '보혈'이 지금도 그 효험을 발휘하고 있다는 것이다.

　이것은 본말이 전도된 앞뒤가 맞지 않아도 한참 맞지 않은 논리다. 창세기대로 하면 독생자는 '예수'가 아니고 '아담'이어야 맞는 것이다. 여호와 하느님의 첫 작품이 아담이니 이것이 하느님 독생자가 맞지 여러 수천 년 뒤의 많고 많은 사람들 중에 하필이면 왜 '예수'가 독생자인가. 그리고 하나님이 인간을 다 같이 만들었다면 '예수' 외의 다른 인가들은 모두 허접쓰레기란 말인가, 왜 하필이면 예수만 독생자인가. 이것도 편애증이 도져서 나타난 발로인가. 예수만 독생자인 이유가 어디 있나. 또 설사 예수가 독생자라 할지라도 여호와 하나님이 창세기에서 한 짓을 보면 놀부 심술은 비교가 되지 않는 용심이란 용심은 다 부리면서 자기가 만든 인간들을 그렇게 골탕먹이는데 독생자가 있었던들 "아나, 너" 하고 덥석 내려 보내 줄 하나님이 아니다. 그렇게 있는 변덕 없는 변덕 다 부리고 심술부리면서 어떻게 '독생자' 인심 쓸 수 있단 말인가. 이야기가 안 되는 스토리(story)이다. 하나를 보면 열을 알 수 있는 일이 아닌가.

55. 창세기 총평

창세기는 은근히 신화인 척 하면서 수천 년 동안 인간들, 특히 서양 사람들의 의식형성에 지대한 영향을 미친 것이 사실이고 지금도 창세기를 믿고 있는 것이 사실이다.

에덴 이야기, 아담과 이브, 카인과 아벨, 노아의 홍수, 아브라함과 이삭, 야곱, 할례 문제까지 이 문명 시대에 아직까지 창세기의 그림자가 현대를 배회하고 있는 것도 현실이다.

언제 누가 썼든지 인간이 써 내린 이야기에 대하여 수천 년 동안 수백 억의 식자와 현자들이 이 지상을 다녀가면서 '성경'이라는 이 책에 대하여 한마디의 비평내지 비판도 못하고 지금까지 흘러온 사실이 믿어지지 않는다. '하나님'이란 말만 나오면 왜 함구하여야 되고 홍길동이 자기 아버지를 보고 '아버지'라고 불러 보지 못했듯이 '하느님'이라고 불러 보지도 못하게 하고 벌벌 떠는가.

창세기나 성경이 유대인이나 이스라엘에게는 '보물'과 같다. 그 사람들이 성경의 내용을 얼마든지 믿고 인정하고 따라도 우리가 상관할 바는 아니다. 그러나 이것이 모든 인류에게 공통적으로 통용될 수 있는 보편타당한 진리는 아니라는 것이 필자의 생각이다. 창세기는 하나님이 하늘과 땅, 사람 그리고 모든 만물 세상을 지었다는 기록이다. 단도직입적으로 황당한 허구다. 문제는 이 허구의 묘약을 수천 년 동안 믿고 또 믿어 21세기의 화려한 개명시대에도 창세기의 시간과 공간 밖으로 1밀리미터(mm)도 빠져 나오지 못하고 창세기의 시간 속에 함몰되어 있는 불쌍한 현대인들을 위하여 창세기를 논해 보고자 한다.

필자는 창세기를 논할 수 있을 만큼의 신학적인 실력이나 소양을 가지고 있지 않다. 또한 특정 종교를 폄하거나 훼손하기 위한 의도도 전혀 없다. 21세기를 살고 있는 보통 사람으로 지금까지 창세기적으로 살고 있는 어육지경의 현대문명이 창세기의 잠으로부터 깨어 나와 새로운 문명의 길로 나아가게 되기를 간절히 바라는 마음만을 가지고 있다. 그리고 각자의 보는 관점에 따라 '창세기' 또한 다르게 볼 수도 있고 보일 수도 있다는 점을 말씀 드린다.

a. 창세기는 허구다.

창세기는 완전한 허구 위에 세워진 공산(空山)의 오두막이다. 창세기가 쓰여진 당시의 모든 세상 사람들의 지적 수준은 땅(지구)이 사각형(ㅁ)이라고 생각하는 수준이었다.

그 누구도 땅이 둥근 구형이라고 생각하지 못하였고 또 지구가 둥근 구형인지 알지도 못하였다. 배를 타고 멀리 나아가면 땅 끝이 나와서 밑으로 떨어져 죽는다고 생각하여 배를 타고 멀리 나가지도 못하던 시절이었다.

b. 만 번을 양보하여

만 번을 양보하여 창세기의 논리가 맞는다고 하여도 창세기의 '천지창조(天地創造)'는 허구다.

창세기에서 하나님이 창조한 '천지(天地)'와 현재의 '천지(天地)'는 완전히 다른 천지다. 창세기에서 창조한 천지에서 하늘인 천(天)은 이천 년 전 하늘이나 천 년 전 하늘이나 똑같은 하늘이니까 그대로 두어도, 창세기에서 창조한 땅과 현재의 땅은 완전히 다른 땅이다. 그때 창세기에서 창조한 땅은 사각형 땅이었고 지금의 땅은 완전히 둥근 구형의 땅이다. 둥근 땅과 사각형 땅이 다 같은 땅이라고 한다면 제주도가 명동이라고 우기는 것과 같은 이치다. '천지창조'는 허구다.

c. 아담을 만들고 이브를 만들었다

이 또한 믿거나 말거나이다. 그러나 현대인들은 지금도 이 믿거나 말거나를 아이들에게까지 입이 닳도록 가르치고 있다. 이러한 황당한 내용을 진실이라고 가르치게 되면 자라면서 현실과는 맞지 않는 것을 알게 되고 본인이 배운 것과 현실의 괴리를 느끼고 정식적으로나 가치관 형성에 부정적인 영향을 미치게 되는 것이다. 현대인의 필수품인 자동차 1대 만드는데도 수천 가지의 부품이 들어가고 27.8시간의 시간이 걸린다는데, 자동차에 비교하면 정교하기가 이를 데 없는 사람을 반나절도 안 되어서 그것도 흙으로 주물럭거려 만들었다는 것이다. 한심한 것은 이러한 인간창조의 우화 같은 이야기를 수천 년 동안 아무런 의심도 없이 받아들이고 있다는 사실이다. 이것도 좋다. 창세기적으로 아담과 이브, 즉 사람을 만들었다고 하자. 아담을 만들어서 "후-"하고 바람을 불어넣자 아담이 벌떡 일어나서 "하나님 감사합니다", "땡큐 베리 머취(Thank you, very much)"라고 하며 빙긋 웃고 인사했는지 모르겠다. 잘 생각해 보시기 바랄 뿐이다.

d. 지금도 매일 매초마다 하늘을 창조하고 있나?

우주는 빅뱅 이후 단 1초도 쉬지 않고 팽창하고 있다는 것이 현대과학이
밝혀낸 진실이다. 하느님이 우주를 창조하였다고 하여도 그 가설이 성립되
기 위해서는 지금 현재도 멀리있는 은하는 매초 수만km씩 팽창하고 있다
는 우주를 매초마다 만들어 내야 하는 것이다. 만일 그렇게 만들어 내고 있
다는 사실이 증명되면 하느님이 '천지창조'를 하였다는 주장이 맞는 말이
된다. 그렇지 않은 한 창세기는 허구 위에 세워진 공상의 오두막일 뿐이다.
인류의 비극은 신(神)에 함몰되어 자신들의 행동이 무엇을 하는 것인지 무
엇이 잘못 되었는지도 모른 채 정처 없이 흘러가고 있다는 사실이다.

e. 저주는 왜 내려

불교적인 관점에서 보면 이 세상은 저주도 없고 저주할 것도 없는 곳이
다. 뱀에게 조물주의 본심을 읽히니까 용서나 관용이나 타이르는 것이 아
니고 고작 한다는 것이 '저주'나 내리고 잘, 잘못 따져서 심판만 한다. 한마
디로 창세기는 세상을 창조한 것이 아니고 미래의 세상을 파괴할 수 있도
록 가르쳐주는 전범(典範)과 같은 역할을 하고 있다고 할 수밖에 없을 정
도로 야비하고 파괴적인 패륜적이고 비윤리적인 이야기로 가득 차 있는
기록이다. 인간의 역사가 기록된 이래의 모든 역사가 창세기가 기록해 놓
은 것을 판에 박아 인쇄한 것처럼 따라하고 있다. 달에 사람이 가고 화성
으로 사람을 보내려는 이 문명 과학 시대에 사람의 사고 프레임(Frame)은
창세기적인 사고에 사로잡혀 창세기의 시간과 공간 밖으로 나오지 못하
고 갇혀서 창세기의 위세를 뿌려대고 있다. 한심의 극치다.

56. 헬레니즘, 헤브라이즘

헬레니즘과 헤브라이즘은 역사의 공간에서 지연적인 필연으로 인해 서로 만날 수밖에 없었던 이란성 쌍생아로서 때로는 헬레니즘이 헤브라이즘을 포용하였고 또 헤브라이즘이 헬레니즘을 포용하면서 애증의 남녀처럼 역사의 공간을 누비며 오늘날의 물질문명을 탄생시킨 주도적인 역할을 담당한 두 문명 사조다. 그 연원은 그리스사상 〈헬레니즘〉과 유대-기독교 사상 〈헤브라이즘〉이다. 헬레니즘은 탄생부터가 부유한 도시국가를 배경으로 풍요로운 자연과 더불어 이성적, 과학적, 미적으로 발달하였으며 헤브라이즘은 거칠고 척박한 사막 지대를 배경으로 생존을 위한 전투와 수난의 시대를 살면서 신앙 속에서 구원을 기대하고 신앙을 통하여 자신들의 행복과 단결을 기원하며 의지적, 윤리적, 종교적으로 발달하였다.

그리스가 인간 중심의 자연철학, 개인의 행복 등으로 사상이 형성되는 동안 이스라엘은 배타적인 민족종교였던 유대교가 쇠퇴하고 사랑과 구원을 앞세운 기독교가 일어나 헬레니즘 세계 속으로 전파되기 시작하였다. 로마제국의 막강한 영향력 아래서 만난 두 사상은 처음에는 서로 충돌하였으나 애증의 세월을 거듭하면서 이란성 쌍둥이가 되어갔다.

근원적인 차이는 있었으나 인간의 궁극적인 행복과 구원을 원한다는 점에서는 서로 일치 하게 되어 이후 서양 사상의 뿌리 역할을 하게 되었다. 표면적으로는 기독교 사상이 그리스 사상을 리드하는 것 같았으나 내면적인 면에서는 그 기저(基底)를 그리스 사상이 받쳐주는 형식을 취하며 천여 년의 시간이 경과 되었는데 이것이 중세의 봉건사상이었고 이에 대한 반발로 인간 본위의 그리스 사상이 표면에 나타나 새 시대의 조류를 형성하게 된 것이 근세(近世)사상이라고 하겠다.

근세사상은 인간중심의 합리주의를 회복시켰고 개인의 독립성을 더 발전시켜 개인의 자유, 평등, 박애-민주주의 등을 전개하였다. 그러나 근세사상의 저변에도 기독교사상은 자리매김하고 있었기에 이성(理性)과 신앙(信仰)간의 논쟁이 계속 되었고 고도화된 과학문명과 자본주의의 발달로 사회모순이 나타나면서 19세기 후반부터 서양 사상은 다시 한 번 진통을 겪으면서 일부는 이성의 한계를 절감하고 종교적인 쪽으로 선회하였으나 일부는 이성의 합리성을 내세워 무신론(無神論), 유물론(唯物論)으로 발전하여 근세의 비극을 불러온 유물론의 결정체인 공산주의(共産主義)를 탄생시키게 되었다.

57. 공산주의(共産主義)

한마디로 공산주의는 인간 세상에 태어나지 말았어야 할 괴물이었다. 역사의 오류라고 치부하기에는 인간들이 치른 비극의 상처가 너무나 깊고 극심했던 것이 사실이다. 지금도 공산주의의 망령이 수십 억 명의 인간 위에 올라타고 그 위세를 부리고 있다.

전장에서 공산주의를 가르치는 중국동포 여선생님 이야기가 있었지만 사람의 정신도 물질인 사람의 몸에서 나왔기 때문에 물질이라고 하는 황당한 논리에 넘어질 뻔 했던 일이 있었던바 사람의 노동도 물질인 사람에게서 나왔으므로 당연히 '물질'이라는 것이다. 이것은 비참하기 짝이 없는 '유물론의 궤변'일 뿐이다.

지금 우리사회에도 노동에 대한 수천 개의 조합이 있고 이 조합의 연합이 대한민국을 쥐락펴락하고 있다. 이러한 현상을 혹자들은 '좌파', '우파'

의 등식으로 설명하기도 하지만 필자가 보는 입장은 좌파의 근원을 사다리로 타고 올라가보면 공산주의가 나오고 그 위에는 유물론을 탄생시킨 '헤브라이즘'까지 거슬러 올라가야 될 것으로 생각한다. 그러므로 필자는 현대 노동운동이라는 것은 크게 보면 유물론과 유심론의 싸움이고 한걸음 더 나아가서는 '신(神)과 인간의 싸움'이라고 본다. 노동이란 말 자체도 과격한 말이라고 생각된다. '근로'가 더 적합한 말이 아닐까 싶다. 인간쓰레기 패배자들이 만들어낸 공상의 세계가 공산주의이다. 공산주의 또한 그 근원은 신본주의가 원류다. 인간은 신으로부터 해방되어야 진정한 인간만의 자유를 누릴 수 있다.

"인간은 이성이 있다. 그러나 신은 이성이 없다"는 말로 이 단을 끝낸다.

58. 창세기(創世記)-파세기(破世紀)

창세기는 세상을 만든 기록이란 말이다. 그러나 그 내용은 창세기란 말이 무색할 정도로 온통 세상을 파괴하는 기록들뿐이다. 이 무서운 이야기가 수천 년 동안 어떠한 비판이나 의심도 없이 여름 하늘에서 소나기 내려붓듯 인간들의 머리 위에 쏟아 부어졌으니 인간들이 온전할 수가 없었지. 도대체 단순한 이스라엘 민족의 신화가 어떻게 되어 온 세상의 보편적인 진리로 등장하여 세계지배의 지렛대가 되었는지 귀신이 곡을 할 노릇이다.

이스라엘 민족에게는 '창세기'가 '진리'이고 '진리'일 수도 있다. 하지만 이것이 제삼자의 경우로 옮겨 올 때는 그것이 꼭 진리가 될 수 없는 것이다. 이스라엘의 '여호와 하나님'이 있기 이전부터 각 나라 각 민족마다 자기 자신들이 인정하고 대화하고 섬기는 그들만의 신이 있었다. 이것이 모두 이스라엘의 '하나님'에게 밀려나고 만 것이다. 거두절미하고 '창세기'는 인류의 재앙 덩어리인 것이다. 창세기가 언제 만들어졌는지는 모르겠으나 하나님이 직접 내려와서 쓴 것도 아니고 하나님이 아담을 만들 때 문자가 있어서 그 당시 상황이 기록되어져 있었던 것도 아니고 여하튼 누군가인 인간의 손에 의하여 쓰여질 때 나쁘게만 쓰여진 것이 창세기라고 생각한다.

창세기가 있은 이후 인간의 역사는 오늘날까지도 창세기의 행동과 사고방식으로 판박이 되어 내려오고 있다. 서양의 중세역사를 피로 물들인 종교전쟁과 1차, 2차 세계대전, 히틀러의 유대인 학살사건은 여호와가 행한 '노아의 방주' 사건과 너무나 흡사하다.

빈 라덴의 9.11테러는 '소돔과 고모라 성 파괴사건'과 무엇이 다른가? 본인의 뜻에 맞지 않으면 쓸어버리는 수법이 전과 동이다. 무대는 동양(東洋)이었지만 스토리 자체는 서양 유물론이 주연한 캄보디아의 킬링필드 사건 역시 '노아의 방주' 사건과 '소돔과 고모라', "바벨탑" 사건을 합친 것이나 마냥 똑같은 짓이다. 패거리 진영논리의 싸움이나 형제간의 싸움이나 이간질, 죽이고 뺏고 패륜을 저지르는 것까지 오늘날의 세상이 저지르는 짓이 창세기 수법과 다른 것이 무엇인가? 인간들이 창세기적인 사고 패턴에서 깨어나지 않는 이상 오늘도 똑같고 내일도 똑같은 세상이 인간들을 기다리고 있을 것이다. 인간들이여 그대의 지성은 어디로 갔나? 칼날 같은 그대의 이성은 낮잠을 자고 있는가?

59. 동네북-애굽

구약의 출애굽기는 이스라엘 민족이 애굽(현재 이집트)에서 탈출하는 장면의 기록이다. 한마디로 '애굽'이 동네 북 신세가 되는 이야기다. '출애 굽기'를 읽다보면 애굽 사람들이 초장부터 여호와 하느님께 무슨 원수가 맺혔든지, 아니면 잘못 보였는지 또 아니면 뇌물을 먹이지 않아서인지 처음부터 끝까지 애굽 사람 나쁜 사람으로 만들어 놓고 있다. '듣기 좋은 소리도 한 번 두 번'이란 우리네 옛 속담이 있다 아무리 예쁘고 좋은 말이라도 너무 자주 들으면 실없이 된다는 뜻이다. 하물며 나쁜 말이라면 더 말할 나위도 없다. 그런데 툭하면 애굽 사람 끌어다 나쁜 쪽으로만 몰아가니 듣는 애굽 사람 기가 막힐 노릇 아닌가. 그러니 지금까지 이스라엘과 아랍간의 싸움 붙여 놓은 것이다. 끝없는 싸움. 해결 방법이 없는 싸움이 지금도 계속되고 있고 세상 끝나는 날까지 싸울 것이다. 끝나는 세상 찾아오고 있으니 그때는 싸울 사람도 없을 것이다….

출애굽기 3:18에는 '애굽 왕에게 이르기를 히브리 사람 하느님 여호와께서'라고 아예 '여호와가 이스라엘 사람의 하나님'이라고 못 박아 놓고 있다. 그런데 온 세계 바보 인간들이 이스라엘의 하나님이라고 하나님 자신이 못 박아 놓은 것을 왜 '우리' 하느님이라고 광분해서 우쭐대며 말하는 것인지 상식적으로 이해가 되지 않는다.

60. 목구멍까지 차오른 용심(심술)

구약의 출애굽기, 레위기, 민수기. 신명기는 모세의 탄생에서 죽음까지를 기록한 일대기다. 출애굽기의 40장 중 크게 나누어서 보면 전편은 모세가 유민들과 함께 애굽에서 탈출하는 과정이고 후편부터는 여호와가 이스라엘 사람을 애굽에서 탈출시켜준 것에 대하여 고맙게 생각하고 나에게 감사하라는 명령서이다. 그 명령도 그냥 하라는 것이 아니고 온갖 까탈을 다 부리고 심술이 덕지덕지 붙어 있는 조폭두목 요구보다 더한 아주 고약한 명령들뿐이다. 요구하는 목록은 이러하다.

출애굽기 25, 26, 27, 28. 29. 30, 읽어 보기에도 좀 지루하지만 하도 기가 막혀서 한 번씩 읽어보고 느껴보시길 권한다. 옛말에 경국지색(傾國之色)이란 말이 있다. 여자의 미모가 임금이 그 아름다움에 빠져 나라를 기울어지게 할 만하다는 말이다. 이 정도 제물을 바쳐야 한다면 그 당시 한 나라의 재정으로 볼 때 거의 나라를 기울어지게 할 수 있는 경국지물(傾國之物) 정도가 아니었을까 한다. 왜 이렇게 많은 제물을 이렇게 까탈스럽게 바쳐야 하는지 또 이렇게 받은 제물을 여호와가 가지고 하늘로 날아 올라갔는지 아니면 어떤 녀석이 중간에서 닦아 먹었는지 성(聖)스럽다고 할 수 없는 짓들이다. 이것이 어떻게 하느님이 할 수 있는 짓인가?

61. 피칠갑에서 피칠갑으로의 잔혹성

대개 고전이나 성스러운 글, 옛날 우화 하나라도 사람들에게 마음의 평화를 안겨주고 교훈적인 깨달음을 전해주는 것이 상례다. 그런데 구약을 보다보면 보통사람도 정신이 이상하게 될 정도로 잔인하고 가혹하고 패륜적이고 모든 장면 장면의 표현이 그렇게 잔혹하고 섬뜩할 수가 없다. 화자(話者) 여호와의 말을 듣지 않으면 무조건 죽이고 몰살하고 파괴하고 빼앗고 떼거리로 몰려다니며 패악스런 짓거리를 하는 것이 전부다. 모세의 실존 여부나 이야기 구성에서 역사성의 허구 혹은 진실을 떠나서 내용 그 자체로서 거의 푸줏간 교범 보는 듯하다. 뻑하면 소 잡고 양 잡고 제단에 피 뿌리고 얼굴이고 손에 다 피 찍어 바르고 피칠갑판이다.

이스라엘 민족이야 자기들 조상 이야기이니까 어찌하여도 좋다. 이런 것을 객꾼들이 뭐 좋은 것이라고 입에 거품을 물고 여호와 하느님 하며 까무러치는 것 보면 바른 정신이 아니다. 이것을 어찌해야 할꼬.

62. 이스라엘 사람만 사람–다른 족속들은 짐승이나 소모품

구약의 모든 이야기는 이스라엘에서 이스라엘까지 모두 다 철저하게 이스라엘 중심이고 그 외의 다른 부족이나 족속들은 이스라엘의 들러리거나 정복의 대상이요, 파괴되고 전멸되어야 할 원수들이다. "원수를 사랑하라", "오른 뺨을 치면 왼뺨을 내 놓아라"라고 외쳐대지만 구약 어디에도 원수를 사랑하고 맞은 뺨을 다시 내어 준 내용은 한 줄도 없다.

어째서 이스라엘 민족은 잘못하여도 여호와가 따라다니며 지도편달해 주면서 다른 민족은 허구한 날 쥐어박고 진멸하고 잡아 죽이라는 것인가? 이것은 이스라엘 족만 사람이고 다른 족속은 짐승이나 아니면 소모품 정도로 밖에 보지 않는다는 증거다. 이러한 사랑을 왜 온 세계의 보편적인 사상으로 받들어 모시는지 이해할 수가 없다. 일방적이고 무조건적인 편애 주의가 결국은 인간들의 가슴에 네 편 아니면 내 편, 적군 아니면 아군 식의 막가파 판 '흑백' 논리를 잉태하도록 원인 제공을 한 것이다. 이것은 인류에게 있어 축복이 아니고 재앙이었으며 그것도 큰 재앙이 되어 오늘날까지 사람끼리 서로 총부리를 들이대고 증오하고 죽이는 결과를 낳았다고 할 수 있다. 목하 지금의 세계를 보라. 수천 년 전이나 지금이나 인간의 탐욕과 강자의 일방주의가 하나 틀린 것 없이 그대로 이어지고 있다.

여호와 하나님은 어째서 이스라엘 편만 드는 것인지!

63. 물신주의(物神主義)

전장에서 서양 양대 사조중의 하나인 헤브라이즘이 물신주의를 낳았고, 그 물신주의가 유물사상을 낳았고 유물사상이 공산주의의 모태가 되었다고 했는데, 모세 5경에는 믿을 수 없을 만큼 제물에 집착하고 탐닉하는 일이 너무도 많이 나온다. 첫째 모든 것의 가치는 물건으로 정하고 있다. 예를 든다면 방귀 값도 제물로 정하는 정도다. 방귀 소리가 크면 얼마, 가늘면 얼마, 듣기 싫은 소리는 얼마, 나팔 소리처럼 예쁜 소리가 나면 얼마 이런 식이다. 죄도 값으로 쳐서 큰 죄는 소 몇 마리 작은 죄는 양 몇 마리 등 사람도 제물로 쳐서 값으로 매기고 있다.

레위기 27:1에 여호와 모세에게 일러 가라사대 "이스라엘 자손에게 고하여 일러라. 사람을 여호와께 드리기로 서원하였으면 너는 그 값을 정할지니 너의 정한 값은 이십 세에서 육십 세까지는 남자이면 성소의 세겔대로 은 오십 세겔로 하고 여자이면 그 값을 삼십 세겔로 하라. 오세에서 이십 세까지는 남자이면 그 값을 오 세겔로 하며 여자이면 은 삼 세겔로 하며 육십 세 이상 남자이면 그 값을 십오 세겔로 하고 여자이면 십 세겔로 하자" 이상이 그 신성한 여호와 하느님께서 모세에게 사람을 제물로 잡아서 바치기로 하였으나 잡지 않을 경우에는 그 값을 그 당시 제물로 계산하여 놓은 값이다. 요즈음으로 치면 '공시가격'을 매겨놓은 것이다.

사람 잡아 죽일 때 죽일 사람을 못 구하였거나 못 잡아 죽이면 그 대신 값으로 매겨 놓은 것이다. 이것뿐만 아니고 도둑질 하다 잡힌 것도 값으로 처서 값을 쳐 주면 사면을 받고 죄도 무슨 무게가 나가는 것도 아니고 보이지도 아닐진대 그 값어치만큼 갖다 바치면 그 즉시 죄가 사하여 없어진다. 즉 '속죄'된다는 식이다.

이 본을 보고 중세 성직자들이 면죄부 만들어서 죄를 사고팔러 다니면서 냄비 속에 금화를 넣으면 금화가 냄비에 떨어지면서 내는 "쩽그랑" 하는 소리와 함께 죄가 즉시 소멸된다고 했던 것이다. 이러한 짓거리가 자기들끼리도 부끄럽고 쑥스러웠든지 그 자성에서 시작된 것이 종교역사상 '종교개혁'이라 불리는 신교, 구교의 분리 시발점이 된 것이다. 유물주의 물신주의 이것이 다른 것이 아니고 바로 우상주의가 된다.

64. 이렇게 많은 제물

사흘 들어 소 잡고, 양 잡고 금은보화 가져다 바치고 이 정도 제물이면 요즈음으로 어림해도 재벌 되고도 남을 수준이다. 백성들의 노고와 어려움은 안중에도 없고 오직 여호와 자신에게 충성하는 것만 기준으로 하여 가차 없이 제물을 요구한다. 그 당시의 그러한 열악한 환경에서 금이나 은 또는 귀중품 축산물 등 고급재물을 가져다 바친다는 것은 대단한 정성이나 성의가 없으면 불가능한 일이었다. 이런 일이 기침 한 번 잘못해도 여호와의 뜻에 어긋난다고 죽이느니 살리느니 옥박을 질러대니 겁에 질려 제 것 아까운 줄 알면서도 갖다 바치는 것이다.

그러면 백성들이 갖다 바치는 재물들은 그렇다 치고 그 많은 재물들은 도대체 어디로 간 것일까? 여호와 하느님의 배가 커서 다 먹어 버렸나 아니면 기운이 세어서 하늘나라 기둥 세우는데 들고 올라갔나 - 그 많은 금은보화 여호와의 손가락에 가락지 했나, 발가락에 가락지 했나, 그것 다 신 파는 놈 제가 챙겨먹고 오리발 쓱 내밀고 신 타령만 하면 만사형통되니 기가 찰 일이다. 파리 똥구멍도 들여다보는 21세기 개명 천지에도 똑 같은 일이 되풀이되고 있으니 신 파는 놈이나 신 사 먹는 놈이나 어리석기는 매 일반이지만 따지고 보면 사 먹는 놈이 더 바보 천치지!

65. 제 똥은 냄새가 안나나 봐!

요즘 주위에서 부모자식 간에, 부모 형제간에 조상님 제사 때문에 등지고 불화하는 가정을 많이 본다. 제사 모시지 않는 사람들의 한결같은 개떡 같은 주장이 '우상숭배' 때문이라는 것이다. 제사 모시는 것이 '우상숭배'란다. 이런 자들 모세 5경 어느 곳 한 줄이라도 제 눈으로 읽어보고 양심이 눈곱만큼이라도 있다면 자기 조상 제사 모시는 것을 제 입으로 우상숭배'라고 말하지 못할 것이다. 허구한 날 푸줏간 저리 가라 할 정도로 소 잡고 양 잡고 명태포 뜨듯이 각까지 떠서 금 제단 앞에 향 피워놓고 은 제단에 피 뿌려 피칠갑하면서 이름도 좋게 '번제' 드린다고 한다.

볼 수도 없고 보이지도 않는 하나님에게 '번제' 드리는 것은 '우상숭배'가 아니고 자기 조상 제사모시는 것은 '우상숭배'라고 하는 것은 한마디로 해서 육갑 뜨는 것하고 똑같은 것이다. 그것도 이스라엘 사람들이야 자기 조상 모시는 방법이니 '하늘을 머리에 쓰고 도리질을 하는' 우리와 상관없는 일인데 오히려 객꾼들이 자기 자신들의 전통을 비하하고 '우상숭배'니 뭐니 떠들어대니 가관인 셈이다. 한술 더 떠서 조상제사 모시지 않으려고 서양종교 믿는 사람들도 보았다. 형편없는 인간들이라서 말도 하고 싶지 않지만 혹시라도 이를 볼 수 있는 기회가 있으면 양심 고쳐먹기 바란다.

인간이란 것이 간사해서 같은 똥이라도 제가 눈 똥은 냄새를 못 느끼는 것이다. 제가 하는 짓은 다 옳고 남이 하는 것은 모두 나쁘다고 하는 것이 인간 놈의 심보다. 자기들은 제사를 전문으로 지내는 '제사장'이라는 전문 제사쟁이까지 두고 제사지내면서 남들의 조상 제사 지내는 것은 배가 아파서 '우상숭배'니 뭐니 하면서 까탈 부리고 또 그 까탈을 잉어 보리밥 따 먹듯이 덥석 따먹고 우상숭배 낚시에 걸려 끌려가는 놈이나 모두 우주천 지에서 불쌍하고 한심한 녀석들이다. 제 똥은 냄새가 안나나 봐.

66. 곰탕 사골 우려먹듯

여호와 하느님이 모세와 이스라엘 백성들 읽어 먹는 방법이 치졸하기 짝이 없다. 곰탕 사골 우려먹듯 툭하면 들고 나오는 것이 이스라엘 자손들 을 애굽에서 탈출시킨 공적에 대한 요구이다. 레위기 26:13을 보자. "나는 너희를 애굽 땅에서 인도하여 내어 그 종 된 것을 면케 한 너희 하느님 여 호와라, 내가 너희 멍에 빗장을 깨뜨리고 너희를 바로 서서 걷게 하였느니 라. 그러나 너희가 내게 정중치 아니하여 나의 국례를 멸시하고 마음에 나 의 법도를 싫어하여 나의 모든 계명을 준장치 아니하며 나의 언약을 배반 할 진대 내가 너희에게 행하리니 곧 내가 너희에게 놀라운 재앙을 내려 폐 병과 열병으로 눈이 어둡고 생명이 쇠약할 것이요, 너희 파종이 헛되리니."

레위기 22:32, 너희는 나의 성호를 욕되게 하지 말라. 나는 이스라엘 자 손 중에서 거룩하게 함을 받을 것이니라. 나는 너희를 거룩하게 하는 여호 와요 너희 하나님이 되려고 너희를 애굽 땅에서 인도하여 낸 자니 나는 여호와니라.

민수기 15:41, 나는 너희의 하나님이 되려하여 너희를 애굽 땅에서 인도하여 낸 여호와 너희 하나님이니라.

이것뿐만 아니라 곳곳처처에 공갈 협박 수준의 자랑이 넘쳐나고 있다. 별난 시어머니가 며느리에게 자기 자랑하듯이 뭐를 하든 애굽에서 불러 내어 주었으니까 무조건 시키면 시키는 대로 죽으라면 죽는 일방적인 몰이를 하고 있는 것이 여호와 하나님의 행태다. 써먹어도 너무 써먹는다. 불교에서는 아무리 큰 공이라도 베풀었으면 그 보답을 바라지 말고 잊어버리라고 가르치고 있다. 아무리 큰 공덕이라도 너무 자랑하면 닳아서 없어지는 법인데 여호와 하나님은 애굽 땅에서 이스라엘 백성 불러 내준 것을 너무 자랑해대니까 이스라엘 사람들이 너무 가당치도 않아서 말을 잘 안 들었던 모양이다. 우려먹어라. 가루가 될 때까지 우려먹어 보아라.

67. 이것이 여호와의 사랑?

여호와 하나님이 인간을 사랑하사 독생자를 보내 주었다고 타령들을 하고 있는데 여호와가 사랑한 것은 아브라함의 하나님. 이삭의 하나님, 야곱의 하나님, 이스라엘의 하나님이지 다른 족속들이나 사람은 국물도 없었다. 다른 족속들이 여호와 섬기는 것은 공연스레 헛물켜고 있는 것이다. 여기 한 번 보자.

레위기 21:16, 여호와께서 모세에게 일러 가라사대 아론(모세의 형)에게 고하여 이르다. 무릇 너의 대대 자손 중 육체에 흠이 있는 자는 그 하나님의 식물을 드리려고 가까이 오지 못할 것이라. 무릇 흠이 있는 자는 가까이 못할 것이니 곧 소경이나 절름발이나 코가 불완전한 자나 지체가 더한 자나 발 부러진 자나 손 부러진 자나 곱사등이나 난장이나 눈에 백막이 있는 자나 괴혈병이나 버짐이 있는 자나 불알 상한 자나 제사장 아론의 자손 중에 흠이 있는 자는 나아와 여호와의 화제를 드리지 못할 것이니 그는 흠이 있은즉 나아와 하나님의 식물을 드리지 못하느니라. 그는 하나님의 식물의 지성물이든지 성물이든지 먹을 것이나 장 안에 들어가지 못할 것이요, 단에 가까이 못할지니 이는 그가 흠이 있음이라. 이와 같이 그가 나의 성소를 더럽히지 못할 것은 나는 그들을 거룩하게 하는 여호와임이니라. 모세가 이대로 아론과 그 아들들과 이스라엘 자손에게 고하였더라.

여기에는 여호와 하나님의 사랑이나 인간에 대한 연민의 정 따위는 눈을 씻고 봐도 찾아볼 수가 없고 오직 자기 앞에 깨끗한 놈만 오라는 소리다. 부실한 것들은 실컷 오지마라 해놓고서 "나는 그들을 거룩하게 하는 여호와임이니라"고 떠들어 대는 것은 "얼러 놓고 **뺨치는 것**"이나 매한가지다. 이것이 여호와의 사랑인가? 도대체 흠 있는 사람을 왜 만들었는가!

68. 일방적—일방적인 명령만

모세5경의 모든 내용은 여호와의 일방적인 명령과 잡도리식의 엄격함뿐이다. 일벌백계하는 명령조직처럼 조폭 수준의 폭력만 있고 사람의 온기나 정, 숨소리는 어디에서도 느껴볼 수 없다. 여호와의 기분이 좀 나쁘거나 수에 좀 거슬리면 무조건 잡아 죽이고 꺾어죽이고 멸하고 그 다음에는 '제삿상' 올리라는 소리다. 인간들의 목소리나 뜻이나 의지는 어느 곳에도 없고 오직 여호와 그의 목소리와 숨소리뿐이다. 자기주장에 맞지 않는다고 수만 명의 사람을 피로 숙청하고 잡아 죽인 김일성 왕조와 다른 것이 하나도 없다. 일방통행은 매우 위험한 일이다.

69. 출애굽 32:25

'모세가 본즉 백성이 방자하니 이는 아론이 그들을 방자하게 하여 원수에게 조롱거리가 되게 하였음이라. 이에 모세가 진지 문에 서서 가로되 누구든지 여호와의 편에 있는 자는 내게로 나오라 함에 레위 자손이 다 모여 그에게로 오는지라. 모세가 그들에게 이르되 이스라엘의 하나님 여호와께서 이 같이 말씀하시기를 너희는 각각 허리에 칼을 차고 진 이 문에서 저 문까지 왕래, 각 사람이 그 형제를 각 사람이 그 친구를 각 사람이 그 이웃을 도륙하라 하셨느니라.'

이런 짓을 어찌 하나님이란 자가 시킬 수 있는 일이며 이것이 무슨 훈장감이라도 되는 양 기록으로 남겨 수억 명이 보도록 하여 성스러운 일이라고 내놓고 자랑하는가?

다음을 또 보자 '레위 자손이 모세의 말대로 행하매 이 날에 백성 중에 삼천 명 가량이 죽인바 된 지라 모세가 이르되 각 사람이 그 아들과 그 형제를 쳤으니 오늘날 여호와께 헌신하게 되었느니라.' 모세도 매우 한심한 인간이다. 사람들이 그 형제와 이웃과 친척 삼천여 명을 죽여 놓고 여호와께 헌신하게 되었다고 자랑하니 이것이 어찌 자랑할 만한 일인가 '그가 오늘날 너희에게 복을 내리시리라.' 즉 사람 삼천 명을 시키는 대로 죽였으니 여호와께서 시키는 대로 잘 했다고 '복'을 내린다는 것이다. 복이 어떠한 복인지 사람 잡아먹는 복인지는 몰라도, 말도 앞뒤가 맞는 말을 써놓고 말을 해야 말이 되는 것이지 성스러운 경이라는 것이 이런 지경이다.

인간이 인간 짓을 못하면 인간이 왜 필요한가? 그렇게 전지전능하고 천지를 창조했다는 여호와가 인간의 마음 하나 못 만들고 못 다스려서 매일 부수고 쳐 죽이고 했어야 하는지 말이 안 된다. 인간들이 제발 제정신을 차려서 인간 제자리로 찾아 돌아오기를 소원한다. 불쌍한 인간들!

70. 사랑과 저주

한때 〈사랑과 영혼〉이라는 영화가 화제가 된 적이 있었다. '사랑과 저주'라고 하니 무슨 영화 제목 같기도 하지만 위선과 거짓과 조작이 난무하는 사바세계에서 진실의 한 조각이라도 찾아보고 싶어 영화와 대비되는 목차를 붙여보았다. 구약의 창세기, 출애굽기, 레위기, 민수기, 신명기까지 '사랑'이란 말이 약 15회 '저주'라는 말이 약 87회 나왔다.

여기서 사랑이란 말이 여호와 하나님이 너를 사랑하는 것이 아니고 7번이 '신명기 4:37 네 열조를 사랑하신 고로' 이런 표현이고 8번은 여호와 자신을 사랑하라고 강요하는 사랑이다. 저주라는 말은 창세기 15회 출애굽기 2, 레위기 5, 민수기 17회, 신명기 28회 등이다. 그 다음 쳐 죽이고, 꺾어 죽이고, 베어죽이고, 쓸어 버려 죽이고, 진멸하여 죽이는 횟수는 그 수가 하도 많아 셀 수가 없어 세는 것을 그만두었다. 과문하기는 하지만 세상 동서고금에 '저주'라는 말이 이렇게 많이 나오고 죽이는 말이 이렇게 많이 나오는 책을 성스럽다고 하는 것은 오직 성경밖에 없는 것으로 안다.

이런 책을 하늘에서 누가 내려와서 금방 불러주어 쓰여진 것처럼 얼러

대는 작태는 정상적인 이성을 가지고서는 도저히 이해할 수가 없다. 작업 체계가 정교하기로 소문난 독일의 푸줏간에도 교범이 있는지 모르겠으나 이 만큼 자주 죽이고 동물 해체하는 방법까지 써놓지는 않았을 성 싶다. 이런 잔혹하고 잔인한 짓들이 교과서처럼 펼쳐진 것을 보고 배운 인간들이 21세기에도 꼭 같은 짓을 하고 있는 것이 지금의 세계정세다. 이 지상에도 과연 평화란 것이 올 수 있을까! 있다. 분명히 있다. 답은 하나 인간이 '신'을 버리고 인간의 길로 다시 돌아오는 것뿐이다. 가짜 사랑, 위선적인 사랑, 포장된 사랑은 필요 없다. 이 세상엔 따지고 보면 증오할 것도 없다. 인간 세상에는 인간이 사는 질서, 인간끼리 주고 받는 사랑이 필요할 뿐이다. '인간의 길로 돌아오라.' 이것만이 실타래처럼 얽힌 이 지상에 평화가 오는 길이다.

제4장 동양과 서양의 종교

71. 빈자일등(貧者一燈)

현우경(賢愚經))에 나오는 가난한 여인의 이야기다.

어떤 날 석존법회에서 등불을 시주하는 일이 있었다. 왕은 왕대로 부자는 부자대로 가난한 사람들은 가난한 사람대로 각자의 형편에 맞게 보시한 등불은 밤이 이슥해지자 하나 둘 꺼져가고 등불 하나만 처량하게 불을 밝히고 있었다. 석존이 물었다. "아난아 저 등불은 누가 켠 것이냐. 아직도 꺼지지 않고 있구나." 아난이 대답하였다. "난타(難陀)라는 가난한 여인이 자기가 가진 모든 것을 주고 구해서 밝힌 등불입니다."

소 잡고 양 잡고 제단 쌓아 피 뿌리고 향 피우고 난리를 떨면서 지내는 제사하고 하도 대비가 되어서 비교해 보았다. 사람의 욕심은 얼마 만큼이고 신의 욕심은 얼마 만큼일까? 얼마나 가져다 바쳐야 신의 노여움을 풀고 그놈의 '복(福)'이라는 것을 받을 수 있을까? 필자가 알기로는 복을 눈으로 본 사람은 없는 것으로 안다. 어화 세상 사람들아 복은 빈다고 오는 것도 아니요, 밀어낸다고 가는 것도 아니며, 또 하늘에서 누가 퍼부어서 미끄럼틀을 타고 쭉 내려오는 것도 아니다. 졸시 '복(福)' 한 수 올려본다.

복(福)

복은
금덩어리도 아니고
하늘에다 빈다고
툭하고 떨어지는 것도 아니다.

복은
어디에서 빌려오는 것도 아니며 보챈다고
엎어지고 자빠지고 애걸복걸
오는 것도 아니다.

부처나 예수가 주는 것도 아니다
가져다 바친다고 내려오는 것도 아니다

복은
짓는 것이다.
똥밭에 놀면서
옷에 똥칠 해놓고
옷 깨끗해지는 복을 달래면
옷이 깨끗해지는 복이 올까.
매일 똥밭에서 놀아도
옷에 똥이 묻지 않을 '짓'을 하면
옷에 똥이 묻지 않는

복이 온다.

어디에 대고도
복 달라고 빌지 말자.
복 짓는 '짓'만 하면
복은 제 발로 찾아온다.
그게 복이다.

복이 없어 죽은 사람 본 적도 없다. 그놈의 '복'이라는 놈 받아 보겠다고 왜 그리 아우성이고 차고 때리고 패대기치고 죽이고 가져다 바치고 야단인가?

72. 복(福)

복(福)이란 것은 과연 무엇인가? 그리고 인간에게 있어서 복이란 것은 또 무엇일까?

일반적으로 '복'하면 얼른 떠오르는 것이 재물이나 재화 즉 돈이다. 돈이 많으면 복이 있다고 생각할 수 있겠다. 그러나 가족 간의 사랑이나 높은 권세와 명예도 모두 복이다. 가족 간에 피붙이로서의 애틋한 사랑 부부간에 순애보적인 애정을 가지고 일평생 큰 과오 없이 살면서 자식들 횡액 없고 별 탈 없이 잘살면 이보다 더 큰 복도 없다. 높은 벼슬은 아니라도 맡은바 직책의 소임을 잘 마치고 명예를 얻는 것도 큰 복이다. 큰 회사의 임원이나 사장은 아니었더라도 자기가 가진 능력이나 기능으로 회사에 공헌하고 동료들에게 헌신적인 생활을 하고 건강하게 은퇴하였다면 이도 또한 복이요. 젊어서 자기처신 잘 하여 노후에도 골골거리지 않고 건강할 수 있다면 이 또한 복이다. 그러면 인간에게 있어 복은 어떤 것이겠는가? 필자가 알기로는 복에 관한 유명한 고사가 새옹지마(塞翁之馬)가 아닌가 한다.

옛날 중국 북방에 새옹이라는 노인이 살고 있었는데 하루는 그가 기르던 말이 도망을 가버려서 낙심하고 있었는데 어떤 날 이 말이 새로운 말 한 마리를 데리고 나타나 동네 사람들이 "이제 말이 두 마리가 되었으니 좋겠다"고 하니까 새옹은 "그럴 수도 있는 것 아닌가" 하고 대수롭지 않게 말하였다. 그 후 새옹의 아들이 새로 들어온 말을 타다가 낙마하여 다리가 부러지게 되자 이번에는 동네 사람들이 "아이구 말이 새로 들어와서 좋은 줄 알았는데 그 집 아들이 말에서 떨어져서 다리가 못쓰게 되었으니 신세 망했다"고 타령들을 해대었다. 그러나 이번에도 새옹은 "그럴 수도 있는 일"이라고 대수롭지 않게 말하였다. 얼마 후 나라에서 전쟁이 나서 다른 젊은이들은 모두 전쟁에 끌려갔으나 다리가 아픈 새옹의 아들만은 병역이 면제되어 생명을 구하는 복을 누렸다는 이야기다.

이와 같이 인생의 길흉화복은 변화가 많아 예측하기 어렵거니와 모름지기 복이란 놈은 금은보화처럼 잘 간수하고 떠받들고 있어야 오래가는 법이다. 이런 귀한 복을 장마당의 싸구려 헌신짝처럼 내돌리는 것은 복이란 놈에 대한 예의도 아니고 복이 내려 왔다고 함부로 내돌려 쓰면 그것이 화가 되는 것이다. 요즈음 우리 사회에도 재벌가 후세들이 자기 기분에 맞지 않는다고 갑질 하고 시비하는 일들이 심심치 않게 일어나곤 하는데 이런 경우는 복이 화를 부른 것이다. 로또복권 당첨되어 가족끼리 불행해진 경우도 복이 화를 부른 것이다. 이런 좋기도 하고 위험하기도 한 복을 여호와 하나님이 자기에 대한 복종의 수단으로 삼아 말 잘 듣는 놈에게는 주었다가 말 잘 듣지 않는 놈에게서는 뺏어가고 하는 것이 아니다. 왜 그리 많이들 복 얻으려 하나. 동양적 사고의 입장에서 보면 아무리 좋은 것이라도 지나치거나 넘치면 화가 된다. 즉 '과는 화'라는 말이다. 복도 보이지도 않지만 무게가 있어 쌓이면 그 무게에 눌려 죽는다. 성경에는 복을 미끼로 온갖 악행과 패악을 부린다. 인간들은 왜 그리 복에 약할까. 복을 붙잡으려고 복을 받으려고 할 짓 못할 짓 애걸복걸 다한다. 그래 그 많은 복 받아서 어쩌려고 죽기 살기로 복 타령인가 모세5경은 복을 미끼로 한 여호와와 이스라엘 백성들 간의 줄다리기이다. 없어도 걱정 많아도 걱정인 그 놈의 복 때문에 그렇게 죽이고 죽이고 또 죽이고 난리 법석이다. 한심한 일이다. 질서 지키고 욕심 안 부리고 제할 짓 하면 꼬박꼬박 찾아오는 것이 '복'이다. 이게 진짜 복이다. 복 타러 복 받으러 설레발이치고 싸다닐 일이 아니다.

73. 법(法)

법의 성립은 사람과 사람의 계약이다. 여러 사람이 모여 일정한 순서대로 정해진 절차에 따라 지켜야 할 것에 대하여 서로 약속하고 따르는 행위라고 할 수 있겠다. 인간이 법이란 것을 만들어 놓고 서로 잘 지킨다면 이보다 더 좋을 수가 없을 것이다. 옛 시절 문자가 없던 때에는 말이 법이었다. 그 후 문물이 발달하고 번잡해지면서 말로서는 안 되니까 나온 것이 문자로 적어 나타내기 시작한 성문법(成文法)이다. 인간이 모여살기 시작하면서 처음에는 법 따위가 없었을 것이다. 그러나 물산이 풍부해지고 인간의 욕심이 생겨나면서 충돌이 일어나고 강자의 횡포가 약자를 지배하는 지경이 되니 이를 방지하기 위하여 그 시대가 필요로 하는 시대 상황에 따라 법이 생겨났을 것이다. 현대 사회도 그 법칙은 마찬가지로 적용되고 있으며 법은 필요한 곳에 필요에 따라 생겨났던 것이다. 요즈음으로 보면 '공수처'란 것도 마찬가지다.

수천 수백 년 전부터 우리 조상님들은 서로 부대끼며 살았는데 하다못해 동네 법도 있었다. 그것이 '향약(鄕約)'이다. 동네 부락민들끼리라도 서로 지켜야 될 것, 또 도와야 할 것 등 나름대로의 동네 법이 있었던 것이다. 집안에는 '가훈', 즉 집안 식구끼리도 지켜야 할 법도가 있어 대대로 지켜 내려가면서 삶의 뼈대 역할을 하였다. 그 시대가 필요로 하는 약속을 그 시대에 맞게 맞추어 쓰는 것이 '법'이요 '계율'이었다. '십계명'이 나왔을 때도 십계명이 나올 필요가 생겨서 열 가지 계명이 나온 것이지 아무런 일도 없는데 열 가지 계명이 나오지는 않았을 것이다. 과연 십계명이 나왔을 때의 시대 상황은 어떠하였을까?

한마디로 무질서 시대였을 것이다. 천리 길도 한두 시간 내에 내닫는 첨단과학의 시대에도 단체나 무리로 움직인다는 것은 위험도 할 뿐 아니라 질서가 어지럽혀지기 마련이다. 하물며 수천 년 전의 황량한 사막에서 수천 내지 수만 명의 군집(群集)이 움직인다는 것은 그 어려움과 고달픔이 상상을 초월하는 어려운 일이었을 것은 미루어 짐작할 수 있는 일이다. 몇 천 년 전이라고 먹지 않고 굶고 살았을 리는 만무하고 먹고 나면 배설해야 하는 것이 자연의 이치인 즉 먹는 것 먹고 '응가'하지 않을 수는 없는 일, 수만 명이 매일 먹고 싸는 일을 반복한다고 가정해 본다면 이것은 지옥풍경이지 인간이 사는 곳이라고는 할 수 없을 정도의 열악한 상황 그 자체였을 것이다. 먹을 것이라 해도 적어서 먹고 싶은 대로 먹지도 못했을 것이고 TV나 라디오가 있어서 어디 소식이라도 들을 수 있는 것도 아니고 오직 힘과 폭력, 공포만이 존재했을 뿐인 시대적 공간에서 나약한 인간이 죽지 않기 위하여, 그리고 자식과 아내를 위하여, 가족을 위하여 할 수 있는 일이 무엇이었을까? 무엇을 믿으라면 믿고 어디에 대고 빌라면 빌고 무엇이 좋더라고 하면 그대로 따라하고 그런 시대 또 그러한 시간이 아니었겠는가? 시대는 말을 만들고 말이 시대를 만들었다. 십계명도 그 시대가 토해낸 한 시대의 풍경이었을 것이다.

74. 십계명(十誡命)

一. 다른 신을 섬기지 말 것

一. 우상을 섬기지 말 것

一. 하느님 이름을 망령되이 하지 말 것

一. 안식일을 지킬 것

一. 어버이를 공경할 것

一. 살인하지 말 것

一. 간음하지 말 것

一. 도둑질하지 말 것

一. 거짓말하지 말 것

一. 이웃을 탐내지 말 것

이상 열 가지가 하나님이 직접 명령을 내렸다는 그 당시 인간들이 지켜야 할 준수 사항을 열거한 것이다. 거꾸로 뒤집어 말한다면 하나님이 위에서 보아도 인간들의 하는 짓이 하도 가관이니까 이런 명령이라도 내린 것이다. 이렇게라도 하지 않으면 사람 사는 판이 아니고 강아지 판이 될 것이니 할 수 없이 내린 것이다. 얼마나 도둑질을 많이 하고 얼마나 간음을 많이 하고 얼마나 거짓말을 많이 하고 얼마나 이웃집을 괴롭혔는지 얼마나 사람을 많이 죽였길래 이러한 명령을 내렸을까? 모세5경에는 지금 보아도 포르노 뺨치는 패륜장면의 묘사가 많다. 그 장면만 따로 놓고 보면 흡사 패륜 전시장 같은 분위기다.

이러한 십계명령 중에 제일 문제는 '우상을 섬기지 말라'는 계명이다. 다른 계명들은 인간이라면 당연히 지켜야 될 마음가짐이고 또 자기들끼리 지키는 계명이니 어쩔 수 없다지만 "우상을 섬기지 말라"는 명령만은 수 천 년 동안 인류를 배회하며 나와 다른 상대를 괴롭히는 수단으로 악용되고 있다는 점이다. 자기들은 제삿상에 소 잡고 양 잡고 피칠하고 향 피우고 제사지내는 것이 무슨 속죄니 번제니 해서 고상하고 괜찮은 일이고 남들은 자기 조상 제사 지내는 것도 '우상 숭배'라고 왜 시비 걸고넘어지는 것인지 생각 짧은 사람은 이해가 가지 않는다.

75. 착각은 자유다

"착각은 자유다"란 말이 한때 유행했었다. 그렇다 착각은 자유다, 다만, 그 착각이 남에게 피해를 주지 않는다면 개인의 착각은 자유이다. 그러나 본인의 착각이 남이나 상대에게 피해를 끼친다면 그 착각은 자유가 아니고 폭력이 된다. 제 멋에 겨워 날뛰는 것이니까. 사람의 착각은 어처구니 없는 것도 많다. 사람이 땅 위에 서 있는 것으로 알지만 사실은 땅에 매달려 있는 것이다. 제일 허무한 착각이다. 사람들은 하루 종일 아무것도 안 했다고 생각하지만 사실은 지구에 매달려 우주공간을 하루에 수십만 km 씩 여행하고 있다. 다만 착각으로 못 느끼고 있을 뿐이다.

현대의 최첨단 과학 덕택으로 수만 리 밖의 소리나 소식을 듣고 날아다 니는 기계로 수만 리를 날아다니고 잘 생겼는지 못생겼는지 거울에 비춰 보고 똥 누는 기계 위에 걸터앉아 손가락 한 번 까딱거리면 씻어주고 말려 주는 세상인데 수 천 년 전 사막에서 떼거리로 몰려다니며 똥 누면 뒤 닦 을 엠보싱 휴지도 없고, 전동 칫솔이 있어서 이를 닦은 것도 아니고 수돗 물이 콸콸 나와서 세수하고 샤워하고 드라이하고 이쪽 동네 소 잡는 소리 저쪽 동네에 손전화기로 동영상 찍어 보내 준 것도 아니고 인도양 쓰나미 로 수십만 명 죽었다고 TV로 소식 볼 수 있었던 것도 아닌데, 지금 사람들 은 수 천 년 전 사람의 생각과 지금 사람의 사고의 지식수준이 똑같다고 착각하고 있는 것이다.

'우상 숭배'도 그렇다. 그 당시의 사람들도 사람으로서 달려 있는 것은 오늘 날 사람이나 똑같았고 먹고 싸는 하드웨어적인 것도 오늘날과 하등 다른 것이 없겠으나 문제는 소프트웨어적인 것이 다른 것이다. 그 당시 사 람들의 사고 능력과 지식, 지혜를 현대인의 사고능력과 지식, 지혜를 동일 한 가치로 인정하게 된다면 착각도 너무나 큰 착각이 된다. 수 천 년 전의 "우상 숭배하지 마라"는 것은 그 시대 당시의 여러 상황을 감안하고 보아 야지 이것을 현대에 적용한다는 것은 큰 잘못이다. 그 당시의 사람들로서 는 먹을 것 입을 것 당장 인간의 기본조차 해결될 수 없는 열악한 환경에 서 이것이 좋다하면 이것에 매달리고 저것이 좋다하면 저것에 매달리는 판이니 여러 사람을 이끌기 위해서 다른 것을 섬기지 말라고 하였을 것이 다. 이것을 수 천 년이 지난 현대 사회에 똑같이 적용한다는 것은 착각도 보통 착각이 아니다. 착각하지도 말고 착각시키지도 말아야 한다. 착각을 옹호하면 '현대판 미신'이 된다.

76. 우상(偶像)의 허상(虛像)

우상이란 말은 '허깨비처럼 어리석은 상'이란 뜻이다. 세상만물은 제각 각 갖추어진 모양 그 자체만으로 갖추어진 모양의 형상이 있고, 이 갖추어 진 상은 그 모양의 상만큼 우주공간을 빌려 쓰다가 그 명이 다하면 그 사 용하던 공간만큼 우주에 반납하고 조용히 시공(時空)의 뒤안길로 사라지 면 되는 것이다. 세상에는 어리석을 상도 없고 어리석은 상도 없다. 상에 는 두 가지가 있다. 실제로 눈으로 볼 수 있고 눈에 보이는 형상이 있는 상 이 있고, 눈에 보이지는 않지만 눈으로 볼 수도 없지만 마음과 감각으로 느낄 수 있는 상이 있다. 하나는 기차, 자동차, 사람, 비행기, 집, 꽃, 새 따 위는 인간이 그 물체의 특성이 지닌 또는 지어진 그 상태로 보고 오감으로 받아들이는 상이고 다른 하나는 사랑이나 감정, 미움, 원한, 천사, 악마 등 형상적으로는 볼 수도 없고 나타낼 수도 없지만 인간 자신들이 살아가면 서 스스로가 느낀 공통적인 감정을 서로 약속함으로서 서로 인정하는 무 형의 상이 있다. 쉽게 눈으로 보이는 형상과 눈으로 보이지는 않아도 마음 과 감정으로 느끼는 상이다. 전자를 형이하학(形而下學)이라 하고 후자를 형이상학(形而上學)이라 한다. 그렇다면 서양의 종교에서 그렇게도 원수 처럼 물어뜯고 미워하며 제 조상제사도 '우상숭배'라고 거절하는 그 '상'은 무슨 '상'인가? 이것이 남들의 종교는 무조건 우상숭배라고 몰아붙이는데 이게 한심하기 짝이 없는 짓이다.

우상이란 말은 보이는 상이 허깨비처럼 아무것도 아닌 어리석다는 말인데 세상에 존재하는 모든 상은 제 스스로 어리석을 필요도 없고 어리석을 이유도 없다. 지어진 형상대로 제 할 짓 제가 하고 훠이훠이 떠나면 된다. '우상숭배'라는 것은 이런 현상을 믿고 받아들여서 행하는 그 행위의 결과가 인간의 삶에 부정적이거나 혹은 피해를 주거나 나쁘거나 할 때 나쁘다는 것이지 존재하는 상 그 자체가 어리석거나 나쁜 것도 아니다. 비너스 조각상, 다비드 조각상, 생각하는 사람 조각상, 불상, 십자가 등 이상의 다섯 가지 조형이나 형상은 초등학교만 다녀도 모두 알 수 있는 형상물들이다. 불멸의 비너스 조각상은 고대 그리스 예술의 백미로 모든 보는 이들의 경탄을 자아내는 불멸의 조각품이요, 인간의 아름다움을 완벽하게 표현한 미적 결정체로서 지구인들의 감탄을 자아낸다.

천재 조각가 미켈란젤로의 다비드 상 역시 비너스에 버금가는 인간의 육체가 지니는 아름다움을 완벽하게 표현한 불멸의 걸작품이다. 프랑스 조각가 로댕은 고뇌하는 인간의 모습을 집합적으로 보여주는 '생각하는 사람'을 조각하였으니 이 또한 걸작품이다.

십자가에 못박힌 채로 매달려 있는 예수 상 이것 또한 형상화된 상이다. 반라의 사나이가 십자가에 매달려 손과 발에 못이 박히고 머리에는 가시로 된 관을 쓰고 피 흘리며 비참하게 매달려 있는 모습의 상이다. 보는 이들의 사상이나 생각에 따라 깊은 신앙심이 생겨날 수도 있고 동정심 내지는 처량함을 느낄 수 있고 아니면 무섭고 섬뜩하게 느낄 수도 있는 모습이다.

불상, 이 또한 하나의 상이다. 불교 초창기에는 불상이 없었으나 알렉산더 대왕의 인도 원정으로 그리스의 예술사조가 유입되어 불교와 융합하여 '간다라 미술'이라는 독특한 형식의 예술사조가 일어나면서 조성되기 시작한 것이 '불상'이라고 알려지고 있다. 불상 역시 하나의 예술작품 정도이지 사람들이 조성되어 있는 불상 그 자체를 섬기어서 어리석은 행동을 취하고 남에게 폐를 끼치고 또 경멸되어야 할 그러한 대상이거나 상이 아닌 것이다.

인간은 싫든 좋든 상을 가지지 않을 수 없다. 간단하게 부르는 이름 자체부터가 상에 속한다. 홍길동, 임꺽정, 철수, 영이, 바둑이 이 모두가 상을 부르는 인간의 약정된 말이다.

문제는 상을 보고 상을 부르고 느끼고 생각하고 행동하는 결과 그 자체가 인간의 삶이나 사고 형성이나 행동 결정에 얼마나 나쁜 결과를 미치느냐 아니면 좋은 결과를 미치느냐의 문제일 뿐이지 상을 보고 느끼고 그 상에 대한 감정을 가진다고 모두가 나쁜 것이 아니다.

비너스 상을 보고 다비드 상을 보고 '아! 아름답다 어쩌면 저렇게도 아름답게 만들었을까? 인간의 손과 마음으로 어떻게 저렇게 아름답게 빚어낼 수 있단 말인가!' 하고 감사와 한탄을 보낸다고 이것을 미신이나 우상 숭배라고 하지 않는다. 로댕의 '생각하는 사람' 역시 마찬가지다. 이러한 형상을 보고 느낀 인간의 결과적인 가정행위 자체가 선을 느끼게 하고 그 아름다움으로 인하여 세상을 아름답게 보고 너를 칭찬하고 모든 이의 가슴에 사랑과 희망과 용기와 환희가 일어날 수 있게 된다면 이것도 '우상 숭배'일 수 있는 일인가? 십자가에 못 박혀 비참하게 매달린 피골이 상접한 사내의 형상을 보고 경배와 찬탄을 하면 '우상숭배'가 아니고 점잖게 앉아 미소 짓는 불상은 경배의 대상이 되면 어리석은 허깨비 상을 섬기는 '우상 숭배'가 된다는 이 기발한 발상은 도대체 누가 어디서 어떤 방식으로 만들어 내었는지 필자의 상식으로는 이해가 되지 않는다.

77. 사진 한 장의 추억

인간은 늙으면 추억을 먹고 산다고들 한다. 사람이 살아가면서 개인의 역사와 추억이 없는 사람은 없다. 슬프든, 기쁘든 모든 사람은 나름대로의 추억과 역사가 있고, 옛날 사람들은 이 추억 엿보기에서 본인들의 그 장대한 파노라마를 볼 수 있는 길이 없었다. 그저 가슴속에 생각 속에 담아 두고서 기쁠 때나 슬플 때나 끄집어내어 지금의 현실과 대입시켜 보는 추억 엿보기가 고작이었다. 그러나 현대과학은 이 추억들을 보관시켜다가 수시로 꺼내볼 수 있는 즐거움을 인간들에게 선물하였다. 바로 '사진'이다.

지금도 외국의 어떤 나라 사람들은 사진을 찍으면 혼이 달아난다고 사진 찍는 것을 거부하기도 한다지만 어찌 되었든 '사진'은 지금의 우리들에게 희노애락의 모든 순간들을 보관했다가 끄집어내 보여주는 보물창고 역할을 하고 있다. 그럼 여기서 또 '상' 이야기가 나와야 한다. 5년 전, 10년 전의 내 모습이 너의 모습이 아들딸의 모습이 아버지 어머니의 모습이 이것을 보는 행위가 '우상'을 보는 것이고 이것을 감상하고 느끼는 것도 '우상숭배'인가?

아름답고 예쁜 주름살 없는 10년 전 마누라의 사진, 내가 어려울 때 모든 정성을 들여 나를 지탱해주고 가정의 기둥 역할을 했던 마누라의 10년 후 지금 그 당시를 회상하며 오늘 감사하는 것이 우상숭배일까? 김영사에서 펴낸 '어머니 저는 해냈어요.'의 저자 김규환은 강원도 화전민의 아들로 태어나 정규교육을 받아 보지 않은 환경 속에서 각고의 노력을 기울인 끝에 대우 중공업 창원공장에서 목숨을 건 노력으로 기술 명장이 되어 세계 각국으로 강연하러 다니며 인간승리의 주인공이 되어 주신 분이다.

이 분의 책 내용 중에서 모든 이야기가 감동적이었지만 가장 감동적인 장면은 아내와 남편이 아침마다 서로 큰절을 하는 부분이었다. 하루 이틀 심심파적으로 하는 것이 아니고 20여 년간 계속하고 있으며 이 맞절은 아마도 그들 부부에게 있어 평생토록 하는 행사가 될 것이다. 이와 같이 절이란 것은 서로에게 믿음과 존경과 사랑과 감사가 배어 있는 인간행위이다. 절이라는 행위자체는 나를 낮추고 상대를 경배하라는 뜻이다. 절한다고 이것이 미신이 되고 우상숭배가 되는 것이 아니다.

살아계시는 상태에서 할아버지께 드리는 절은 괜찮고 돌아가신 할아버지에게 하는 절은 미신이 되고 우상 숭배가 된다면 10년 전의 사진을 보는 것이나 10년 전 아내의 사진에 감사하는 것도 우상숭배가 되는 것일까, 이러한 생각이나 생활방식의 종교행위가 인간들의 세상살이에 꼭 필요하고 불가결한 행위인가? 신의 이름으로 '우상숭배'란 잣대를 들이대고 인간을 통제하고 인간행동의 기준을 삼는다는 발상이 이 과학세상에서 꼭 필요한가? '끝이 좋으면 다 좋다.'는 말이 있다. 인간의 사고와 모든 행동은 그 결과가 좋으면 다 좋다는 것이다. 그림을 보고 아름답게 느끼는 것이나 불상을 보고 신앙심이 깊어져서 남을 더 사랑할 수 있다거나 10년 전 돌아가신 어머니의 사진을 보고 어머니의 노고에 감사드리며 절함으로서 마음의 평안을 느끼고 가족을 위하여 더 헌신하고자 하는 좋은 마음을 가질 수 있다면 이 중에서 어떤 행위가 우상숭배이고 어떤 행위가 우상숭배가 아닌지 말해보고 성경에서 '우상을 숭배하지 마라'고 한 것을 요즈음 표현으로 하면 '그때 그때 달라요.'다. 그때 그 시절 우상과 지금의 우상과는 말도 다르고 뜻도 다르고 아마 그때는 '우상'이라는 말 자체도 없었을 것이다. 몇 천 년 전의 우상이란 말뜻을 가지고 오늘날의 말뜻과 똑같이 해석한다는 것은 옛날의 소달구지와 지금의 KTX고속 열차가 똑같다고 우기는 것이나 진배없는 것이다.

78. 맹모삼천(孟母三遷)

　수 년 전 출간된 외국 번역서 중에 '역사 사용 설명서'라는 책이 있었다. 이 책의 광고란에 오른 이야기가, 어떤 대자가 세계무역센터가 무너져 내리던 2001년 9월 11일 뉴욕의 한 바에서 우연히 두 사람의 대화를 듣게 되었는데 "이거 꼭 진주만 같네." 하고 말하니 다른 남자가 물었다. "진주만이 뭐야?" 앞에 있던 남자가 대답하였다. "그건 베트남 인들이 어느 만(灣)에 폭탄을 떨어뜨린 거지. 그래서 베트남 전쟁이 터졌잖아."라고 했다는 것이다.

　우리네라고 별로 다른 것도 없다. 동족상잔의 비극 6.25를 모르고 북침이니 남침이니 따따부따 입에 침 튀기는 것이 요새 사람들이다. 맹모삼천 (孟母三遷) 이라고 하면 "맹자의 어머니가 삼천리 공장으로 이사 간다."고 할지도 모른다. 기우이지만 '맹모삼천'은 맹자 어머니께서 어린 맹자의 교육을 위하여 세 번 이사하게 된 동양의 영원한 고전이요, 자식교육의 지침서적인 이야기다. 일찍이 남편을 여의었던 맹자 어머니는 처음에 묘지 근처에서 살았는데 맹자가 묘지 일꾼들의 흉내 내는 것을 보고 이래서는 안되겠다 생각하고 시장 근처로 이사를 했다. 그러자 이번에는 장사하는 사람들의 물건 파는 흉내만 냈다. 이것도 좋지 않은 일이라 생각하여 세 번째로 서당 근처로 옮겼더니 이번에는 글공부하는 흉내를 내고, 또 제사 지내는 예(禮)의 흉내를 내며 놀았다. '이런 곳에서 내 아들을 길러야겠다.' 맹자의 어머니는 비로소 안심을 했다고 한다. 사람은 환경의 동물일 수도 있다. 어릴 때 보고 들은 것이 평생을 두고 영향을 줄 수도 있는 것이다.

　어릴 때부터 피골이 상접한 다 죽어 가는 사람이 십자가에 목이 박혀 매달린 채로 피 흘리고 있는 모양을 매일 보고 듣고 세뇌 당해서 자란다면 자라나는 애들의 감정 형성에 어떤 영향을 미치게 될 것이라고 생각되는 가. 인류역사에 있어 동양과 서양의 잔악함과 폭력성, 투쟁성들을 역사적으로 보면 서양이 동양보다 훨씬 더 전투적이고 투쟁적이고 잔혹하고 포악하였다. 사람이 사람에게 못을 박아 죽인다는 것은 끔찍하기 이를 데 없고 잔혹하기 짝이 없는 짓이다. 이것을 무슨 자랑삼아 어릴 때부터 십자가에 못 박혀 죽은 것을 달달 외우고 느끼게 한다면 이것이 한 인간의 인간성 형성에 어떤 영향을 끼치게 될까! 인간은 나름대로의 지각능력과 이성이 있다. 양심과 이성에 따라 판단하고 받아들이는 것이 현명한 일이다. '우상타령'에 꼭 한 가지 하고 싶은 말이 있다. 필자 주위에서 조상님 제사 모시기 싫어서 예배당 다닌다는 사람 이야기 심심치 않게 듣는다. 슬프고 슬픈 오늘날 우리들의 황량한 자화상이다. 양심을 파는 사람들이다. 그들이 얻으려는 것은 과연 무엇일까?

79. 왜 가지고 노느냐?

사람끼리의 대화에서 '가지고 논다.' 혹은 '데리고 논다.'는 말이 쓰일 때가 있다.

이 경우는 상대방을 바보스럽게 보거나, 어수룩하게 보고 얕잡아 행동하는 것을 빗대서 하는 말이다. 이 경우 얕잡아 보인 상대가 의외로 똑똑하고 훌륭한 인격의 소유자일 수도 있고 아니면 그야말로 대우를 받지 못할 만큼 얕잡아 보일 정도의 상대일 수도 있다. 이런 상황에서는 상대를 얕잡아 보려는 사람도 문제일 뿐만 아니라 더 나쁜 것은 상대로부터 얕잡아 보이도록 하는 사람도 더 문제인 것이다. 서양종교에서 가르치고 있는 신관 체계는 수 천 년 전에 개발된 논리이다. 그 당시 사람들에게 알맞게 각색되고 윤색되어 있었던 논리체계인데 이것을 지적 수준이 하늘을 찌를 만큼 높아졌고 이성과 감성의 발달로 가늠할 수 없을 만큼 다양한 감정과 욕구체계를 가지게 된 현대인에게도 똑같은 신관론을 가지고 대하고 있는 것이다. 이러한 짓은 그야 말로 '어르고 뺨치고 데리고 노는' 것이나 마찬가지다. 신(神)을 파는 사람들이 하는 짓이다. 수 천 년 전 사람들의 인지 체계와 지금 사람들의 인지 체계가 어떻게 똑같은 수 있다는 것인가, 이런 현상을 동일선상에 올려놓고 보면 '가지고 노는 사람'이나 이것을 당연하게 받아들여 '가지고 놀려주는 사람'이나 한 치 다를 것 없는 자들이다. 제발 전염시키지 말았으면 하고 바라는 바다.

80. 처용가(處容歌)

처용가는 신라 헌강왕(憲康王)때 처용이 지은 향가로서 이 노래를 불러 아내를 범하려던 역신(疫神)을 물리쳤다고 하는 노래다. "동경 밝은 달에 밤들이 노니다가 들어 자리를 보니 다리가 넷이러라. 둘은 내해였고 둘은 누구핸고. 본디 내해다마는 빼앗은 것을 어찌하리오."

가 가사 내용이다.

처용이 외출하였다가 집에 돌아와 마누라 옆에서 자려고 보니 마누라의 다리가 네 개가 되어 있더라. 둘은 내 마누라 다리인데 나머지 다른 두 다리는 누구의 것인가 하는 내용이다. 처용가 내용의 네 다리 중 두 다리는 마누라 다리가 맞고 다른 두 다리는 분명히 남의 다리가 맞다. 아무리 옛날이라도 다리가 넷 달린 사람은 없을 것이니까.

처용은 마누라 다리 옆에 있는 다른 두 다리에게 분명히 나무랄 수도 있고 꾸짖을 수도 있는 권리가 있다. 왜냐, 내 마누라 옆에 같이 있었으니까. 그러나 아무 관계도 없는 지나가는 사람 다리를 잡고 시비하면 귀싸대기 맞기 십상이다. 여호와 하느님도 마찬가지다. 분명히 이스라엘의 하느님이라고 해 놓았으며, 성경 구석구석마다 네 조상의 하나님이니, 아브라함의 하나님, 이삭의 하나님, 야곱의 하나님이라고 하였다. 이렇게 분명한 이스라엘의 하나님을 가지고 온 세상 사람들이 자기의 하나님인양 넙죽거리는 것은 불쌍하기도 하려니와 요즈음 말로는 오지랖 넓은 짓이다. 이것은 남의 다리 가지고 내 다리라고 시비하는 것과 마찬가지다. 처용은 분명하게 다리 가지고 시비할 자격이 있다. 그러나 아무 관계도 없는 사람은 처용 마누라의 네 다리 사건에 관여할 수 없는 것이다. 마찬가지로 남의 나라 하나님 가지고 거품 물지 마라. 남의 조상 가지고 자기 조상이라고 우기는 것은 유식하고 점잖게 말하면 환부역조(換父易祖)라는 것이다. 곧 애비나 할애비를 바꾼다는 말이다. 왜 남의 조상 빌어다가 자기 조상 몰아내고 야단법석인가, 그날이 오면 송두리째 뽑혀 나갈 각오하고 있어야 할 것이다.

81. 원죄(原罪)

기독교에서 말하는 원죄라는 것은 소위 인류의 조상이라고 일컫고 있는 아담과 이브가 하나님의 명을 어기고 에덴동산에게 금단의 열매인 선악과를 따 먹으므로 인하여 모든 인간들이 아담과 이브의 자손으로 태어남으로써 태어나면서부터 인간은 죄를 가지고 태어났다는 논리인데 이런 황당한 논리를 가지고 시도 때도 없이 아무에게나 장소 불문하고 원죄를 파는 자들이 횡행한다. 들을 때마다 기분 나쁘고 어처구니가 없다.

딱 부러지게 한마디로 말하면 "죄 있는 자식 왜 낳느냐?"이다. 지금은 뱃속에 들어있는 아이도 남자인지 여자인지 다 들여다보고 아는 시대이다. 그런데도 죄인인 줄 뻔히 알면서 낳기는 왜 낳느냐는 말이다. 죄인 자식 낳아서 교도소 보내려고 낳나, 아니면 죄인인 자식 낳아서 죄 용서 받는 기술 가르쳐 주려고 낳나. 그것도 아니면 죄인 은닉시키려고 낳나? 가는 사람 오는 사람 사람마다 죄인이라고 외쳐대는 사람들, 그 사람들 정신 나간 사람들 아닌가? 그 사람들은 죄인인 줄 뻔히 아는 자식 왜 낳느냐 말이다. 그리고 내가 왜 죄인이란 말인가 창세기를 100% 진실이라고 쳐도 창세기의 시간 단위를 짐작해보면 얼추 1만 수 천 년 전의 신화이며 이때는 글자도 없던 때였는데 누가 어떻게 기록으로 남길 수 있었다고. 제 나라 역사는 발톱의 때보다 못하게 취급하면서 어깨에다 띠 두르고 가는 사람 오는 사람 괴롭히느냐 말이다. 나는 내 조상님들의 정기를 타고 어머니 아버지가 점지하여 하늘 기운 땅기운 받아 태어났고 살아오면서 나쁜 생각보다 좋은 생각 많이 하고 살아온 죄하고는 먼 보통의 착한 대한민국 국민이다. 자기들 집단끼리야 원죄가 되든 할아버지를 바꾸든 아버지를 바꾸든 어머니를 바꾸든 문제 될 것이 없다. 제발 죄 짓지 않았으니 죄 팔러 다니지 말고 죄 사러 다니지 않았으면 좋겠다. 보통 공해가 아니다. 태어난 것이 죄란 말인가?

82. 보혈(寶血)

보혈은 '인류의 피를 대속하고자 예수가 십자가에 못 박혀 흘린 피를 이르는 말.'이라고 사전에 나와 있다. 직역은 '보배로운 피'라는 말이다. 피 속에 금이나 보석이 들어 있어서 보배롭다고 하는지 몰라도 이것도 얼토당토 않은 억지 논리다. 2000년 전에 죽은 한 사내가 흘린 피가 어떻게 되어서 이천 년 동안 수백억 인구의 죄를 보상해주는 속죄의 밑천이 된다는 것인지 도무지 황당하기 그지없는 억지 논리로 사람들을 현혹하고, 무슨 빚이라도 지고 있는 양 사람들에게 죄책감을 심어주어 공포스럽게 만들고 있는 것이다. 그렇지 않아도 모세5경은 푸줏간 수준의 피칠갑하는 짓 밖에는 없다. 잡고, 죽이고, 피칠하고 쓸어버리고 복수하고 해서 피 소리 빼고 나면 말이 되지 않을 정도인데 보혈까지 들고 나와 무슨 매혈(買血) 같은 느낌을 주고 있다. 지금 일어나고 있는 중동과 서양 싸움의 근본 원인도 따지고 보면 모두 피 싸움이다.

피가 피를 부르는 복수혈전인 셈이다. 용서나 관용이나 타협은 눈을 씻고 찾아보아도 찾아볼 수가 없다. 증오와 원한에 사무쳐 '피에는 피'뿐인 복수의 일념에서 작금의 세계가 움직이고 있다. 신명기 2:32-36절은 이렇다.

"시혼이 그의 모든 백성을 거느리고 나와서 우리를 대적하여 야하스에서 싸울 때에 우리 하나님 여호와께서 그를 우리에게 넘기시매 우리가 그와 그의 아들들과 그의 모든 백성들을 쳤고 그때에 우리가 그의 모든 성읍을 취하고 그 각 성읍을 그 남녀와 유아와 함께 하나도 남기지 아니하고 진멸하였고, 오직 그 가축과 성읍에서 탈취한 것은 우리의 소유로 삼았으며 우리 하나님 여호와께서 그 모든 땅을 우리에게 붙이심으로 마르논 골짜기 가장자리에 있는 아로엘과 골짜기 가운데 있는 성읍으로부터 길르

앗까지 우리가 모든 높은 성읍을 취하지 못한 것이 하나도 없었으나…" 이 정도다. 이렇게 쳐 죽이는 것이 한두 번이 아니고 처처 곳곳에 있다. 이렇게 잔인무도한 짓을 여호와 하느님의 보호 아래 정정당당하게 한 것처럼 당당히 내세우는 것은 조폭보다 더한 짓이고 피비린내가 진동하는 짓이다.

중동과 서양 종교는 시원이 같은 줄기이다. 이런 것이 일상화가 되니 사람을 수백만 명이나 죽이는 사람들이 생겨나게 되고 지금도 나와 종교가 다른 이교도를 죽이면 영생을 얻어 천당 간다고 인간이 인간을 콩가루처럼 날려 보내는 짓을 눈 하나 깜짝하지 않고 해대는 것이다. 오늘(4.21)도 스리랑카에서 수백 명이 죽고 수백 명이 다치는 피가 피를 부르는 처참한 일이 인간 세상에서 발생하였다. 한심한 일이다. 이치와 사리, 논리와 과학 어디에 갔다 대어도 얼토당토 말도 되지도 않은 이 논리를 가지고 '당의정' 약 지어 팔아먹고 사 먹고 한다. 제발 그놈의 피 소리 하지 않았으면 정말 감사하겠다. 좋은 일이든 나쁜 일이든 입으로 방정떨면 그렇게 되는 것이 우주의 법칙이다. 입에 '피' 소리 달고 있으면 피 볼 일만 부르는 꼴이 되니 입에 피 소리 내지 마소.

83. 회개(悔改)

회개는 잘못을 뉘우치고 고친다는 뜻이다. 무엇을 잘못하였다고 고치라는 것인가? 옛말에 "개도 나갈 구멍을 보고 쫓아라"고 하였다. 막무가내로 회개하라고 하니 무엇 때문에 무엇을 회개하라는 것인지 생각 짧은 사람은 이해가 되지 않는다. 또 단골 메뉴가 "회개하고 죄 사함 받으라"는 것이다. 죄라는 것이 한 번 짓고 나면 그 죄가 칠판에 쓴 분필 지우듯이 한 번에 지워지는 것도 아니고 또 누가 죄란 놈을 상점의 물건처럼 자기 것 인 양 가지고 있다가 인심 쓰듯이 내어 주었다가 받았다가 하는 것도 아니 다. 죄란 것은 짓고 나면 흔적이 남는다. 하늘도 모르고 땅도 모르게 짓는 죄라도 죄지은 놈 양심에는 낙인처럼 찍혀 남겨져 있는 것이다. 눈에 보 이지 않는다고 무게가 없다고 없어지고 하는 것이 아니다. 인간의 눈에는 보이지 않을지 몰라도 우주의 노트에는 빠짐없이 기록되었다가 언젠가는 죄를 만들었던 본인에게 이자까지 붙어서 돌아오게 되어 있는 것이다. 자 업자득(自業自得)이 되는 것이다. 만약 회계한다고 없어지는 것이 죄라면 세상은 '강아지 판' 되는 것이다. 매일 치고 받고 죽이고 살리고 사기치고 속이고 협잡에다 풍기문란하고 사고치는 것이다.

회개하면 죄가 없어지는 것이니까. 그러니 '회개'라는 상품 '당의정' 만 들어 파는 것 아니다. 이런 것은 눈감고 "야옹"하는 일종의 야바위 놀음일 뿐이다. 구공탄 한 장에 등 데우고 사는 사람들 회개할 만큼 지은 죄도 없 고 또 지을 죄도 없다. 착한 사람들 등 위에 호랑이처럼 올라타고 돈키호 테처럼 허세 부리면서 '죄' 팔고 '회개' 팔지 마라. 죄도 없고 회개도 없다. 있다면 알량한 인간의 양심이 있을 뿐이다. 양심대로 살아가면 된다.

84. 심판(審判)

'하느님이 인간과 세상의 죄를 제재하는 일'을 심판이라고 한다고 사전 에 기록되어 있다. 언젠가 어느 날 하느님이 땅 밟고 내려와서 "이놈 너 는 방귀를 너무 크게 뀌었고 너는 똥 무더기가 너무 커서 냄새가 고약하니

두 놈 다 지옥에 가거라." 이렇게 한다는 것이다. 아니면 죄의 무게에 따라 꺾고 죽이고 불태우고 한다는 것이다. 이거 전부 공갈 수준이다. '내일 보자는 놈치고 무서운 놈 없다'는 유명한 우리 조상님들 속담이 있다. 이 속담 한 시간 만에 또는 하루 만에 한 달 만에, 일 년 만에 만들어진 속담이 아니다. 수백 년 수천 년 동안의 지혜와 경험이 만들어 낸 말이다. 그래서 결론은 그 속담이 맞다는 말이다.

내일 온다는 것도 무섭지 않은 것이라는데 내일도 아니고 내년도 아니고 언젠가 올 심판 때문에 주눅 들고 살 필요도 없으려니와 '심판' 파는 사람들 '살구 씨로 여우 꾀는 짓'이지 너무도 오래 걸리는 책임질 수도 없는, 아니 책임도 돌아오지 않는 '심판 약' 파는 것 아니요, 이래서 세상이 헛말에 돌아가는 것이다. 심판을 책임질 수 있는 사람이 과연 누구이며 또 어떻게 세상의 잘, 잘못을 인간의 잘, 잘못을 판결한다고 심판한다고 주억거리는 것인가, 이것은 밑도 끝도 없는 사기판이며 봉이 김선달 대동강 물 팔아먹는 것과 꼭 같은 일이다.

85. 게으른 여호와

지금 온 세상이 어육지경이다. 찢고 찢기고 할퀸 상처가 온 지구를 도배질 하고 있다. 히틀러가 죽인 유태인만 600만 명이라는데 전쟁하다 죽은 젊은이도 이에 못지않을 것이다. 공산주의라는 사탕발림 놀이가 나와서 시베리아 동토부터 시작하여 우리의 동족상잔 6.25까지 하여 또 수천만 명이 죽어나갔다. 캄보디아에서는 300만 명을 죽였다. 유고 내전에서도 수십만 명이 죽고 다치고 아프리카의 종족 내전에서도 수십만 명이 죽고 다치고 모두가 아수라장이다. 이 모든 것이 인간의 탐욕과 욕심이 불러온 결과물들이다. 인도네시아, 스리랑카 등 해일로 수십만 명이 죽었다. 9.11테러로 수천 명이 죽고 하루가 멀다 않고 제 몸에 폭탄 두르고 남 죽이는 일에 몰두하고 있다. 인간끼리 얼마나 더 잔혹해지고 죽이고 또 죽여야 여호와 하느님께서 심판하러 오시나. 인간이 이런 지경인데도 심판하러 오지 않는 것은 이유가 무엇인가. 어디 놀러가셨나. 고스톱, 포커, 노래방, 카바레? 게을러서, 추워서, 이불 뒤집어쓰고 구들목에서 등 지지고 있나? 게으르지 않다면 왜 못 오나. 못 오는 것이냐, 안 오는 것이냐, 앞뒤가 안 맞아도 한참 안 맞는 말이다. 이성적으로는 말이 안되는 이러한 짓도 '영성'이라는 '당의정' 한 알이면 쏙 들어가고 마니 웃겨도 보통 웃기는 일이 아니다. 혹시 죽어나가는 사람들이 이스라엘 사람들이 아니라서 안 오는지도 모를 일이다.

이스라엘 사람 일이라면 자다가도 벌떡 일어나서 잘하고 못하고를 떠나서 덮어놓고 이스라엘 편만 드는 여호와이니 그래서 안 오는지도 모를 일이지, 그 많은 재물 바리바리 상납 받고서도 차비가 없어서 못 오는지도 모른다. 전당포에 저당 잡혀 있을 수도 있고 혹시 경찰서 유치장에 있어서 못 오는지도 모를 일이다. 위대한 봉이 김 선달님이시여, 그대가 대신 오소서. 그대의 지혜로 이 잡탕 세상 청소 한 번하고 배꼽잡고 웃어 보게.

86. 사법계관(四法界觀)

이판사판(理判事判) 이런 말이 있다. 무슨 일이 막다른 데 이르러 어찌할 수 없게 되어 버린 경우에 하는 말이다. 이 말은 본래 불가에서 유래된 말이다. 이판승(理判僧) 사판승(事判僧)이 합쳐서 된 말이다. 이판승은 절에서 경전을 중심으로 수행하는 승려들을 일컫는 말이고 사판승은 점집에서 모든 재물과 살림을 맡아서 운영하며 수행하는 승려들을 일컫는 말로 알고 있다. 시작이나 방법은 서로 달라도 수행은 치열하여 여기서 이판사판이란 말이 생겨난 것이다. 여기서 사법계관(四法界觀)이란 것은 이(理)와 사(事)가 뫼비우스의 띠처럼 서로 맞물려 돌아가면서 화려하게 펼쳐지는 현상세계의 미묘한 경지를 설명한 화엄경의 세계관을 말한다. 사법계관(事法界觀) 이법계관(理法界觀) 이사무애법계관(理事無碍法界觀) 사사무애법계관(事事無碍法界觀)이다.

* **사법계관(事法界觀)**은 똑같은 것이라고는 하나도 없는 이 우주현상세계 온갖 희,비가 뒤섞이고 찌그러지고 우그러지고 크고 작은 예쁘고 예쁘지 않고 더럽고 깨끗하고 불평등하기 짝이 없는 현상조차도 이것이 진리의 모습으로 존재하고 있다는 것. 즉 존재하는 모든 존재 현상을 모두가 진리의 모습이라는 것이 사법계관이다.

* **이법계관(理法界觀)**은 만물은 공(空)이라는 것과 세상만물은 공(空)이므로 존재하는 모든 것은 동원(同原)이며 또한 동일(同一)하다는 것이다. 현대 물리학도 존재하는 모든 것은 산이건 바다이건 동물이건 사람이건 돌이건 쇠건 모두 쪼개어 들어가다 보면 결국에는 아무것도 없는 빈 공(空)에 이른다는 것이다. 모든 것이 다르게 보이는 화려한 이 현상세계도 공(空)이면서 동시에 그 근원이 동원(同原) 동근(同根) 동일(同一) 이라는 것이다. 이것이 이법계관이다.

* **이사무애법계관(理事無碍法界觀)**은 지금 보여지고 있는 모든 형상 있는 세계(事法界)와 그 형상 있는 것이 생겨나게 된 공(空)의 세계 즉 이

법계(理法界)의 관계는 걸림이 없는 무애(無碍), 즉 어떤 모순이나 장애나 차별이 없이 동일(同一)하다는 것이다.

눈앞에 펼쳐져 있는 오감으로 느끼는 만유는 하나(一)의 생명으로부터 뻗어 나왔으므로 모든 것의 성품 또한 동일하다는 것이다. 생명의 고향인 본래의 진면목 공(空)과 현상세계 유,색(有, 色)은 서로 달리 존재하는 것 같으면서도 일체라는 것이다. 화려한 이 현상세계가 곧 영원한 생명의 고향이 되어 생명의 본체세계와 현실세계가 똑같은 본체라는 것이다. 색즉시공 공즉시색(色卽是空 空卽是色), 즉 동전의 앞면과 뒷면이 다르지만 앞면만으로 동전이 될 수 없고 뒷면만으로 동전이 될 수 없는 것처럼 앞뒷면이 합쳐야 동전이 되는 이치와 같은 것이다. 이것을 생사문제로 말해본다면 '죽음과 삶은 동일하다'는 것이다. 이러한 생명창조진리가 이사무애법계관(理事無碍法界觀)이라는 것이다.

* **사사무애법계관(事事無碍法界觀)**은 천지만물은 생겨나기 이전의 모든 생명 근원자리가 동원(同原) 동근(同根) 동일(同一)한 일체의 관계에 있으므로 현재와 현상세계에서 일어나는 모든 사건(事)과 사건(事)이 아무런 모순이나 장애나 걸림이 없다는 것이다. 사사무애(事事無碍), 세상만사를 뜻하는바대로 할 수 있는 무소불능하신 절대조화의 경지로서 오직 한 분만이 할 수 있는 경지를 말하는 것이다. 이 경지는 예를 든다면 1초의 휴식도 없이 운행하는 별들의 운동을 손가락 하나로 정제시킬 수 있는 절대경지 죽은 자도 말 한 마디로 일으킬 수 있는 경지 우리의 생각에는 모순으로 가득 차 있고 절대로 불가능하게 보이는 이 모든 것이 일심의 경계에서는 모순이 아닌 진리라는 것이다. 이 정도 되어야 하느님일 수 있고 전지전능일 수 있지 황금제단에 향 피워놓고 소 잡고 양 잡아 온 제단에 피 뿌려놓고 용서나 사랑이라는 단어조

차 모르면서 집단으로 몰려다니며 죽이고 벌주고 패악부리는 것은 졸렬한 '보스'나 하는 짓이다.

87. 태양(太陽)은 그 밝기를 다투지 않는다.

큰 소리는 들리지 않고 큰 덕(德)도 덕인지 모른다. 지구는 자전하면서 공전도 하는 구형체다. 매일 매시 1초도 쉬지 않고 돌아가고 있다. 만일 지구가 돌아가는 마찰음이 소리로서 인간에게 전달된다면 사람은 고막이 터져 죽어 버린다. 큰 소리는 들리지 않는 것이다. 하늘과 땅이 큰 덕으로서 만물을 기르고 가르치나 인간들이 그것을 덕인 줄 알지 못한다.

하늘의 태양도 밝기로는 그를 따를 자가 없으나 뽐내지 않고 교만하지 않으니 '밝음'으로는 그와 겨룰 자가 없다. 어느 날 반딧불이가 촛불을 찾아와 "촛불님 어떤 녀석이 자기가 촛불님보다 밝다고 합니다."라고 했을 때 촛불님은 화를 내면서 "그래 그런 말 하는 놈이 어떤 놈이냐?" 하고 역정을 내지 않는다. 화를 내지 않는 이유는 아무리 그렇게 말해도 반딧불이 자기보다 밝을 수 없다는 것을 알기 때문이다. 촛불이 전깃불을 찾아온들 마찬가지고 전깃불이 태양을 찾아온들 마찬가지다. 세상의 아무리 밝은 놈이 찾아와서 태양에게 읍소해도 태양은 자기보다 밝은 놈이 있을 수 없다는 것을 알기 때문에 역정이나 화를 내지 않는다.

싸움에서의 승리도 싸우지 않고 이기는 것이 최고 고수라고 한다. 싸우는 자체가 힘의 크기가 고만고만해서 싸우게 되는 것이지 힘의 차이가 너무 크게 나면 아예 싸움이 되지 않는 것이다. 신(神)타령도 마찬가지다. "나를 섬기라. 너를 섬기라. 내가 최고다. 내가 유일이다" 하는 따위는 고

만고만한 꼬마들 장난이기 때문에 서로 이기려고 하는 짓들이다. 월등하게 차이가 나버리면 "믿어라 믿지 마라"하고 겨루고 할 것도 없다 "나 말고는 다른 자를 섬기지마라"는 따위의 공갈은 힘의 겨루기에서 차이가 없는 또래 또래들의 틈바구니에서 이겨보려고 하는 술수이지 태양처럼 밝게 빛나는 존재라면 이 소리 저 소리 할 것도 없고 스스로 뽐내지 않아도 빛나게 되어 있는 것이 이치이다. 다툰다는 것은 스스로 격을 낮추는 일인 것이다. 신에도 급수가 있다면 '태양(太陽)' 정도는 되어야지! 그래서 "태양은 그 밝기를 다투지 않는 것이다."

88. 마음

마음은 볼 수도 없고 보이지도 않는다. 그렇다고 없는 것도 아니다. 볼수도 없고 보이지도 않으면서 또한 없지도 아니한 이 마음이란 것을 인간이면 누구나 다 가지고 있다. 마음 없는 사람은 없다. 마음은 무엇인가? 마음을 그릇으로 비유해 본다면 무엇이든 담을 수 있고 무엇이든 감싸주며 아프면 아픈 대로 슬프면 슬픈 대로 기쁘면 기쁜 대로 모두 보듬어 녹여주는 어마어마하게 큰 그릇이다. 종내에는 우주를 담을 수 있고, 아니 담고도 남음이 있는 아주 큰 그릇이 마음이 아닌가 한다. 그러나 이 큰 마음도 '아차' 한 번 비틀어지면 그때는 비할 데 없는 날카로움과 예리함으로 둔갑하여 창이 되고 칼이 되고 바람이 되어 베고 자르고 찌르게 된다. 바늘의 끝은 한 점이다. 그렇게 크고 커서 우주를 담고도 남을 것 같은 마음이 한 점 끝으로 모아지면 너를 찌르고 나를 찌르는 무기가 될 수도 있다. 이것 또한 마음이다. 마음의 '지킬과 하이드'적인 양면성이다.

이러한 마음을 지니고 있는 자는 나인데 나는 이 마음을 어떻게 해야 하나? 하느님이 내 마음을 움직여주는가? 아니 부처님이 내 마음을 움직여 주는가? 조상님이? 아버지가? 어머니가? 마누라가? 남편이? 자식이? 애인이? 모두 꽝이다. 내 마음의 운용자는 언제 어디서나 나일뿐이다. 나 외에 내 마음을 움직일 수 있는 힘은 우주공간 어디에도 없다. 내 안에 깃든 내 마음은 언제나 내 것이고 전적으로 내 동의하에 움직이는 것이다. 그래야 육신이 편하고 가정이, 나라가, 인류가 편해지는 것이다. 이 타령, 저 타령으로 함부로 내돌리면 사고 나는 것이다.

89. 기도(祈禱)

기도는 모든 기도가 나를 위하여 하는 기도는 '욕심'일 뿐이다. 나 잘되고 나의 가족이 편안하고 잘되고 남편이, 아내가, 자식이, 손자가, 며느리가 건강하고 복되라고, 이런 기도는 모두 욕심이다. 내 자식이 합격되어 달라고 기도하는 것은 남의 자식 떨어지라는 것이고 내 남편 진급시켜 달라는 기도는 남의 남편 떨어지라는 기도다. 절당이고 교회고 기도하면 꼭 이루어진다고 하며 하는 기도의 내용들이 대동소이하다. '소원성취' 기도니 뭐니 하는 것은 얄팍한 인간 심리를 이용한 '기도 팔아먹기' 욕심 부추기기기와 진배없다. 기도는 내 이웃이 잘 되고 내가 소속된 사회가 건강하고 내 나라가 번창하고 안녕하기를 기도해야 올바른 기도다.

히말라야 설산에서 일 년이고 이 년이고 산을 돌며 오체투지로 기도하는 사람에게 무슨 기도 하느냐고 물어보니 온 세상이 편안하기를 바라며 기도한다는 것이었다. 깜짝 놀랐다. 손으로 마니차를 돌리며 라마 절에

온 시골 할머니께 무슨 기도를 하느냐고 TV진행자가 물어보니 나라가 잘 되고 온 세상 사람들이 편안하기를 바라는 기도를 한다는 것이다. 두 번 놀랐다. 기도는 남을 위해서 하는 기도라야 그게 진짜 '기도'이다. 4차 산업혁명 한다고 하고 있지만 정말 4차 혁명은 인간의 사고, 생각부터 혁명을 일으켜야 한다.

기도의 사전적인 해석은 '신이나 부처에게 비는 것.'으로 되어 있으나 따지고 보면 기도는 신이나 부처에게 빌기 전에 내 자신에게 먼저 빌고 '약속'하는 것이다. 나 이외의 타자 힘을 구하고 싶으면 먼저 내 자신부터 정화해 놓고 타자의 힘을 구하는 것이 이치적으로도 맞다. 깨끗하지 않은 밥상에는 깨끗한 음식이 차려지지 않는 것과 같은 일이다. 그래야 안 (內)과 밖(外)의 공명이 일어나게 되어 뜻하는 바의 기도가 이루어지는 것이다. 또한 기도는 나와 나의 약속인 만큼 나에 대한 나의 약속이 꼭 지켜졌을 때라야만 가치 있는 기도가 되는 것이다. 내 자신이 기도에 미치지 못하는 짓을 하고서 나의 소원이나 뜻하는 바가 이루어지기를 기대하면서 기도한다면 이것은 나를 속이고 남을 속이고 세상을 속이는 기도가 되는 것이다. 나에게 부탁하고 기도하고 건강과 행복을 달라고 아무리 기도하여도 복 짓는 짓을 하지 않고서는 복이 올 수 없고 주색잡기 도박에 재물과 건강을 탕진해 놓고서 복 내려 달라고 기도한다면 과연 복이 오겠는가?

시어머니 고부간 불화하고 작은 이익으로 부모형제간 송사하고 남의 것 잘 받아먹고 배신하고 사기치고 교활하고, 앞에서는 이 말하고 뒤에서는 저 말 해놓고 부처나 하늘에 대놓고 기도한다고 죄가 없어지고 복이 내려온다면 이 세상은 아마 도둑놈과 사기꾼 천지가 되고 말 것이다. 어떤 종교는 '죄'를 '사함 받는다'고 하는데 죄라는 것은 한 번 짓고 나면 지우개로 쓱쓱 지워버리면 없어지고 누가 "너의 죄를 사하였다"고 하면 지었던 죄가 흔적도 없이 사라지고 하는 것이 아니다.

내가 지은 죄의 매듭은 내가 풀어야하고 누굴 믿고 애걸복걸한다고 내가 지은 죄가 백짓장처럼 새하얗게 되는 것이 아니다. 인간의 눈으로 보이지도 않고 말도 없으니까 죄를 무슨 물건처럼 사고팔고 없앤다고 생각하고 죄가 없어진 것처럼 보여도 하늘의 공책에는 깨알같이 박혀서 남아있다. 모두 나 자신이 짊어지고 풀고 가야 하게끔 되어 있는 것이 우주의 법도요 원리요. 원칙이다.

기도라는 말로서 나를 속이고 위로 받으려고 한다면 이것은 사기다. 정말 울고 싶고 용서받고 싶고 간절하다면 먼저 나 자신에게 말하고 나에게 내 양심의 노래를 들려주어야 할 것이다. 그 위에 세워진 기도라야 나와 하늘과 땅, 나와 너 내외(內外)의 공명으로 뜻하는 바가 이루어질 것이다. 허망한 욕심이 내재된 기도는 흘러가는 유행가보다 못할 것이다.

90. 부활(復活)

부활은 죽었다가 다시 살아나는 것이다. 기독교에서는 예수의 부활을 무슨 큰 보물단지처럼 떠받들고 하늘 아래에서 예수만 부활한 것으로 알고 있지만 불교적으로나 도교적으로 보면 부활이란 것이 그렇게 호들갑 떨고 무슨 대단한 일처럼 떠들어낼 일이 아니다. 우리나라에도 불교사적으로 보면 좌탈입망(坐脫立亡)한 스님들이 많다. 결가부좌(結跏趺坐)한 채로 죽음을 맞이하는 것이다.

이것은 생과 사는 아무것도 아니고 우리가 한 끼 식사하는 것과 같다.

옷 한 번 갈아입는 것쯤으로 생과 사는 일여(一如)하다는 것이다. 죽고 사는 것이 무슨 선을 그어서 넘어가면 안 되고 이런 것이 아니고 갈 수도 있고 올 수도 있는 일상의 형태일 뿐이라는 것이다. 도교적 입장에서도 우리나라 국선도 단전호흡의 개창자 청산거사(靑山居士) 같으신 분도 사바세계에 잠시 왔다가 고생만 하고 입산하여 흔적이 없다. 누가 그 사람이 죽었다 살았다 말도 없고 알 필요도 없는 것이다. 이것이 삶이고 인생이고 시간이고 공간이며 우주다.

이러한 삶의 한 형태를 '부활'이라고 추켜세워서 우려먹고 또 우려먹는 것은 어른이 어리석은 어린애들 데리고 노는 것이나 매한가지다. 부활의 진정한 의미는 '부활'을 통해서 후세 사람들에게 얼마나 많은 좋은 영향을 끼치고 인간들의 삶에 희망과 용기를 북돋아주고 삶의 지표가 되어 주느냐이지 '부활'이 네 편 내 편 편 가르기나 시켜서 인간들끼리 싸움질이나 하라고 부추긴다면 이게 무슨 뜻이 있겠나. 예수의 부활 자랑이 꼭 이렇다. '부활'이란 자랑할 것도 내세울 것도 없는 삶의 한 형태일 뿐이다. 살아서 하늘로 올라간들 올라가서 할 일이 무엇인가. 한심하기 짝이 없다.

부활은 두 가지 측면으로 살펴볼 수 있겠다. 하나는 물질적인 생명의 죽었다 살아나는 물리적인 경우이고, 다른 하나는 어떠한 사상이나 정신 사조나 또는 그 뜻이 사라지거나 없어지지 않고 시공을 초월하여 있다가 어느 시기에 다시 나타나 전달되는 경우라 할 수 있겠다. 전자로는 기독교 사상의 근간이 되는 '예수의 부활'이 되겠고 후자로서는 대표적으로 선승(禪僧)들의 사상이나 사관들이 이에 해당된다고 할 수 있겠다. 또한 부활도 동양적인 측면과 서양적인 측면으로 나누어 볼 수 있는데 '예수의 부활'이 서양적인 것이라면 동양에서도 부활이 없었던 바가 아니고 예수의 부활과 같은 물리적인 부활도 있었고 동양적인 부활도 많이 있었고 지금도 동양사회는 그 영향을 받고 있는 것이 사실이다.

동양에서 일어난 '달마의 부활'은 인간의 기록이란 면에서 보면 '예수의 부활'보다 훨씬 정확할 수 있다. 그것은 사실을 기록할 수 있는 수단에 있어 '달마의 부활'이 시간적으로나 기록할 수 있는 문자의 수단으로 보나 훨씬 정확할 수 있기 때문이다. 그러한 면에서 예수의 부활기록은 정확하지가 않다. 세 여인(막달라 마리아, 또 다른 마리아, 살로메)의 증언이 예수 부활의 전부다. 확실하게 죽었다가 정말 온전하게 살아난 것인지 아니면 가사상태에 있다가 깨어나서 다시 살아나게 되었는지 2000년도 넘는 세월의 진상을 밝힌다는 것은 갑론을박밖에 나올 것이 없다. 그러나 '달마의 부활'은 확실한 기록이 남아있다. 낙양(洛陽)의 효명제(孝明帝)는 달마대사의 덕을 존숭하고 세 번이나 국사로 봉하려 하였으나 끝내 사양하다 부득이 예물만 받았다고 한다.

어느 시대에나 바르지 못한 사람은 있는 법이었으니 대사의 위덕이 내외에 알려지자 이를 시기한 광통율사(光統律師)라는 스님이 대사를 질투하여 죽이려고 다섯 번이나 음식에 독약을 넣어 독살하려고 하였다. 이에 달마대사는 광통율사의 소행인 줄 알면서도 내색을 하지 않고 음식을 받아 드시고는 토하여 무사하였으나 다섯 번째는 "이것도 전생의 나의 과보다."라고 하시며 독약 섞인 음식을 받아 드시고는 그대로 변사하셨다고 한다. 이에 나라에서는 웅이산(熊耳山)에 장사하여 화장을 아니 하고 관곽에 토장하였다고 한다. 그 뒤에 나라의 사신(使臣)인 송운(宋雲)이라는 분이 나라 일로 서역(西域) 지방을 갔다가 총령(葱嶺)에서 뜻밖에 맨발의 대사가 신발 한 짝만 들고 가는 것을 보고서 반갑게 인사하면서 "큰 스님께서는 어디로 가는 길이십니까?" 하고 여쭈었더니 "동토에서는 나의 인연이 다하였으므로 내 고향인 서역으로 가노라." 라고 대답하고 바삐 걸어가므로 더 묻지 못하고 "부디 안녕히 가십시오." "그래, 자네도 무사히 잘 돌아가시기를 바라네."라고 전별의 인사만 나누고 돌아왔다. 이와 같이 꿈속의 이별 같은 전송을 하고 돌아온 송윤이 이러한 사실을 효명제에게 사실대로 상주하였더니 황제가 이를 이상하게 여기고 신하들에게 명하여 달마 대사의 분묘를 파보게 하였더니 과연 시체가 없어지고 신발 한 짝만 남아 있었다. 그래서 대사는 "돌아갔어도 돌아가지 않은 것"을 증명하게 된 것이다. 이로 볼 때 예수의 부활만 부활이 아니라는 것이 증명된 것이다.

91. 부활에 있어서 양(洋)의 동(東)과 서(西)

a. 서양의 부활

서양에 있어서의 부활은 예수다. 예수는 서양의 기독교 사상과 모든 서양 사상 사조의 기본 토양이다. 그러나 불행하게도 '예수의 부활'은 오늘날 온 세계의 불행과 불합리를 잉태하는 원초적인 단서를 제공한 결과를 낳은, 어떤 면에서는 인류비극의 탄생일지도 모른다. 뒷장의 '진리'편에서 논하겠지만 '예수의 부활'은 인류에게 있어 득보다 실이, 진실보다 허망(虛妄)이 판치는 세계를 만든 꼴이 된 것이다. 서양 역사학자 가운데는 로마 멸망의 단서를 '로마가 기독교를 받아들인 것'으로 보는 학자도 있을 정도다. 입으로는 못할 것이 없는 것이 세상살이이다. 세상에서 가장 쉬운 일이 입으로 일을 만들어 내는 것이다. 입 하나로 나라가 통째로 망하고 입놀림 한 번으로 나라가 흥할 수도 있는 것이다.

서양 종교는 입으로는 '사랑과 평화'를 담아놓고 있지만 현하 세계 분쟁의 거의 100%가 그 원인을 따지고 보면 그 뿌리가 서양 종교사상에서 비롯된 것이라고 볼 수밖에 없는 것이 현실이다. '예수의 부활'은 인간들에게 희망의 메시지를 전달하게 한 것이 아니라 철없는 인간들에게 허망한 꿈, 풍선처럼 부푼 희망, 겉멋만 잔뜩 들린 허풍선이 인간을 양산한 결과를 가져왔고 통합과 통합된 진리의 탐구보다 아전인수식의 자기해석으로 분열이 분열을 부르고 욕심이 욕망을 불러 힘센 놈이 이기는 약육강식의 문화를 만들어 인간의 교만과 잔포(殘暴)만 길러 주었던 것이다.

b. 동양의 부활

'달마(達磨)가 서쪽에서 온 까닭'이라는 말이 있다. 지구를 놓고 보면 일본, 중국, 한국이 인도보다 하루를 시작하는 해가 먼저 비춘다. 그러므로 달마대사가 온 곳은 우리 쪽에서 보면 서쪽인 셈이다. 아무튼 어디서 오든 간에 달마대사께서 중국으로 온 것은 사실이고 대사의 부활은 전술한 바 있거니와 대사의 사상과 마음은 동양의 마음을 적시고 동양의 근간이 되었으며 나아가 인류를 적시고 있다.

달마(達磨) 대사는 천축국 대바라문국 왕의 셋째 아들이었다. 그는 남조(南朝) 양무제(梁武帝) 때 바다 건너 동쪽 중국으로 왔다. 그때 대사의 나이 140세였으며, 중국 역사상 불교를 가장 신봉하였던 양무제를 만나 다음과 같은 대화를 나누었다.

"내가 즉위한 이래 절을 세우고 경(經)을 펴내고 승려들을 많이 육성하였는데, 어떤 공덕(功德)이 있겠소?"

황제의 물음에 달마는 대뜸 찬물을 끼얹어 버렸다.

"나는 조금도 공덕이 없다고 생각합니다."

"그렇다면 경전의 부처님 말씀은 거짓말 아니오? 어린애가 돌을 모아

탑이라고만 하여도 그 공덕이 한이 없고 땅 바닥에 인형 같은 그림을 그려 놓고 부처라 하여도 그 공덕이 한이 없다고 한 것은 무슨 뜻입니까?"

"그런 것은 공덕이 아닌 것은 아니로되 인천소과(人天小果)의 유루(有漏) 공덕이란 것이요."

"유루공덕이란 무엇입니까?"

"그것은 조리나 시루에 물을 부어서 새어버리는 것과 같은 유루복인 것이니 복이 아니 되는 것은 아니로되 복진타락(福盡墮落)으로 복이 다시 없어지는 것입니다. 그러므로 무루복(無漏福)만 같지 못한 것입니다."

"그러면 어떤 것이 무루복입니까?"

"자기가 마음을 깨달아서 자성불(自性佛)을 찾는 것이 무루공덕입니다."

"불교의 진리는 어떤 것입니까?"

"정지(淨智)가 묘원(妙圓)하여 체자공적(體自空寂)한 것이니 확연무성(廓然無聖)입니다." "나를 대하는 스님은 누구십니까?"

"나도 나를 알지 못하겠소이다."

무제가 소승 불교의 교리에 따라 물어보는데 달마대사는 대승의(禪道理)로 답하였으니 양무제가 이해할 수 없었다.

"스님은 멀고 먼 나라에서 불교전도를 위하여 오셨으므로 고맙기는 하지만 나와는 의사가 불통이니 궁에 더 계시라고는 할 수 없겠습니다."

"나도 역시 그러하오. 물러가겠습니다."

"스님 잘 가십시오. 후일에 인연이 있으면 또 만나 뵈옵겠지요."하고 피차 서먹하게 헤어지고 말았다.

대사는 당나라에 인연이 없음을 깨닫고 배를 타고 양자강을 건너 북위(北魏)로 가서 지금의 하남성 하남부 등봉현 서북 숭산(崇山) 의 별봉(別

峰) 소림산(少林山) 북쪽에 있는 소림굴을 찾아갔다. 그리하여 이곳에서 9년 동안 묵무언설(黙無言說)하고 면벽관심(面壁觀心) 하였던 것이다. "사람의 마음은 본래 청정하다는 이치를 깨달아야 한다." 는 선(禪) 사상이 일반화되지 않았던 당시로서는 마음과 마음의 깨달음의 교류가 낯설었던 것이었다. 동굴은 한 두 사람이 앉아있을 만한 공간으로 여기서 저 유명한 2조(二祖) 혜가(慧可) 선사의 단비구법(斷臂求法) 사건이 일어나게 된다. 위진남북조 시대에 낙양(洛陽)에서 태어난 혜가 스님은(처음 이름은 신광이었으나 달마대사의 인가를 받고 혜가스님이 되었음.) 향산사(香山寺)로 출가하였으며 두통과 불안감에 시달리다가 소림사 동굴의 달마대사 이야기를 듣고 찾아가게 되었다. 첫 대면에서 별 관심을 얻지 못한 스님은 쏟아지는 눈발 속에서 기다리다 스스로 왼팔을 잘라 달마스님에게 바쳤다. 그 때 그 자리에서는 파초가 피어났고 파초 잎에 싸인 팔을 본 달마스님은 신광의 그 결끼와 용맹과 신심을 가상하게 여기고 "그만하면 너는 도를 얻을 자격이 있다." 라고 말하며 끊어진 팔을 다시 이어 붙이고 이름을 혜가라고 부르도록 하였다.

이어서 법문을 청한 신광은 말했다. "마음이 평화롭지 못합니다. 스승께서 편안하게 하여 주십시오" "그렇다면 그 마음을 여기 꺼내 보아라. 그래야 고칠 것이 아니냐." "아무리 찾아도 마음이 없습니다." "내가 이미 네 마음을 평화롭게 만들었다." 혜가는 스승의 '안심(安心)법문'을 듣고 큰 깨우침을 얻은 것으로 전해지며 이 문답은 달마스님이 중국에 전한 선의 첫 등불로 오늘날 한국에까지 전해져 중생들의 무지를 밝혀주는 선의 정수가 되고 있다. 드디어 세상을 떠날 때가 임박하였음을 안 달마대사는 네 명의 제자를 불러 각자 깨달은 바를 말해 보도록 하였다. 그 중 혜가는 아무 말 없이 스승을 향하여 깊이 고개를 숙인 뒤 가만히 서 있기만 하였다고 한다. 이에 대사는 "너는 내 골수를 얻었다."라고 말한 뒤 제2대 조사로 인가했다. 이로서 불입문자 직지인심 견성성불(不入文字 直指人心 見性成佛)이라는 문자를 내세우지 않고 바로 사람의 마음을 가리켜서 성품을 보고 부처를 이룬다는 선종의 도리가 중국에 전해지게 되었으며 달마대사는 전법의 증표로 혜가에게 부처님으로부터 내려오는 우발을 전하고 이것이 6조 혜능대사까지 이어졌다.

삼조승찬(三祖僧粲?-606) 선사는 나병환자였다. 인간적인 깊은 고뇌와 병마에 대한 두려움으로 크게 발심하여 혜가 선사를 찾아가서 "나의 죄를 참회하고 싶다"고 청하였다. 이에 이조(二祖) 혜가는 초조 달마가 자신에게 했던 것처럼 "나에게 죄를 가져와 봐라" 라고 말했고 승찬은 "죄를 찾아보았지만 죄를 찾을 수가 없다"고 대답하였다. 혜가는 "그러면 너의 죄는 모두 참회된 것이다"라며 승찬을 '죄의식'에서 벗어나게 한 뒤 출가시켰다. 승찬은 2년 동안 혜가를 시봉하고 병을 치유하여 법맥을 이어 받았다고 한다. 그는 북주 무제의 법난(574년)때 천주산에 10년 은거하며 조사선의 요체이자 근간인 '신심명(信心名)'을 저술하였으며 설법을 마치고 선 채로 입적하였다고 전해진다. 삼조(三祖)가 된 승찬 또한 제자 도신(道信 590-651)이 "해탈하는 법문을 들려 달라."고 했을 때 스승들이 가르친 대로 "누가 너를 묶었느냐"면서 제자가 스스로의 구속에서 벗어날 수 있도록 지도하여 크나큰 깨달음을 선물하였다. 달마대사의 부활의 노래는 도도히 흘러 천여 명의 수행자들이 사조(四祖) 도신 문하에서 수행하였으며 그 중에서도 홍인(弘忍 594-674) 선사가 우뚝하여 선법을 이어 받아 드디어 오조(五祖)가 되었다. 육조 혜능(慧能 638-713)으로 이어지는 법맥은 여기에서 극적인 만남과 극적인 법의전수와 극적인 이별의 장면을 연출하여 선사상 최고의 클라이막스를 연출하게 된다.

혜능은 광동성 신저우(薪州)에서 태어나 홀어머니를 봉양하며 어렵게 자랐다고 하며, 사실 여부는 확인할 수 없지만 전해오는 바로는 혜능스님은 글자를 몰랐다고 한다. 어느 날 나뭇짐을 지고 길을 지나다 누군가 '금강경' 읽는 소리를 듣고 마음이 밝아져 구도의 여행을 떠나 홍인의 문하에까지 당도하게 되어 홍인선사와의 첫 만남에서 홍인대사가 "남쪽에서 온 오랑캐에게 무슨 불성이 있겠느냐?"고 말을 하니 "불성에 어찌 남북이 있을 수 있습니까?" 라고 답을 하여 스승을 깜짝 놀라게 만들었다. 그러나 홍인은 다른 제자들이 시기할까 걱정하여 그를 오조사(五祖寺) 법당 뒤의 방앗간으로 보내어 방아를 찧게 하였다. 수많은 학인과 수행자들이 구름처럼 몰려든 수행처에서 제일의 스타는 신수 스님이었다. 어느 날 오조 홍인께서 각자의 법거량에 맞게 오도송을 지어 보라는 방이 붙었다. 이때라고 생각한 신수대사는 한 소식 하였다고 생각하고 한 수 읊어 놓았다. "신시보리수 심여명경대 시시근불식 물사야진해: 身是菩提樹 心如明鏡臺 時時勤拂拭 勿使惹塵挨(이 몸은 보리나무요, 마음은 명경대와 같도다, 시시로 부지런히 닦아서 하여금 먼지와 때가 끼지 말게 하세.) 라고 말했다. 소식을 들은 혜능이 동자를 데리고 그 게송 앞에서 읽어 보라고 하여 듣고서 그 옆에다 자신의 게송을 적게 하였다. 보리본무수 명경역비대 본래무일물 하처야진해(菩提本無樹 明鏡亦非臺 本來無一物 何處惹塵挨: 보리라는 나무는 본래 없는 것이고 명경도 또한 대가 없는 것. 본래 한 물건도 없거늘 티끌 또한 어디 있으랴). 이 사건이 일어나자 온 사대부중이 발칵 뒤집어진 상태가 되었다. 그러자 사태가 심상치 않음을 직감한 오조께서 여덟 달 동안 방앗간에서 방아를 찧게 하였던 혜능에게 찾아가 지팡이를 세 번 두드렸다. 깊은 밤 머리도 깎지 않은 23살의 나무꾼 혜능에게 중국 선종 마지막 조사의 임무가 주어지는 감동의 밤이었다.

지금도 사찰 뒤편 왕대밭에는 혜능이 의발(衣鉢)을 전해 받은 동굴이 남아있다고 한다. 혜능은 스승의 뜻에 따라 시기하는 무리들을 피해 먼 남쪽으로 떠나 모습을 숨기고 산으로 들어가 사냥꾼 무리 속에서 살았다고 한다. 때가 무르익어 그로부터 15년 후 혜능은 중국 최남단 광저우에 있는 법성사(法性寺)에 마침내 그 모습을 드러냈다. 법성사의 학인들이 "바람이 움직인다" "아니다, 깃발이 움직인다" 하면서 옥신각신하고 있을 때 혜능이 "움직이는 것은 바람도 깃발도 아닌 당신들의 마음일 뿐"이라고 말해 대중들을 놀라게 했다. 이것이 저 유명한 풍번문답(風幡問答)이다.

법성사의 인종법사는 혜능이 오조의 법을 이었다는 것을 알아보고 혜능의 머리를 깎아 준 뒤 스승의 예를 갖추어 모셨다. 혜능선사의 삭발수계처인 법성사는 현재의 광저우 시내에 있는 광효사(光孝寺)로 보리수 아래에서 수계를 마친 혜능은 조계 보림사에서 비로소 세상을 향하여 법의 문을 활짝 열고 선풍을 크게 일으켰다. 선종사의 새로운 길이 혜능으로부터 열리고 있었다.

30여 년간 돈오(頓悟)의 설법을 베풀던 선사께서는 어느 날 제자들에게 자신의 입적할 날을 알려주었다. 제자들이 울음을 터뜨리자 그는 "내가 가는 곳을 잘 알고 있는데 슬퍼할 까닭이 있느냐?"고 질책한 뒤 포행 중 바위에 앉은 채 75살의 나이를 거두시고 조용히 이승을 떠나 좌탈입망(坐脫立亡: 앉은 채로 열반함)하시어 1300여 년 동안 그때 그 모습 그대로 등신불로 모셔져 있다 한다. 습도가 많은 남쪽지방에서 자연의 섭리를 역류한 채 1300여 년의 세월을 잊은 듯 생생하고 여여(如如)한 모습은 오늘날의 우리들에게 무엇을 말하고 싶을까. 달마로부터 이어진 조사의 의발(衣鉢)을 전하는 전통은 혜능으로 끝났다. 그러나 혜능의 뒤를 이어 남악-마조-청원, 석두, 남전, 황벽 등 걸출한 선사들이 나타나 선종을 더욱 다채롭고 새롭게 만들었다.

운문선사(雲門: 864-949)의 저 유명한 '일일시여일(日日是如日)'도 그래서 나왔지 않은가 싶다. 선가의 화두 중에서 가장 행복하고 즐거운 말 "날마다 좋은 날"이다. 이러니 어찌 달마 대사가 물리적으로 죽은 것만을 따지겠는가? 그는 기록으로도 살아났음을 증명하고 있고 그의 뜻과 정신은 이렇게 살아 면면히 이어지고 있다. 부활이다.

92. 또 하나의 부활-지장왕보살 김교각

서기 6세기쯤에는 중국이나 한반도로 전래된 불교가 백가쟁명(百家爭鳴)의 소리를 내며 만개하기 시작한 시점이었는지 전설 같은 고승 대덕들이 수 없이 많이 배출되었다. 그중 으뜸 스타가 원효(元曉 617-686) 스님이 아니었나싶다. 그 뒤를 이어 중국에서 지금도 지장왕보살로 추앙 받고 있는 신라왕자 출신의 김교각(696-794) 스님이 세상에 오셨다. 그는 서기 696년 계림홍(지금의 경주)에서 부친 김흥광의 장자로 태어났는데, 그 후 아버지는 에밀레종 설화로 유명한 신라 33대 성덕 대왕이 되었고 모친은 성정 왕후가 되었으므로 그 자신은 결국 왕자였던 것이다.

어릴 때의 이름이 김수충(金守忠)이었던 그는 714년 일찍이 당나라로 보내져 학문에 정진토록 하였다. 이때 낙양 백마사(白馬寺)에서 고승을 친견하고 깊은 인상을 받아 숭산 소림사를 방문하여 '달마 선실'을 방문하기도 하였다. 모친의 별세 소식을 듣고 일시 귀국(717년)하였을 때 왕실의 암투로 모후 성정 왕후가 폐위되고 큰 아우인 '중견'이 태자로 책봉되고 그 자신은 궁 밖으로 쫓겨나게 되어 당으로 돌아와 모든 혼란과 충격을 극복하고 불교에 귀의하여 만세의 귀감이 되었다. 당 현종 개원 26년 7월 30일 밤(794년) 세수 99세로 입적하니 당 황실에서 '지장왕보살'의 시호를 내려 그를 기렸다.

"중생을 모두 제도한 후에야 부처가 되리니 지옥을 비우지 않고서는 결코 부처가 되지 않겠다."는 지장 보살(地藏菩薩)의 서원을 그대로 실천하였고 그 뜻이 이어져 지금도 실천되어지고 있는 인물이 김교각 지장왕보살(地藏王菩薩)이라 하겠다. 그가 남긴 업적은 중국 불교사를 비롯한 동남아 불교권에서 특별한 위치를 차지하며 그 영향 또한 매우 깊고 큰 것이었다. 지장 스님은 엄청난 거구이셨든지 지금 전하는 그가 신었던 지화(地靴)로 불리는 짚신의 크기가 약 40Cm 정도 된다고 하니(217cm의 키를 가진 최홍만 선수의 발이 38cm 정도 된다고 함) 그가 얼마나 거구였는지 짐작할 수 있겠다. 이러한 몸으로 중생을 위하여 밤낮으로 정진하여 바위에 발자국이 남아있을 만큼 수행하였다.

구화산에 은거하면서 농민들을 위하여 밭을 갈고 개간하면서 신라에서 가져온 '황립도'라는 쌀을 보급하고 함께 농사지으며 '금치차'라는 신라 차를 가져와 재배하여 (지금도 생산 중이라 함) 모든 사람들에게 덕을 베풀어서 그의 덕행과 빛나는 업적에 후세사람들이 감복하여 진정한 숭배 대상이 되었으며, 국경을 뛰어 넘어 사람들의 가슴과 가슴마다 깊은 지장 신앙을 새겨 주게 되었다. 그가 개척하고 주석했던 구화산은 오대산(문수 보살의 성지) 보타산(관음보살의 성지, 산동 반도 적산) 아미산(보현보살의 성지) 구화산(지장 보살의 성지)의 중국 불교 4대 성지 중 하나가 되었으며 세수 99세로 입적할 때 대중에게 작별하고 함 속에 들어가 결가부좌하고 조용히 좌탈 입망하였다. 스님께서 3년이 지나도 썩지 않으면 잘 보존하라고 하여 3년 후에 보니 얼굴이 살아있는 것과 같았다. 이에 개금하여 오늘에까지 이르게 되었으며 이후 구화산에서 스님과 같은 제자들이 9명 더 나와서 지금도 등신불이 되어 구화산을 지키며 세상의 중생들에게 무언(無言)의 설법을 하고 계신다. 이러한 것이 단순히 물리적인 생명이 다한 것으로 치부될 수 있는 일인가? 이는 또 다른 부활이요, 인간의 마음과 정신을 적셔주는 생명의 감로수인 것이다. 동양의 '또 다른 부활'인 것이다.

93. 부활과 보편(普遍)

보편은 사전의 제1뜻풀이에서 '널리 두루 미치는 것'으로 되어 있다. 우주 공간에 존재하는 것이라면 저 박테리아 같은 미물에서부터 하늘에 빛나는 태양까지 온 우주공간의 모든 것이 존재의 이유로서 자신의 하는 '짓'이 널리 두루 미치어야 하는 것이다. 물론 '짓'의 조건은 '정의'롭고 '선(善)'하고 '바른' 것이어야 함은 물론이다. 제임스 와트는 증기 기관을 발명함으로서 인류를 한 단계 발전시키는 계기를 마련하였고, 에디슨은 전기를 발명함으로써 인류에게 빛과 에너지를 선물하였고, 이안 프레밍은 페니실린을 발명하여 목숨이 경각에 붙어 있던 사람들을 살려 인류를 질병으로부터 구해주는 보편적인 일들을 하여 모두 인류 발전에 기여하였다. 그러나 부활(復活)은 인류의 보편적인 가치에서 비교해 볼 때 동양적인 부활은 그 부활의 정신이 도도하게 흘러 동양정신의 청량제가 되었고 자양제가 되어 오늘날의 동양사상을 이루는 토양이 되어 주었다고 할 수 있겠으나, 서양의 부활은 인류에게 허황된 꿈만 심어주고 분열과 분쟁의 단초만 제공하고 패악만 끼치고 있다. 오늘날 중동과 서양에서 일어나고 있는 모든 분쟁과 싸움의 밑바닥에는 독사의 똬리처럼 종교라는 뱀의 똬리가 그 원인을 제공하고 있다. 이게 사람 사는 세상의 형태인지 인간 자신들이 인간 자신에게 스스로 물어보고 답해야 하는 시간이 오고 있다는 것을 분명히 알아야 할 것이다. 서양의 부활은 보편에도 미치지 못하는 불량식품일 뿐이다.

94. 부활이 남긴 것

천만 번 양보하여 예수가 부활하여 하늘로 올라갔다고 해보자. 하늘로 올라간 예수가 혼자 하늘에서 무슨 영화를 누리고 있는지는 모르겠으나 땅 위의 인간 세상은 "강아지판"이 되었다.

시정잡배들이 뒹구는 노름판에서도 끝발이 있으면 그날 판은 끝발있는 사람이 싹쓸이를 하게 된다. 훗발이라도 있으면 초장에는 돈이 많이 나가도 끝판에는 다 쓸어모아 거두어 들이게된다.

세상 사람들은 명당에다 조상모시고 발복(發福)하기를 기다린다. 필자가 조상묘를 열 한 번 옮기는 사람도 보았다. 그런데 예수께서 그 찬란한 부활을 하고 하늘로 올라간 후 인간세상에서 인간들이 무슨 끝발이라거나 아니면 훗발이라도 있거나 이도 저도 아니면 인간세상이 발복이라도 되어서 평화롭고 행복해야 예수의 부활덕(德) 보았다고 할 수 있는 것 아니겠는가?

그런데 예수가 부활하고나서 세상이 평화로워 진 것은 고사하고 "시아파", "수니파" 만들어서 인간끼리 서로 콩가루 내어서 죽이도록하고 "마르크스와 레닌"을 내려보내 공산주의 만들어서 좌파우파 대립시켜 여러 수

천만명이 싸워서 죽고 굶어서 죽게 만들고 온갖 병겁을 만들어서 인간 세상을 어육지경이 되도록 만들고 있다.

결론적으로 예수가 하늘로 올라간 뒤 한 일이란 것이 땅에서 인간끼리 뒤집어지도록 치고 받게 만들어서 인간세상 피칠갑하고 '강아지판' 만든 일 밖에 한 것이 없고 털끝만큼이라도 보태어주거나 덕을 보여준 것이 없다. 부활이 대수가 아니다.

95. 문제의 나라 카멜레온 제국 영국

영국은 정말 문제의 나라이며 위도상으로는 북위 50°-60°사이에 걸쳐 있다. 대한민국이 허리에 38°를 꿰어 차고 있으니 이와 비교하면 중국의 동북 삼성과 몽골 공화국의 위치에 해당된다고 하겠다. 그런데도 기후가 북쪽 지방처럼 춥지 않으냐고 의아해하겠지만 그것은 대서양의 멕시코 만에서 올라오는 따뜻한 멕시코 만류 덕에 유럽의 기온이 사람이 살만한 기온이 되는 것이다. 그러므로 북유럽의 기후는 시베리아에서 내려오는 찬 공기와 부딪쳐 항상 구름 낀 날이 많으며 습하여 우리나라처럼 청명하고 밝은 날이 드문 것이 사실이다. 그래서 저 유명한 런던 포그와 바바리(Bur Berry) 레인코드도 영국에서 유명해진 것이다. 음습하고 우중충한 날씨는 사람의 기분을 명랑하고 쾌활하게 해 줄 수 없는 것이 당연하다. 영국인들은 만나면 첫 대화의 화제로 날씨 이야기부터 시작한다고 한다. 기후는 인간생활의 사고영역과 행동발달에 밀접한 연관성을 가지고 있다. 사계절이 있는 곳의 사람들은 한두 계절만 있는 곳의 사람들보다 준비성이 더 많을 수밖에 없다. 더운 계절에는 추울 때 입을 옷을 준비해두어야 하고 추운 계절에는 더운 계절에 대비해야 추울 때 얼어 죽지 않고 더울 때 시원하게 지낼 수 있기 때문이다. 그러니 날씨는 인간에게 물과 공기 다음으로 중요한 역할을 한다고 하겠다. 이러한 기후적인 환경이 화창하고 청명하면 늘 기분도 좋겠지만 반대로 비가 오고 춥고 음습하고 우중충하면 기분도 우울해지고 정신도 밝은 기운보다 불안하고 우울해지는 법이다. 그래서 어떤 사람들은 영국 사람들을 가리켜 '사교 불편증'을 가진 사람들이라고 하기도 한다. 사람들 간의 사교접촉을 피하고 대화해야할 때면 당황스러워하고 어색해하거나 아니면 반대로 공격적으로 되어버린다는 것이다. "좋은 날씨지요?"하는 이런 날씨 이야기는 일종의 사교 불편증 치료제 역할을 잘하는 것이다. 하여튼 영국 사람들은 '지킬과 하이드'처럼 서로 다른 양상의 사고를 띠고 있다고 한다. 이러한 카멜레온적인 영국인들의 이중적인 성격이 오늘날 모든 세계분쟁 원인의 80~90%를 제공하고 있다는 점에서 인류의 불행이라고 하지 않을 수 없는 것이다. 영국이 불씨를 만든 화약고를 온 세계 사람들이 똥을 싸고 죽을 지경으로 뒤집어쓰고 막아내고 있는 것이 현실이다. 이때 이 사람들 분탕질하러 다닐 때도 모두 하느님 팔고 예수 팔고 다니면서 패악질을 하였다.

a. 북아일랜드 분쟁

수백 년 동안 영국의 식민통치를 받은 영국의 이웃나라 아일랜드가 1922년 지긋지긋한 영국의 손아귀에서 벗어나 자유 독립국이 성립될 당시 카톨릭 나라인 아일랜드에서 북아일랜드 약 1만 4000㎢ 정도의 지역에서는 카톨릭 계보다 개신교 계(프로테스탄트)가 더 많아서 이들은 아일랜드 국적보다 영국 국적으로 남기를 원하여 이 지역만 영국령으로 남게 된 것이 북아일랜드 비극의 씨앗이 되었다. 그 후 이 지역에 살던 카톨릭 계

사람들이 숫자가 많은 개신교계 사람들로부터 차별과 억압을 받게 되자 이에 대한 항쟁이 북아일랜드 비극이 시작된 단초가 되었다. 지금은 많이 누그러진 상황이지만 아일랜드 북아일랜드 갈등의 갈 길은 멀다. 이것이 모두 다 아바타 신에 의지하고 있는 나약한 인간들이 스스로 만들어 낸 불행이다. 여기에 주연을 한 것이 영국이다.

b. 스리랑카 내전

인도양의 진주라고 불리는 스리랑카는 1505년 포르투갈 함대의 내항으로 서유럽의 식민지화가 시작되었다. 1815년 영국의 직할 식민지가 되어 1948년 영연방 자치령으로 독립할 때까지 영국의 식민지였다. 영국의 식민기간 동안 스리랑카의 차(茶)산업을 위하여 인도 남부의 타밀족을 끌어들인 것이 오늘날 스리랑카 내전의 발단이 되었다. 영국이 통치할 당시에는 영국의 위세에 눌려 잠복되어 있었지만 인구 구성면에서 전체인구의 80%를 차지하는 스리랑카 본토인과 인구의 20%에 불과한 타밀족이 열악한 환경과 차별 대우에 저항하여 일어난 것이 스리랑카 내전이었는데 수많은 인명을 살상하고 환경을 파괴하였다. 중국의 힘을 빌린 스리랑카 정부가 전쟁을 종식시키고 평화 공존을 모색하고 있지만 이 또한 인류비극의 하나이고 2019년 4월 21일 이슬람의 CS 집단의 사주로 스리랑카 전역에서 자폭 테러가 발생하여 수백 명이 죽고 다치는 비극을 오늘도 연출하고 있는 것이 현실이다. 여기도 원인제공자는 영국이고 십자가를 앞세운 세력이 만들어낸 인간의 슬픈 자화상이다.

c. 인,파 전쟁

인,파 전쟁은 인도와 파키스탄이 국경지대인 캐시미르(Keshimir) 지방을 두고 치르는 전쟁을 말한다. 원래 인도와 파키스탄은 한 나라였다. 영국의 식민통치를 받아오다 1947년 영국의회가 인도의 독립 법안을 통과시키자 힌두교를 중심으로 하는 현재의 인도 공화국과 이슬람교도를 중심으로 하는 파키스탄의 두 나라로 분리 독립하였으며 파키스탄은 인도 대륙을 동서로 하여, 아랍 쪽 파키스탄은 서파키스탄 버마 쪽 파키스탄은 동파키스탄으로 다시 분리되었다. 1971년 통 파키스탄은 국호를 '방글라데시'로 바꾸어 오늘에 이르고 있다.

여기서 인도 파키스탄 내전의 불씨가 된 캐시미르 지방은 인도 반도 서북단에 위치하는 지방으로서 인도 파키스탄이 분리될 때 발생한 지속분쟁이 지금도 미해결된 상태로 남아 요즈음도 포격전을 하고 양국이 대치하고 있다. 인도는 인도대로 자무케시미르(주도 스리나가르) 파키스탄은 파키스탄대로 아자드 케시미르(주도, 무자 파라바르) 및 그 직할시로 하여금 서로 통치를 주장하고 있어 분쟁이 발생하고 있다. 또한 이 지방은 중국과 인도의 국경분쟁인 '중, 인 전쟁'의 무대가 되기도 한다. 한마디로 명확한 경계구분이 없는 말썽꾸러기 지역이다. 이 업보의 씨앗은 영국이 주민을 통치하는 기술의 일환으로 주민들의 종교간 불화를 부추겨서 자기들이 원하는 대로 이끌어 나가기 위하여 뿌린 죄악의 후유증이다. '죽는 것이 조조 군사'라고 애매한 사람들만 원환과 분노에 뒤범벅이 되어 오늘도 서로 싸우고 죽이면서 영국의 살풀이 뒤치다꺼리를 하고 있는 것이다. 속 다르고 겉 다른 이중적인 영국인의 속내는 알다가도 모를 인류의 수수께끼다. EU에서 탈퇴하려는 영국의 브렉시트는 3차 표결도 부결되어 노딜로 향하여 가고 있다.

d. 영원한 폭탄. 팔레스타인

인류에게 재앙에 가까운 영원히 풀지 못할 수수께끼의 폭탄 이스라엘과 팔레스타인 폭탄을 만든 나라도 영국이다. 영국은 자국의 이익만을 위하여 이루어질 수 없는 약속을 남발하여 오늘 날 국제분쟁의 최대난제인 이스라엘과 팔레스타인 분쟁의 빌미를 제공하였다.

현재의 이스라엘 팔레스타인 문제를 이해하기 위하여서는 19세기 초의 중동국제정세를 잠깐 짚어 보아야 한다. 그 당시 이집트를 포함한 북아프리카 전역이 현재의 터키가 다스리던 '오스만 터키 제국'이었다. 이때 1차 세계대전을 일으킨 독일의 편에 서게 된 '오스만 터키'에 대하여 독일의 적대국이었던 영국이 '오스만 터키제국' 치하의 아랍인들에게 독일과 오스만 터키제국과 맞서 싸워주는 대가로 팔레스타인을 포함한 아랍 지역의 독립을 보장하는 지키지 못할 약속을 남발하기 시작한 것이다.

제1약속 후세인-멕마흔 서한(1915년 12월)이 체결되었고 제2약속은 영국이 미국의 참전을 유도하고 독일의 내부 혼란을 일으키기 위하여 전 세계에 흩어져 살고 있던 유대인들의 도움을 얻기 위하여 1917년 영국의 외상이었던 발포모와 영국의 유대계 은행재벌 '로스 차일드'가 비밀조약을 체결하고 참전대가로 팔레스타인 땅에 유대인 민족국가 창설을 약속해준 것이다. 유대인들에게는 꿈같은 약속이었다. 2000여 년에 걸쳐 온갖 학대와 멸시 속에 흩어져 나라 없이 유랑하던 민족이 제 나라를 창설하여 갖게 된다는 것은 정말 하늘이 내려주는 기회였던 셈이다.

이에 앞서 1916년 영국은 비밀리에 또 하나의 약속을 프랑스와 체결해 놓고 있었다. 그것은 시리아와 쿠웨이트를 연결하여 북쪽은 프랑스가 남쪽은 영국이 지배한다는 내용을 담은 강대국끼리의 담합을 하였던 것이다. 영국은 이와 같이 중동지역의 주권과 관련하여 철저하게 서로 모순되고 지켜지지도 지키지도 못할 약속들을 남발함으로서 전후 중동지역이 화약고로 변하는 모든 빌미를 제공해 놓고는 입 쏙 닦고 모르는 척 하면서 뒤로 빠져 버리고 그 액막음을 죄도 없는 온 세계 사람들이 뒤집어쓰고 영국 뒤치다꺼리에 혼이 빠져 있는 것이 현실이다.

이뿐만이 아니다. 태평양의 섬나라 피지 공화국의 내전이나 미얀마의 군부독제 정치나 세계 최악의 인권유린 문제였던 수단의 '다르 푸르 사태'와 탈레반과 알카에다 IS로 이어지는 국제 테러조직과 미국의 9.11사건, 현재 아프가니스탄 내전까지 그 뿌리마다 영국이 뿌린 죄악이 자라나 일으킨 업보인 것이다. 이 모든 것을 통칭하여 보면 신(神)과 인간의 싸움이라고 보아야 한다. 인간이 아바타인 신(神)을 섬긴 업보인 것이다.

96. 아프리카

아프리카 대륙은 약 3031만 3000㎢ 크기로 세계대륙 총 면적의 4분의 1을 차지할 만큼 큰 대륙이다. 이 다양하고 축복받았던 고요가 깃든 대륙을 탐욕에 찌든 유럽의 제국주의자들이 문명의 이기와 오직 폭력만 앞세워서 다 같은 인간을 다 같은 인간이 짐승처럼 잡아다가 무슨 물건처럼 '노예'라는 이름으로 이 대륙에서 저 대륙으로 자기들끼리 잡아다 팔아 제 뱃속을 채우면서 아프리카를 헌 종이 찢어 놓듯이 갈갈이 찢어놓았다.

아프리카 대륙의 지도를 놓고 보면 거의 모든 나라의 국경이 재단사의 가위질처럼 자로 잰 듯이 일직선으로 반듯 반듯하게 구분되어 있는 것을 볼 수 있다. 이것은 한 마디로 폭력과 강압에 의한 제국주의자들의 독선과 탐욕과 오만과 교만이 만들어 낸 슬프고도 아픈 역사의 편견이 만들어 낸 결과물이기 때문이다. 19세기 말에서 20세기 초 서구 열강들은 산업혁명이 진전되고 자본주의가 발달하면서 종래 산업기지 역할을 하던 아프리카를 원료공급지 및 판매시장으로 만들기 위하여 산업 혁명의 선발주자로서 자본주의를 발전시킨 영국이 수에즈 운하 주(株)를 사들이고 이집트 및 수단에 진출하고 남단의 케이프 식민지 (현재의 남아프리카 공화국)과 연결시키려는 아프리카 종단 정책과 1803년 북 아프리카의 알제리를 병합한 프랑스가 아프리카의 동쪽 섬나라 마다가스카르를 연결시키려는 횡단정책이 충돌하였다. 이것이 1898년에 일어난 '파쇼다 사건'이다.

1898년 수단의 남부도시 파쇼다에서 프랑스 군의 마르상 소령이 이끄는 부대와 영국군의 귀치너 대령이 이끄는 부대가 서로 대치하는 상황에서 유럽에서의 국제관계와 현지에서의 병력 차이에 의하여 프랑스의 양보로 끝난 사건인바 1890년대 이후 자본주의화가 늦은 독일과 이탈리아가 영국과 프랑스가 선점한 이외 지역을 취득하는 등 유럽 열강 중 자본이나 힘을 동원할 수 있는 나라는 자기 힘닿는 만큼 닥치는 대로 해먹어놓고 자기들끼리 책상머리에 앉아 적당히 타협하여 여기서 여기까지는 내 것, 저기서 저기까지는 네 것 하는 식으로 남의 땅을 제멋대로 주워 먹고 금을 그어 놓는 것이 지금의 아프리카 국경인 것이다.

그러므로 같은 동네에서 한 집단을 이루고 살던 같은 족속들이 어느 날 느닷없이 그어놓은 줄에 의하여 나는 이쪽 나라 사람이 되고 너는 저쪽 나라 사람이 되어버렸다. 현지의 정서를 무시한 속물근성의 인간들이 만든 금줄에 의하여 국경이란 이름으로 서로 갈라지게 되어 오늘 날 아프리카 내전의 불씨가 되었던 것이다. 이 얼마나 야비하고 야비한 짓인가? 말과 글로서는 다 표현할 수 없는 파렴치한 인간들의 잔학의 극치가 아프리카에서 일어났던 것이다. 이 짓거리들을 저지른 인간들은 예외 없이 모두가 신과 하느님을 섬기는 나라들의 인간들이었다.
　졸시 '노예선'과 '아프리카여'를 바친다.

노예선

노예선은
아프리카 사람들을
짐승처럼 잡아 싣고
물건처럼 팔아먹던 자들이
부리는 배.

깜깜한 배 밑창
쇠사슬에 손 발 묶이고
똥 오줌에 범벅이 되었던
공포와 지옥의 그 공간.

눈에 익은 그리운 산천
사랑하는 가족 친구들 잃어버리고
인간 사냥이 되어
기약 없는 두려움에
울고 또 울었을 그 사람들
죄없는 그들을 싣고 가던 그 배
노예선.

그 노예선 위에서도
그들은 하나님을 찬양하고
신의 가호 속에 배가 무사히
항구에 도착하기를 기도하였겠지.

썩은 시궁창보다 못한
인간의 양심이 처박힌 그곳에
신과 하나님이
그들의 찬양 목소리를 받아들여
영광과 축복을 내려주었을까!

신과 하느님은
배 밑창에서 겁과 공포에 질려
울고 또 울었을 그 사람들을
피부색이 검어서 못 보았을까
그래서
그들의 고통을 못 알아본 것일까.

무엇이 신이고
무엇이 하나님이며
무엇이 사랑이었을까
무심한 노예선만
그 답을 알고 있었을까
노예선.

아!
노예선.

아프리카여

온동네 북이 되어
찢어지고 갈라지고
만신창이가 되어
아프고 또 아파서
아프리카인가!

찢어지는 가난, 허기에 지쳐
배가 고파 배가 곯아
뼈만 앙상 붙은 눈만 퀭한 아이들
한모금 생명수 찾아
뙤약볕 아래
하루에도 수십 리 길 목숨울 걸고
물 길어야 하는 슬픈 여인들, 아이들.

하늘을 이불삼고
땅을 베개 삼아
정답게 살던 사람들에게
증오와 원한을 주입하여
갈갈이 찢어 놓고

소 닭 처다보듯 하는 사람들.

누가
이 슬픈 사람들에게 눈길 한 번 주었는가
아직도 모자라는지
남아 있는 하나라도 더 뺏어 먹이려고
총을 쥐어 주고 대포를 들려주어
서로 죽이도록 부추긴다.
아!
이 모두가
하느님을 경배하고 신을 찬양하는 사람들이
하는 짓거리들이다
아프리카여 아프리카여
부디 아프지 마옵소서 아프지 마옵소서
새날이 오는 그날까지
힘과 용기로 인내하소서!.
슬픈
아프리카여!

어디까지가 인간이고 어디까지가 인간이 아닌지 분간이 되지 않는 일
들이 일어난 것이다. 이 탐욕의 불씨는 아직도 꺼지지 않고 남아, 남아 아
프리카를 목 조르고 있다.
99석 가진 놈이 100석 채우려고 가난한 놈 가지고 있는 1석 더 빼앗아
가듯이 지금도 서양 세력들은 아프리카를 뺏어먹기 위하여 덤비고 있다.

자기들끼리 싸우게 부추겨 놓고 총과 대포 팔아먹고 뒤로는 자원을 수탈해 간다. 신이 있다면 하느님이 있다면 한 모금 물도 없어 흙탕물을 퍼 마셔야하는 저 친구들을 저렇게 놓아두겠는가? 무엇이 신이고 하느님인가?

97. 남북 아메리카

남북 아메리카도 역시 비극의 땅이었다. 말이 좋아서 콜럼버스의 '신대륙 발견'이지 이것은 살육과 대약탈의 서막을 여는 전주곡에 불과한 것이었다. 현재의 아메리카 합중국. USA도 토착 원주민이었던 수많은 '인디언'들이 흘린 피의 제단 위에 세워진 영광의 제국인 것이다. 단순하게 총과 대포가 있고 물리적인 힘이 그 사람들 보다 앞선다는 그 이유 하나만으로 무자비한 살육과 약탈을 자행하였다. 그리고 해가 지면 모여 앉아 '하느님'께 빌었을 것이다. 더 많이 빼앗고 더 많이 가질 수 있도록, 그 모든 것이 하느님'의 영광과 '하느님'의 복음을 전하기 위한 것이라고, 이것은 하느님의 목소리나 신의 뜻은 없었고 오직 인간 자신이 저질렀던 죄악과 악행을 지워버리고 자신을 위로받기 위한 위장 전술인 것이었다.

앞서거니 뒤서거니 유럽에서 태어난 피사로(1475-1541)와 코르테스(1485-1547)는 현재의 멕시코와 남아메리카의 찬란한 제국 아즈데카와 잉카 제국을 권모술수와 야합으로 또 대포를 동원하여 무참하게 멸망시켰다. 피사로가 한 짓은 잉카 제국의 황제를 납치하여 막대한 보물을 갈취하여 찬란한 제국의 흔적을 용광로에 녹여 없애고 보물을 모두 갈취한 뒤에 황제를 죽이고 잉카제국을 멸망시켰다. 코르테스는 아즈데카 황제 몬테수마 2세의 환대를 받았지만 곧 그를 포로로 잡고 수도 테노치틀란을 빼앗고 수많은 아즈테카 인들을 죽이고 금은처럼 귀중한 보화들을 모조리 스페인으로 옮기고 전 나라를 전복(顚覆)하였다. 조국에는 충신이었겠으나 아즈테카의 후예들에게는 말로 표현 못할 큰 고통을 안겨준 정복자였다. 이때부터 아메리카 대륙은 식민지배와 착취의 서막을 열게 되었다.

지금도 멕시코 만과 카리브 해 연안에서는 그 당시 보물을 싣고 유럽으로 가다가 난파당한 보물선들이 심심치 않게 발견되어 일확천금을 꿈꾸는 보물 사냥꾼들의 표적이 되고 있다. 얼마나 많은 보물들이 약탈되어 갔는지는 아무도 모르는 일이지만 학자들이 밝힌 자료에 의하면 그때에 약 6개월마다 한 번씩 유럽으로 보물을 퍼 날랐다고 하며 은의 경우 수 백 톤 정도가 유럽으로 흘러들어갔다고 보고 있다. 그러니까 현지인들을 무자비하게 죽이고 착취하여 가져간 그 재물로 유럽에 호화궁전을 짓고 예배당을 짓고 하나님의 성소를 만들어 기도하고 또 기도하며 더 많이 빼앗아 오도록 빌었던 것이다. 이때 하나님의 눈이나 양심이 눈곱만큼이라도 있었다면 이 지경을 보고도 왜 가만히 있었겠나? 왜 한쪽은 빼앗기고 죽도록 놓아두고, 한쪽은 죽인 놈 피 빨아서 호의호식하는 것 가만히 놔두었는가?

둘러치고 메쳐보아도 말이 안 되는 소리다. 하나님이 아즈테카 제국이나 잉카 제국 사람들이 아브라함의 자손이 아니고 이스라엘 백성이 아니라서 맞아 죽고 빼앗기고 하라고 가만히 놓아두었을까, 그래도 남미 사람들은 착하고 착한 좋은 사람들이다. 천 수백 년 전의 남의 원한 때문에 지금도 서로 원수가 되어 서로 죽이고 짓밟고 부수고 있는 사람들도 있는데 자기 조상들 몰살시키면서 들고 들어 온 십자가에 대고 성호 긋고 축복 비는 사람들 보면 측은하다는 생각과 함께 '망각'이 인간들에게 주는 선물도 괜찮은 것이로구나 하고 생각해 본다. 이 파니 저 파니 하는 사람들의 논리로만 본다면 남미 쪽에서는 성당 하나 서 있을 수도 없고 거리는 피바다가 되어 다니지도 못할 지경이 되었어야 마땅할 것이다. 하지만 망각의 강을 건넌 사람들은 조상 때려죽인 십자가 앞에서 오늘도 두 손 모아 기도한다. 오늘도 태양의 전설을 담고 잉카의 한을 품은 안데스 산맥의 우루밥바 강은 크게 소리를 내며 무심히 흘러가고 있다.

98. 바티칸

흐르지 않는 물은 고여서 썩는 법이다. 이것은 만고의 진리이다. 이 지구상에서 인간이 역사라는 거대한 시간의 축적을 만들어 가면서 그 누구의 지배나 간섭도 없이 홀로 독야 청청하는 조직이 있다면 이것은 단 하나 '바티칸 공국'뿐일 것이다. '바티칸'은 거의 완벽하게 독자적이고 독립적이며 외부로부터의 어떠한 제재나 간섭도 받지 않는 신성 불가침적이고 치외법권인 특별한 조직이다. 그러다 보니 속된 말로 '끼리끼리 다 해먹고' 밖에서는 그 안쪽에서 된장이 끓는지 밥이 타는지 아무것도 알 수 없고 아무것도 모른 채 바티칸을 포장하고 있는 '신(神)'이란 울타리를 향하여 돈만 가져다 바치고 있다.

지금까지 그 누구도 바티칸의 내부세계를 본 사람은 없다. 썩었는지 곰팡이가 슬었는지 신선한지 말라 비틀어졌는지 똥이 묻었는지 오줌이 묻었는지 아무도 모른다. 그 내면을 아는 사람은 오직 '끼리끼리'의 자신들뿐이다. 즉 흐르지 않는 물이 된 것이 오늘날의 바티칸인 것이다. 초대 교황이었던 성 베드로부터 지금의 바오로 2세까지 264명의 교황이 바뀌는 동안 야합과 음모 배신이 춤추면서 세속보다 더 한 악취를 풍기며 흘러온 바티칸을 한 번 더듬어 보자

a. 바티칸의 성립

예수의 열두 제자 중의 한 명이었던 성 베드로가 그리스를 거쳐 로마에서 포교활동을 시작한 이후 성과 속의 야합과 부침 속에서 오늘 날의 0.44 ㎢ 바티칸에 자리 잡게 된 것은 파시스트 독재자 무소리니와 비노 11세 교황이 1929년 12월 11일 체결한 '라테란 협정'의 결과물이다. 교황청은 이탈리아 왕국을 인정하고 이탈리아 왕국 역시 교황청을 하나의 독립된 중립 국가로 인정한다는 내용이었다. 이로서 교황청은 그 천여 년의 멀고도 긴 여행을 마치고 '바티칸 시국(市國)'의 주인이 되고 온갖 특혜와 권리를 누리며 오늘날의 바티칸이 되었다.

b. 바티칸의 역사

성 베드로 이후 많은 핍박을 받아오던 그리스도 교인들은 네로 황제 때 그 절정을 이루어 수많은 사람들이 순교하게 되었고, 그 자리에 대성당을 세운 것이 바티칸의 기원이 되었다. 그 후 313년 콘스탄티누스 대제에 의하여 밀라노 칙령이 발표되어 그리스도교가 공인받게 되었고 이때부터 그리스도교는 깃대를 단 범선처럼 순항하기 시작했다. 그러나 교황의 자리를 놓고 성(聖)과 속(俗)이 벌이는 진흙탕 싸움은 상상하기도 어려운 온갖 음모와 배신, 야합과 치정 살인까지 동원되어 역사를 이어 나갔다.

중세 유럽의 역사는 걸레처럼 찢어졌다가 흩어짐을 반복했고 이러한 성과 속의 야합은 필연적인 결과물로 전쟁을 불러오게 되었다. 이 모든 전쟁의 이면에는 거의 다 교황이 관계되어 있었다. 크게는 십자군 전쟁부터 작게는 30년 전쟁까지 중세의 전쟁이란 전쟁들은 반드시 교황과의 이권 다툼이나 이에 관계된 권력의 향배에 관하여 교황이 간섭함으로서 일어난 것이었다.

제국 로마가 번창을 거듭하면서 비대해지기 시작하자 로마 한 곳에서만 다스리기가 벅차다고 느낀 콘스탄티누스 대제가 동쪽의 로마를 다스리기 위하여 330년경에 지금의 터키 이스탄불로 행정 조직을 옮기고 자신의 이름을 따서 콘스탄티노불이라고 명명하면서 로마의 동쪽은 동로마 제국이라 불리게 되었다. 여기에 교회 세력도 자연적으로 콘스탄티노블로 이동하게 되어 로마 교황청과 동로마 총대주교가 대립하면서 세력다툼을 벌이게 되었고 결국 두 교회 세력은 화합하지 못하고 현재의 로마 교황청과 동로마 총대주교 세력은 그리스 정교회로 되어 서로 갈라서게 되었다.

그 후 1517년경 루터가 교황이 허가한 죄 팔아먹는 면죄부(免罪符)의 종교적 효력을 비판한 〈95개 조의 논제〉를 발표하면서 종교개혁의 불길이 들불처럼 일어났으며 교황청은 구교가 되고 종교 개혁가들이 주장한 세력은 신교가 되어 두 양대 세력이 그리스도교의 주축세력이 되어 오늘날까지 수백 개의 종파를 만들어 내며 지금에 이르게 되었다.

c. 바티칸의 해악

이 세상은 100% 선할 수도 없고 100% 악할 수도 없다. 100% 모두 선하다면 선한 것이 선인 줄 모를 수도 있고, 100% 모두 악하다면 악 속에서 악이 놀아나는 것이니 악이 악인 줄 모를 수도 있는 것이다. 그래서 선 속에서 선이 선으로 더 돋보일 수 있도록 존재하는 양념조의 작은 악을 우리는 '필요악'이라고 부른다.

바티칸이 인간들의 삶 속에서 '필요악'일지는 모르겠으나 유럽의 역사나 교황의 역사를 놓고 보면 교황청의 역사는 신(神)이라는 보자기로 밖을 싸놓고 그 내부에서는 인간의 욕망과 관능이 독사의 독처럼 퍼지면서 인간이 저지를 수 있는 온갖 음모와 야합이 일상적인 인간사보다 더 적나라하고 드라마틱하게 펼쳐졌던 것이다. 교황은 교황청은 아무리 잘못하여도 어떤 잘못을 저질러도 신(神)의 은총으로 사함을 받고 신의 가호로 어떠한 잘못도 없었다는 것이다. 그야말로 신성(神性) 불가침이 된 것이다.

그러하니 교황이 하는 한마디 말이 신(神)의 말이 되고 신의 법이 되어 똑같은 인간이 신의 탈을 쓰고 또 다른 인간을 지배하고 유린하는 수단이 되었던 것이다. 바티칸의 해악은 실로 상상을 초월하는 것이었다. 온갖 협박과 협잡으로 죽고 죽이는 빼앗고 빼앗기면서 오늘날의 유럽이 탄생되었다는 것은 실로 불가사의한 인간의 위대함을 보여주는 증거물이라 할 수 있는 것이다. 그럼 이제부터 바티칸이 인류의 역사에 끼친 해악 여행을 한 번 해보자.

*d. 교황(敎皇)

교황은 카톨릭 교회의 최고 수장(首長)으로서 바티칸 시국의 원수를 겸하고 있다.

제1교황이었던 시몬 베드로 이후 로마제국의 갖은 박해를 견디면서 성장한 그리스도교가 동방정교회(그리스 정교회) 영국 국교회(성공회) 개신교 등의 종교개혁과 분열을 거쳐 오늘날에 이르기까지 종교의 모든 분쟁과 갈등 뒤에는 알게 모르게 교황이 개입되어 있었다.

이러한 막강한 교황제도의 이면에는 흥미로운 점들과 더불어 신(神)을 매개로 하여 추악하고 비열하기 짝이 없는 인간세상의 진면목들이 남김없이 펼쳐지고 있다. 온갖 권모술수와 지혜를 동원하여 교황이 되면 제일 먼저 자기의 친 인척들을 교황선출권이 있는 추기경에 임명하여 부와 권력을 자기의 가문에 몰아주고 온갖 전횡을 저질렀다. 추기경의 나이가

17,18세는 보통이고 14세짜리 추기경을 임명한 교황도 있었다.

여성 스캔들 정도는 아주 가벼운 부분이고 알렉산데르 6세 교황은 여러 정부와 수많은 사생아를 두었으며 저 유명한 '군주론'의 저자 마키아벨리의 저서에서 군주의 전범(典範)이 되었던 체사레(1475-1507)도 그의 아들이었다. 교황궁으로 점성가를 데려와 마법의식을 거행한 황제(우르바노 8세)도 있었고 개인적으로는 거만하고 치부를 일삼았지만 탁월한 행정능력을 발휘하고 학문과 예술을 장려한 보니파시오 8세 황제 같은 사람도 있었다. 베드로 이래 요한 바오로 2세까지 264명 교황의 면면은 역사적으로 고찰해 보면 성(聖)스러운 면보다 속(俗)스러운 면이 더 많았다고 할수 있겠다.

우리가 보기에는 근엄하고 성(聖)스러워 보이는 교황이라는 자리는 그리 근엄하지도 않고 성스럽지도 않은 인간들이 만들어서 지어올린 권위의 탑 위에 올라앉아 인간의 모든 욕망과 권세 모순과 갈등을 신(神)이란 포장으로 위장한 채 언제나 양심의 가책 속에서 살얼음 위를 걷고 있는 자리라고 할 수 있겠다. 21세기 이 문명하고 문명한 과학 세상에 신의 대변자니 하느님의 대변자니 하는 것도 우스운 일이지만 이 대변자라는 사람을 신주단지 모시듯 '신'으로 떠받드는 인간들도 보통 큰 문제가 아니다

e. 콘클리베

콘클리베는 추기경들이 모여서 선거로 교황을 선출하는 그들만의 비밀집회를 말한다. 이 또한 세속정치와 마찬가지로 일종의 세력싸움이지 하느님이나 신이 내려와서 네가 교황 하라고 찍어주는 것이 아니고 인간을 제 손으로 뽑아서 신의 아들이요 신의 대변자라고 부추기고 떠받들고 그래서 모두 끼리끼리 자기들 잇속 채우는 것이다.

옛날 원숭이 나라에서 원숭이 두목 뽑는 일이 있었다. 힘센 놈들이 모두 모여서 자기의 기술껏 이합집산을 거쳐 어찌 어찌 원숭이 두목을 뽑았는데 그 날부터 두목으로 뽑힌 원숭이가 "나는 인간의 아들이요 내가 인간의 대변자다"라고 하는 것이나 그것이나 무엇이 다른가. 원숭이가 인간이나 인간의 아들의 대변자가 될 수 없는 것처럼 인간 또한 신이나, 신의 아들, 신의 대변자가 될 수 없는 것이다.

콘클라베에서 하는 짓 중에 가관스러운 것은 외부의 입김을 차단한답시고 바깥에서 아예 문을 잠궈 버리고 비밀적인 회의를 하는데 자기가 밀어주는 후보를 놓고 논쟁을 벌이느라고 선거가 몇 개월이고 지속되는 경우가 빈번해지자 급기야는 선거 회의장에 들어가는 음식을 점차 줄이고 교황을 선출할 때까지 문을 열어 주지 않았는가 하면 밀폐된 공간에 장시간 갇혀있다 보니 한 여름에는 전염병이 돌아 사망자가 속출하기도 했다. 그런가 하면 병약해서 금방 죽을 것 같은 사람을 교황으로 뽑고 나니 의외로 오래 살아서 낭패를 주는 일도 생기게 되었다.

이러하다보니 '콘클라베'라는 것이 근엄하고 엄숙한 신을 위한 제정이 아니고 한 토막 코미디처럼 우습기도 하고 끝없는 인간 욕망의 단편을 보는 것 같아 한편으로는 처량하기도 하다.

99. 이단 논쟁(異端論爭)

이단 논쟁이라는 것은 사실 밑도 끝도 없는 허무맹랑한 말싸움에 지나지 않는 것이다. '이단'이라는 말 자체는 이 말을 손에 쥐고 해석하는 자의 힘의 크기에 따라 오른쪽으로 기울어질 수도 있고 좌측으로 기울어질 수도 있고 앞으로 꼬꾸라질 수도 있고 뒤로 넘어질 수도 있는 대단히 애매한 말이다. 이단은 해석 여부에 따라 달라질 수 있는 말인바 이 단어는 나의 주관에 반대하는 '자부심이나 고집 또는 진리나 정통 교리에 대한 완강한 거부'의 뜻으로 쓰이면서 비난 받고 비도덕적인 것으로 간주되어 타도의 대상이 되고 더 나아가 교회와 신도들의 순수한 신앙을 위협하는 세력으로 인정되게 되었으며 여러 주의와 주장이 난무하였다. 고대와 중세의 대표적인 이단논쟁으로

a. **도나투스 주의(Dona tism)**: 4세기에 성행한 이단으로 하나님의 성령이 함께 하지 않는 성직자는 성사를 집행할 수 없다고 주장하였다.

b. **펠라기우스 주의(Pelergianism)**: 5세기에 성행한 이단으로 인간은 완전한 자유의지를 지녔으며 본인의 의지에 따라 선이나 악을 선택할 수 있다고 믿었다.

c. **네스티리우스 주의(Nestorianism)**: 5세기에 성행한 이단으로 예수 그리스도는 하나님의 신성과 마리아의 인생을 동시에 가지고 있다고 주장하였다. 마리아를 하느님의 어머니(테오코토스)가 아니라 '인간 그리스도'의 어머니라고 불러야 한다고 말해 격노한 논쟁을 불러 일으켰다.

d. **단성론(Monophysitism)**: 그리스도 안에는 두 개의 본성(신성과 인성)이 아닌 오직 하나의 본성(신성)만이 내재한다고 주장하였다. 5세기 무렵에 태동된 이 이론은 그리스도 안에 두 개의 서로 다른 본성이 동시에 그러면서도 온전하게 존재한다는 난해한 개념을 논리적으로 해석하려 하였다.

e. **단의론(Monothelitism)**: 7세기경 단성론을 교회의 정통적인 가르침으로 끌어들이기 위한 시도의 하나로 시작된 이론이다. 그리스도는 두 개의 본성을 가지고 있지만 오직 하나의 의지만을 지니고 있다고 주장했으며

그리스도의 신성을 인성보다 더 중시하는 경향을 지닌 이론이었다.

이상과 같은 여러 분파와 주의가 수없이 난무하면서 시대를 타고 거슬러 내려오면서 나와 뜻이 다른 상대를 억압하는 수단이 된 것이 '이단'인 것이다. 우리는 이 모든 시대 상황을 무슨 주의 무슨 주의라고 간단히 읊조리는 것으로 끝나는 일이지만 정작 이러한 이론이 전개되던 그 시대에는 간단한 말 한 마디나 한 순간의 생각 하나가 죽고 죽이는 피바람을 부르고 피의 회오리바람이 몰아쳐서 인간의 이성을 마비시키는 일들이 일어났던 것이다.

지금도 이러한 이단논쟁은 끝이 나지 않고 이어질 수밖에 없는 것들이다. 끝없는 말의 성찬이요 쓰잘 데 없는 인간의 공상이 만들어낸 것을 가지고 인간 자신들이 인간 스스로를 구박하고 속박해왔다. 신이 있었더라면 내가 만약 신이었더라면 이런 따위의 논쟁들을 가만 놓아두었겠는가, 끝이 나도 벌써 끝날 일들이 아닌가. 역시 신(神)이 없다는 방증(傍證)인 것이다.

100. 대사(大赦)

대사(大赦)의 사전적 해석은 세속의 법률적 의미로는 일반사면(一般赦免)의 속칭이고 종교적으로는 '고해성사'를 통하여 죄를 용서 받은 후 그 잠벌(暫罰)을 교회에서 면죄해 주는 일이라고 되어 있다.

a. 잠벌(暫罰): 카톨릭~현세(現世)나 연옥(煉獄)에서 잠시 당하는 유한(有限)한 벌

그리고 대사는, 카톨릭 신자가 사제에게 죄를 고백하고 그 사죄에 대하

여 사함과 조언을 받고 정도의 차이에 따라 일정한 벌을 받게 되는데 이때 교황이나 사제가 적절하다고 판단되는 경우에는 그 죄를 면하거나 줄여 줄 수가 있다는 것이다. 이것을 대사(大赦)라 하는데 대사에도 전대사(全大赦)와 한대사(限大赦) 두 종류가 있다고 한다. 이런 관행은 초기 그리스 도교부터였다고 하며 따라서 대사는 죄를 사면한다고 적힌 종이 증명서를 가리키기도 했다고 한다.

  카톨릭에서 전해오는 가장 오래된 진짜 대사는 교황 식스토 4세가 1476년 발행한 것으로 이때부터 죄를 면해 주는 대사를 돈을 받고 팔기 시작하였고 이에 대하여 비난의 목소리도 높아져 공의회가 열릴 때마다 단죄를 받았음에도 불구하고 대사는 더욱 더 기승을 부리고 남용되어 '루터'로 하여금 대사 교리 자체를 비난하고 종교개혁으로 나아가게 하는 단초를 제공하게 되었다. 그래도 밑천 들지 않는 장사에 재미를 들인 대사 장사는 근절되지 않고 1567년 소집된 오리엔트 공의회에서는 오히려 교회의 대사 발행 권한을 재확인하기만 하였다. 대사는 오늘날까지도 여전히 발행되고 있다고 하는데 요즈음은 신식이 되어서 그러한지 새로 즉위하는 교황은 자신이 앞으로 발행할 대사의 목록을 아예 작성하여 발표하게 되어 있다고 한다. 이와 같이 대사는 무슨 전가의 보도나 도깨비 방망이처럼 이리 저리 꺼내어 휘두르는 물건이 되어 나약한 인간의 마음을 희롱하는 공갈의 수단이 되었다. 도대체가 인간이 저지른 죄를 값으로 매겨 사고 판다는 것이 합당한 것인지 일반적인 사람의 상식으로는 이해가 되지 않는 일이 종교라는 울타리 안에서는 이루어지고 있다. 인간이 저지른 인간 자신의 죄를 팔아서 사하여 없애주고 또 그 죄를 팔 수 있는 권리를 누가 누구에게 부여하였기에 흥정으로 거래할 수 있는 것인지 이것은 보통 사기가 아니다.

만일 진짜로 인간의 죄를 사고 팔 수 있고 죄를 사하여 준다고 죄가 없어진다면 교도소도 필요 없고 인간세상은 무법천지가 되고 말 것이다. 기분 나쁘면 기분 나쁜 대로 죄짓고 싶으면 내 마음대로 죄를 짓고 하여도 나중에 팔아 버리면 죄가 없어질 것이니 무슨 걱정이 있겠는가?

이것이 하느님이 하는 짓이고 신이 시킨 일이고 하느님이 바라는 세상살이겠는가? 양두구육(羊頭狗肉)하는 짓이다. 사기다. 속임수다. 인간이 지은 자신의 죄를 면(免)해 줄 사람은 이 세상 이 우주 어느 곳에도 아무도 없다 자기가 지은 죄 값은 자기가 받는 것이 만고의 법칙이요 우주의 법칙이다.

101. 바티칸의 돈

자고로 인류의 역사가 있어 온 이래 '돈'이 들어가서 탈이 나지 않는 일이 없었다. 개인이고 조직이고 나라이고 간에 '돈'이 끼어들면 꼭 무슨 탈이 나고 살인과 죽음, 역사가 바뀌고 나라까지 빼앗고 빼앗기는 일이 생기는데 모두 '돈' 때문에 일어나는 일이다.

이러한 돈의 '독(毒)'에서 바티칸은 얼마나 독야청청(獨也靑靑)할 수 있을까.

실제로 교황들의 이합집산이 거듭되었던 유럽역사의 현실에 참여하게 된 직접적인 제1의 동기는 '돈' 때문이었다. 1929년 2월 11일 비오 11세와 무소리니가 체결한 라테란 조약 (Lateran Treaty)에 의한 0.44㎢의 바티칸 시국이 되기 전에는 5-7세기에 헌납 등으로 교회재산이 형성되면서 754년 프랑크 왕국 카롤링 조(朝)의 초대국왕 피핀(Pippin dre kleine : 714-768)

이 랑고바르바드를 토벌하여 라벤나 각 변을 빼앗아 교황에게 바침으로서 교황청 재산의 기초가 되었다고 한다. 그 후 여러 과정을 거쳐 1870년 투표로 이탈리아 왕국에 병합되었으나 라테란 조약으로 현 바티칸 시국이 확립된 것이다. 그러니 하느님이고 신이고 간에 모두 황금에 놀아난 것이지 신의 섭리로 다스려진 것이 아니었다. 바티칸의 독(毒)인 바티칸의 돈 문제는 여기서 끝난 것이 아니라 무소리니에 의하여 국가로 인정받게 된 이후부터 더 큰 문제가 되어 오늘에 이르고 있다.

흐르지 않고 고인 물은 썩는다. 누구의 간섭도 받지 않는 절대 권력은 부패하기 마련이다. 지금까지 그 누구도 그 어떤 권력도 하느님도 신(神)도 바티칸의 돈 주머니를 쳐다보았거나 간섭해본 사람도 권력도 실체도 없었다. 돈이 얼마이며 어떤 돈이며 어떻게 쓰이는 것인지 출처와 용도가 한 번도 밝혀진 적이 없는 돈이 바티칸의 돈이요, 쥐약을 사는지 독약을 사는지 천사와 함께 위스키를 마시는지 포도주를 마시는지 알 길 없는 것이 바티칸의 돈이다. 바티칸은 배가 불러가고 피라밑의 아랫돌들은 신음만 하는 것이 이 놀음이다. 혹자는 이럴 것이다. 바티칸이 잘하고 있지 않느냐고. 그 말도 일부는 맞는 말이다. 그렇게 많은 돈 걷어서 그 정도의 위장막도 치지 않는다면 손님 모으기가 안 되니까 그 정도 눈가림은 당연히 해줘야 하는 것을 눈 먼 사람들이 보면 화려하게 보이는 것이다. 세계적으로 종교단체가 은행을 운영하는 곳은 바티칸밖에 없다. 그리고 밑천이 짧으면 은행이 될 수 없다. 이렇게 많은 돈들이 선하게 쓰이는지 악하게 쓰이는지는 알 길이 없다. 더 복잡한 내용의 이야기는 할 수가 없고 모든 것이 선의 길로 나아가기를 간절히 바랄 뿐이다. 세상은 복잡하고 시간은 다가오고 있다.

102. 영원한 모순(矛盾)-예루살렘

　　모순(矛盾)은 창 모(矛) 방패 순(盾). 즉 창과 방패가 옛 싸움터에서 창의 역할은 상대를 뚫는 것이었고 방패의 역할은 뚫고 들어오는 창을 막는 것이었다. 이야기는 고대 중국 초나라에서 창을 파는 상인과 방패를 파는 상인이 서로 자기의 물건을 자랑하면서 창을 파는 사람은 자기의 창은 어떠한 방패도 뚫을 수 있다고 하였고, 방패를 파는 상인은 자기의 방패는 어떠한 창이 공격해도 막을 수 있다고 서로 자랑하였다. 이에 그러면 그 창으로 그 방패를 찌르면 어떻게 되느냐고 묻자 서로 대답을 못하였다는 한비자(韓非子)의 고사에서 유래된 말이다. 인간세상의 모순은 필요악인가? 여기 존재하면 안 되는 존재하지 말았어야 할 영원한 모순 '예루살렘'이 존재하고 있으니 이것이 인류에게 기쁨인가 슬픔인가. 복인가 재앙인가?

　　예루살렘의 신도시는 현재 이스라엘의 수도이다. 문제는 이 도시가 이슬람교의 성지이며 동시에 그리스도교의 성지라는 점이다. 성스러운 땅인 성지(聖地)를 놓고 성스럽지 못한 인간들이 성스럽지 못한 추악한 전쟁을 계속하고 있다. 창[矛]과 방패[盾]의 모순처럼 둘 다 서로 제 것이라고 우기는데서 화근이 시작되고 그 끝은 인간도 알 수 없고 신(神)도 알 수 없는 심연으로 빠져들고 있다. 예루살렘은 신, 구시가지로 갈라져 있는데 구시가지는 사방 1㎞ 정도의 네모꼴 성벽으로 둘러싸인 전형적인 성채 도시이며, 반대로 이스라엘 쪽의 신시가지는 19세기 이후 건설된 근대 도시로 정부 관공서, 대학 등 정치 문화의 중심을 이루고 있다. 이러한 분할은 1948년 팔레스타인 전쟁에서 이스라엘 군과 아랍 군과의 전쟁 결과로 만들어졌다. 이후 1949년 UN 휴전 협정에 입각하여 신시와 구시로 분할되

었는데 1967년 3차 중동전쟁으로 이스라엘이 구시가지도 점령하여 국제
적인 비난에도 불구하고 오늘에 이르고 있는 바 더 심각한 점은 유대인들
이 '성전산'이라고 부르는 이곳은 구약성서에 나오는 '모리아 산'이라고 믿
고 있으며 이 모리아 산은 유대민족의 조상이라고 믿고 있는 아브라함이
아들 이삭을 신에게 제물로 바치려 했던 곳이고, 무슬림들에게는 고귀한
'성소(聖所)'라는 뜻인 알 하람 알 샤리프(al-Haram al-sharif) 라고 불리는
곳이다. 무슬림들은 이 산 위의 거대한 황금색 '바위돔'에서 예언자 무하
마드가 승천하여 신을 만나고 기도법을 배웠다고 믿고 있다.

　선후야 어찌 되었든지 (1967년 3차 중동전쟁으로 빼앗아 차지한 것이
지만) 현재 입장에서는 구시가까지도 이스라엘 관할인 것이다. 이스라
엘 사람들은 성소를 방문할 때 팔레스타인 사람들과의 충돌을 우려하여
경찰이 호위하는 것에 대하여 "우리 땅인데 우리가 왜 경찰의 호위를 받
아 가면서 올라야 되느냐?"고 항의하고 아랍인들은 자신들의 성지가 훼
손될까 봐 전전긍긍 고민한다. 2000년에 시작된 제2차 인터파다(봉기)도
당시 이스라엘의 강경우파 야당 지도자인 아리엘 샤론(sharon)이 성전산
(Temple Mount) 방문을 강행하면서 촉발된 것이다.

　이런 상황에서 이스라엘의 강경우파 네타냐후(Neta nyahu - 현재 5선
총리) 내각이 출범하고 극우파 유대인들이 성전산에서 솔로몬 성전을 발
굴하자고 주장하면서 이 지역에 분쟁의 불이 다시 당겨지고 있는 것이다.
아랍권은 "이스라엘이 팔레스타인인들을 도발하게 한다"고 비판하지만
이스라엘도 "유대인들도 아랍권과 마찬가지로 성산에 오를 권리가 있다"
고 반발한다. 이러니 어떻게 인간들에게 평화가 찾아올 수 있겠는가? 이
지저분한 분탕질을 신이 시킨 것인가 아니면 신을 빙자하여 인간이 저지
르고 있는 것인가? 인간은 이런 정황 정도도 판별할 수 있는 능력도 없는

무지렁이 깡패 악마란 말인가! 이 답을 할 수 있는 것은 과연 누구인가, 땅인가? 하늘인가? 이래도 신이 존재하고 신이 존재한다고 믿고 신에게 모든 것을 해결하여 달라고 매달리고 싶은가? 이 불쌍한 사람들아!

103. 십자군 전쟁

인류의 짧은 역사상 그 이전에도 없었고 앞으로 오는 역사에도 없어야할 그야말로 전무후무한 200년의 전쟁이 있었으니 그 이름도 찬란하고 부끄러운 '십자군 전쟁'이다. 11세기 말인 1096년부터 200여 년 동안 8차에 걸쳐 교황청을 주축으로 하는 그리스도 세력과 이슬람 세력의 아랍이 서로 성도(聖都)라고 일컫는 예루살렘을 차지하기 위하여 말도 하지 않고 가만히 있는 땅을 가지고 신의 이름을 팔아 인간 자신의 야망과 뱃속을 채우기 위하여 벌인 기가 막히는 부끄러운 전쟁의 이름이다.

봉건제도와 기독교 세력을 기반으로 어느 정도 안정을 되찾고 힘을 얻은 유럽의 여러 영주와 국왕들은 국력을 나라 밖으로 떨치기 시작했는데 그 출범이 십자군 원정으로 나타난 것이었다. 기독교인들은 예루살렘을 예수가 태어나 살았던 도시이자 하나님의 성(城)이라 믿었으므로 예수가 십자가에 못 박혀 죽은 예루살렘의 골고다 언덕에서 기도를 올리고 돌아와 성지순례 이야기를 나누면서 신앙의 깊은 희열을 느낄 수 있었을 것이다. 이것이 요즈음으로 치면 해외여행쯤 되는 것이지만 까마득한 그 옛날 교통시설이 없었던 시절에는 몇 달씩 걸리는 고행 길이었다. 그래도 순례자의 발길은 끊이지 않고 이어졌다. 문제는 그 당시 예루살렘 땅이 기독교 세력 국가의 땅이었으면 전쟁도 일어나지 않았겠지만 불행하게도 예루살렘은 이슬람교를 믿고 있는 오스만 투르크, 지금의 터키에 딸려 있는 땅이었다.

이슬람교를 신봉하는 사람들은 날로 늘어나고 있는 기독교 세력의 성지 순례자들에게서 위협을 느꼈고 기독교 세력 순례자들은 그들대로 자기들을 억누르려는 이슬람 세력으로부터 두려움을 느끼고 하면서 충돌이 일어났고 이러한 일들이 하나둘 한 번 두 번 교황에게 알려지게 되었다. 그러자 예루살렘이 이교도들의 영토에 있다는 사실에 불만을 느낀 교황이 그대로 있을 수 없는 일이라고 생각하고 성지(聖地) 탈환을 위해 일으킨 전쟁이 십자군 전쟁의 시발점이었다. 참으로 한심스럽고 우스운 일이지만 지금도 이 비극이 계속되고 있다는 것은 인류가, 인간들이 어리석고 비열하다는 것을 말해 준다. 보이지도 않고 볼 수도 없고 들리지도 않고 들을 수도 없는 신을 위하여 왜 우리는 다 같은 인간 형제를 서로 죽이면서 다투어 신의 졸개가 되겠다고 이렇게 야단법석들인가.

미련한 인간들, 불쌍한 인간들, 자기들이 믿고 있는 '신'에게 한마디만 잘못하여도 입에 게거품을 물고 눈에 쌍심지 켜고 공공의 질서고 안녕이고 무시하고 방송국이고 관공서고 쳐들어가서 폭도가 되는 이 짓거리들이 어찌 정당하다는 것인가? 인간의 이성은 보이지 않는 하늘로 도망가 버리고 얄팍한 감성은 주체를 못하고 야수처럼 이리 뛰고 저리 뛰며 내 몸에 폭탄을 두르고 인간 형제를 콩가루처럼 박살내어 죽이는 것이 신이 원하는 것이고 신을 위한 것이란 말인가.

오늘도 이스라엘과 팔레스타인은 수백 발의 포탄을 날리고 폭격을 하고 있다. 오늘도 십자군 전쟁은 계속되고 있다. 한심하다, 한심하다, 한심하다. 인간들이여, 인간 형제들이여 이성으로 돌아오라. 빛나는 인간의 이성으로 돌아와 다오.

104. 마녀사냥-잔다크

유럽의 중세 역사는 암흑의 시기였다. 이 암흑의 시대에 최고의 힘을 휘둘렀던 집단이 교황청이었고 이 종교 세력의 집단이 휘두른 최고 최악의 야만적인 행위가 '마녀사냥'이었다. 15세기 출간된 〈말레우스 말레피카룸〉은 라틴어로 '마녀를 심판하는 망치'라는 뜻이며, 독일 도미니크 수도회 사제 '하인리히 크라머'가 쓴 책으로 마녀를 찾아내는 방법과 처벌하는 규정을 적어놓았다고 한다. 중세 유럽에서 마녀재판으로 무고하게 희생된 여자들이 수만 명에 이르고 있다고 하는데 이것이 거의가 종교와 관계된 것이었다. 여기 마녀사냥의 대표적인 희생자가 조국을 위험으로부터 구하고도 정치와 종교의 야합으로 산더미 같은 장작더미의 불길에 휩싸여 한줌 재로 흩어져 버린 '잔다크'이다.

1412년 프랑스 동부의 퐁레미라는 작은 마을에서 태어난 잔다크는 조국 프랑스와 영국간의 100년 전쟁이 끝날 즈음 출생해 풍전등화 같았던 조국의 운명을 구해내고도 정치적인 음모와 교황청의 결탁으로 마녀로 몰려 19세라는 꽃다운 나이에 피어 보지도 못하고 화형을 당하여 형장의 이슬이 되었다.

루아르 강변의 시농 성에서 샤를 황태자를 접견하고 군대를 지원받아 영국군의 포위 속에서 저항하고 있던 오를레앙을 구원하고 황태자 샤를 7세를 옹위하여 그가 왕으로 즉위되도록 하였다. 하지만 1430년 5월 콩피에뉴 전투에서 영국과 동맹을 맺은 부르고뉴 파 군사들에게 사로잡혀 영국군에게 넘겨졌고 영국군은 잔다크를 마녀로 몰아 감옥에 가두고 이듬해 1월부터 5월까지 종교재판을 열어 많은 신학자와 법률가들이 그녀를 끝까지 마녀로 몰았다. 1431년 5월 30일 마지막 판결에서 "잔다크는 하느님의 뜻을 어기고 남자 옷을 입었으며 마녀가 되어 마법으로 사람을 괴롭혔다"는 등 열두 가지 죄를 만들어 뒤집어 씌웠다. 그런데 샤를 7세는 잔다크가 죽음을 눈앞에 두고 있는 데도 자기를 왕이 되도록 결정적으로 도와준 그녀의 죽음을 모른 체하고 입을 다물고 있었고 교황청은 이를 강행하여 조국 프랑스를 구하고도 정치와 종교의 음모에 휘말려 잔다크는 그 누구의 도움도 받지 못하고 19세의 꽃다운 생을 장작더미의 불꽃 속에서 마감하게 하였다. 이처럼 정의롭고 당당한 경우에도 마녀재판의 촉수에 한 번만 걸려들면 빠져나올 수가 없었다. 이런 경우 외에도 너무나 많은 일들이 일어나서 인간의 한, 여성의 한이 쌓고 쌓이는 원한을 키우는 악독한 짓만 일삼은 것이 카톨릭 역사의 한 부분인 것이다.

무엇이 정의이고 무엇이 진리이고 무엇이 사랑이란 말인가. 이 멀쩡한 날벼락을 내린 것이 머쓱하였던지 1920년 드디어 카톨릭은 잔다크를 성녀(聖女)로 만들어 그녀의 한을 달래려고 하였지만 그것이 무슨 소용 있는 일이란 말인가? 죄를 짓고 잘못을 빌면 용서해 주는 공장이 있어서 용서되고 죄 사함을 받을 수 있는 것인가? 아서라. 죄는 짓지를 말아야지.

105. 지동설

전장에서 언급하였으나 갈릴레오를 위하여 다시 한 번 쓰게 됨을 밝히며 이 난을 통하여 갈릴레오의 한이 만분의 1이라도 풀어지기를 간절히 기원해 본다.

중세 유럽인들은 지구를 중심으로 그 둘레를 태양과 달과 별들이 돌고 있다고 믿었다. 즉 지구는 움직이지 않고 가만히 서 있고 다른 것들이 지구

주위를 돌고 있다고 믿은 것이다. 이것이 유명한 '천동설'이다. 이 천동설은 교황청에서 인정한 것이었으며, 그 당시는 교황청의 말 자체가 법인 시대였다. 이에 대하여 이의를 제기한다거나 옳고 그름을 따져 대적한다는 것은 바로 죽음을 의미하는 것이었으므로 그 누구도 천동설에 대하여 이의를 제기할 수 없었다. 그러나 16세기 사제이며 천문학자였던 폴란드의 코페르니쿠스는 이러한 믿음에 의심을 품고 연구를 거듭한 끝에 태양과 달과 별들이 지구 주위를 도는 것이 아니라 지구가 태양의 둘레를 돌고 있다는 사실을 발견했던 것이다. 그러나 천동설을 주장하는 교황청의 세력이 겁이 나서 감히 나서서 자기의 주장을 펼칠 수 없었다. 코페르니쿠스는 이러한 사실에 확신을 가지고 있으면서도 논문을 발표하지 못하고 있다가 세상을 떠나기 직전 발표한 자기의 논문을 보지도 못하고 숨을 거두었다.

그 후 독일 천문학자 케플러에 의하여 '지동설'이 실제로 증명되었고 이어 이탈리아의 갈릴레이 갈릴레오가 다시 지동설을 주장하였다. 갈릴레이는 피사 대학에서 수학을 가르치며 물체 운동론 연구, 관성의 법칙 낙하 물체의 가속도는 일정하다는 사실, 탄도가 포물선을 그린다는 사실 등을 밝히면서 망원경을 제작 달의 산, 달의 계곡, 태양 흑점, 은하가 별의 집단임과 목성의 위성 등을 발견하고 지동설을 주장하였지만 교황청에 의하여 금지 당했고 1632년 〈천문학 대화〉를 출간하였으나 판매금지 당하였으며 드디어는 로마 종교 재판소에 출두하라는 명령을 받았다.

그리하여 1633년 4월에서 6월까지 갈릴레이에 대한 종교재판이 열렸으며 모진 고문도 당하면서 코페르니쿠스의 지동설을 끝까지 두둔하였으나 종내는 어쩔 수 없이 자기의 주장을 없었던 것으로 재판을 끝내고 나오면서 비틀거리자 두 신부가 그를 부축하였는데 이때 그는 "그래도 지구는 돈다"고 중얼거렸다고 한다.

만년에 그는 장님이 되었고 1642년 1월 8일 78세의 나이로 세상을 떠났는데 교황청은 그의 유해를 묘지에 묻지 못하게 하였을 뿐만 아니라 기념비를 세우는 것도 금지하였다. 이러한 짓은 집단의 광기와 패악이 정의와 진리를 몰아낸 역사의 대표적인 어리석음을 나타내는 한 증거인 것이다. 이러한 짓이 종교와 신의 이름으로 행하여졌다는 것은 인간이 부끄러워해야 할 하나의 큰 교훈으로 삼아야 할 것이다. 필자는 지금 지동설을 믿고 있는데 교황청에서 왜 잡아가지 않는지 물어보고 싶다. 갈릴레오 선생의 명복을 빌면서.

106. 종교개혁(宗敎改革)

종교개혁은 200여 년에 걸친 십자군 전쟁과 르네상스 운동의 기운이 싹트면서 교황권의 부패가 매직, 면죄부 판매 등 온갖 추태와 부정으로 인하여 내부의 양심적인 사람들이 16세기 전반에 걸쳐 일으킨 그리스도교와 교회제도의 변혁운동 내지는 부흥운동이라고 하겠다. 그 결과 단일 카톨릭이 붕괴되고 프로테스탄트 운동이 왕성하게 일어나 그리스도교의 춘추전국시대가 전개된 것이다. 그 중심인물이 독일의 사제였던 루터(Luther Martin 1483-1546)였다.

광부의 아들로 태어나 대학에서 법률을 배우다 아우구스티누스 수도원에 들어가 사제가 되었다. 그 후 신학교수가 되었는데 치열한 구도의 과정을 거치면서 구원은 오직 '신앙뿐'이라는 인식에 도달하였고 1517년 10월 로마교황이 허가한 면죄부(免罪符)의 종교적 효율을 비판하고 이에 대하여 '95개의 논저'로서 비판을 가하고 종교개혁의 단서를 만들었다. 더 나아가 1519년 라이프치히 공개 토론에서는 교황권(敎皇權)을 부인하였고 1520년에는 〈그리스도 교도의 자유〉등, 개혁론을 발표하여 이단자로 몰렸다. 드디어 1521년 신성 로마제국의 환문을 받아 그 주장의 철회를 요구 받았으나 이를 거부하고 작센 공(公)의 비호 아래 성서를 독일어로 번역하였다. (이 당시의 모든 성경은 라틴어로 되어 있었기 때문에 라틴어를 모르는 일반인들은 성직자들이 바른말을 하는지 거짓말을 하는지 '눈 먼 망아지 요령 소리 듣고 따라가는' 식으로 아무것도 모른 채 끌려 다니는 형상이었다. 이에 일부 양심 있는 사제들이 인간적인 바른 목소리를 냈다고 보아야 한다.)

루터의 신앙에 대한 의구심의 첫 출발은 '아무 죄가 없는 예수가 어째서 신으로부터 버림을 받았는가?'라는 것이었다. 그 후 루터는 자신의 신념을 버리지 않았고 카톨릭에 당당히 맞서서 '참된 믿음'이란 성서에 따르는 믿음뿐이지 카톨릭의 형식적인 믿음이 아니라고 계속 주장하였다. 또 〈독일 국민의 기독교 귀족들에게 고함〉이라는 글도 발표하여 독일 귀족들이 로마 교황청으로부터 독일을 해방시키고 교회의 토지와 재산을 압수하자고 권고하여 그의 생각이 독일 귀족들에게 공감을 불러일으키기도 하였다. 이에 점점 많은 사람들이 루터를 지지하고 나섰고 사제들 중에도 루터의 개혁을 지지하여 교회와 수도원을 떠나는 사람들이 점점 늘어나면서 그들은 자신들의 교회를 프로테스탄트 즉 '신교'라고 불렀고 카톨릭을 '구교'라고 일컫게 되었다.

그 후 대표적인 종교개혁 인물로 프랑스 신학자였던 잔 칼벵(Calvin Jean 1509-1564)이 루터의 개혁사상에 영향을 받아 프랑스에서 활동하다가 이단으로 몰려 위험하게 되자 스위스의 제네바로 몸을 피해 있다가 추방되었으나 그 후 시민들과 교회의 요청으로 다시 복귀하여 일종의 신재

정치(神裁正治)의 모델을 만들어 시정(市政)과 교회를 장악하였고 교회 조직은 교회의 원로들을 중심으로 하는 장로(長老)제를 취하여 신자의 공사 생활을 엄하게 다루고 금욕적인 생활과 근로를 장려하여 세계 장로교회 역사의 초석이 되었다. 이와 같이 하여 카톨릭과 분리된 새로운 그리스도 세력은 신교 또는 개신교라는 이름으로 그리스도교 큰 흐름의 한 줄기가 되어 오늘 날 교회제도의 전형이 되고 있다. 그러니까 바꾸어 말하면 그리스도교라는 자체가 불완전의 완전을 추구하려다보니 보를 씌우고 덮개를 씌우고 신(神)의 이름으로 신(神)을 팔고 벼라별 짓을 다 하였으나 결국은 장작 쪼개지듯이 쪼개지고 또 쪼개져서 지금은 수백 파의 파벌이 형성되어 모두 자기가 주장하고 해석하는 것이 정통이고 맞는 것이고 다른 파의 주장은 모두 오류고 이단이라고 설쳐대고 있다. 종교개혁이라는 말 자체가 교회 권력의 무지막지하고 무자비하고 야만적이고 독선적인 것에 대한 인간 양심 발현으로 '신으로 위장된 종교의 불합리성에 대한 인간 본연의 인성 발아 현상'이라고밖에 말할 수 없는 것이다. 웃기는 일들이 인간세상에서 일어나고 하였으나 신성(神性)이 인간의 이성(理性)을 마비시킨 슬픈 일들이었다.

107. 성추문

"아니 땐 굴뚝에 연기 나랴"란 우리 속담이 있다. 아무런 근거도 없는데 연기처럼 모락모락 소문이 날 리가 없다는 것이다. 오늘날 카톨릭에 성관계 추문이 수천 건 접수되어 있다고 알려져 있다. 아무런 근거도 없이 이런 소문이 나지는 않았을 것이고, 그러한 원인이 있었기 때문에 이러한 성추문에 관한 탄원접수가 수천 건 접수되지 않았겠는가?

조선일보에 3회에 걸쳐 기사화 된 소문도 그 근거가 있었기 때문에 기사화된 것이니 2010년 3월 18일(목요일) 동년 3월 22일. 3월 26일의 기사를 간추려 보면 다음과 같다. 3월 18일 기사는 성직자들의 아동 성추문사건으로 처음 독일에서 시작되어 아일랜드 오스트리아, 네덜란드 등 유럽 국가를 강타하고 대서양을 건너 브라질까지 번졌다고 한다.

2010년 1월 독일 베를린의 예수회가 운영하는 고등학교에서 최소 2명의 성직자가 1970-1980년 사이 남학생들을 성추행했다는 것이고, 바이에른 주 레겐스부르크의 소년 성가대에서 1964년부터 1994년까지 무려 30여 년 동안 성추문이 있었으며 이 성가대를 이끌어 온 성직자가 교황 베네딕토 16세의 친형 라칭어(Ratzinger)였다는 것이다.

네덜란드에서는 일간지 텔레그라프가 1950년대 카톨릭 남자 기숙학교에 다녔던 60대 남성의 증언을 토대로 수녀들의 성추문을 공개하면서 교회가 발칵 뒤집혀졌다 하였고, 아일랜드에서도 1975년부터 2004년까지 카톨릭 성직자들의 성적 학대 피해사례 320건을 조사한 보고서가 공개되어 논쟁을 일으켰다. 브라질에서도 사제 3명의 성추행 연루사실이 있어 바티칸에서 이들을 해임하는 일이 있었으며 각 분야에서 신의 한계를 시험하는 일들이 비일비재하게 일어나고 있다는 것이다.

2010년 3월 22일의 기사는 아일랜드 성직자들에 의해서 자행된 아동성추행 사건에 대하여 교황 베네딕트 16세(Benedicto ⅩⅥ)가 직접 공개 사과하는 일이 일어났다. 독일에서는 250건 이상의 아동 성추행 사건에 대한 조사가 진행되고 있고, 오스트리아에선 세계적인 명성의 빈소년 합창단 단원들까지 성추행 당했다는 주장이 나오고 있고 네덜란드, 스위스 등에서도 사제에게 성추행을 당했다는 피해자가 속출하고 있다고 보도하고 있다.

2010년 3월 26일, 교황 베네딕트 16세가 다시 카톨릭 사제의 성추문에 휩싸였다. 교황은 과거 추기경으로 재임하던 시절 미국인 신부가 수많은 소년들과 동침하면서 성추행을 일삼고 있다는 보고를 받고도 아무런 조치도 취하지 않았다고 뉴욕 타임즈(NYT)가 보도하였다. 당시 해당 신부의 성직자 신분을 박탈해야 한다는 내부 논의가 있었음에도 불구하고 교회의 명예 실추가 두려워 성범죄를 은폐해주었다는 비판이었다. 1996년 당시 바티칸 신앙 교리성 장관이었던 요제프 타칭어(Katzinger 교황의 본명)는 미국 밀워키의 로렌스 머피(Murphy 1926-1998) 신부가 농아학교에서 1950-1974년까지 청각장애소년 200명을 성추행했다는 밀워키 대주교의 직속보고를 받고도 이를 묵과했다. '신앙 교리성'은 바티칸의 '검찰청'과 같은 곳으로 신앙윤리를 위반한 성직자의 범죄를 조사하고 처벌하는 기관인데, 당시 교황청 차관이 머피신부를 교회법에 따라 재판하라고 밀워키 교주에 지시하였으나 이를 타칭어 장관이 말려서 머피가 2년 후 교회법은 물론 형법상의 아무런 처벌도 받지 않은 채 성직자의 신분으로 사망하게 해준 것이다.

카톨릭 성추문과 관련 독일정부는 자국 카톨릭 교회에서 수십 건의 아동 성추행 문제가 발생했다는 주장이 제기됨에 따라 이를 조사하기 위한 원탁회의까지 발족시켰다고 한다.

이상은 신문에 연재된 카톨릭 성추문에 대한 기사들을 간주해 본 것이다. 문제는 이것이 전부가 아닐 것이란 것이다. 문제가 되어 나타난 것이 이 정도이지 나타나지 않은 제3국들의 빙산 아래 감추어진 부분은 더 엄청날 것이란 점이다. 지상에 보도된 것만으로도 이것은 종교라는 집단의 본분과 정신을 뒤집어도 한참 뒤집는 중세 왕들의 '할렘' 같은 짓을 하고 있는 것이다. 무슨 공창도 아니고 동성연애자들도 아니고 인간으로서 할 수 있는 일을 한 것이 아니고 신의 이름을 팔아 짐승들도 하지 않을 추잡한 짓을 하고 있는 것이다. 종교의 탈을 쓰고 신의 이름으로 죄를 팔면서 그 안에서는 썩은 냄새를 풍기는 것이 중세의 추기경들이나 교황들이 수많은 처첩을 거느리고 사생아들을 낳아 난잡스러운 짓을 한 것이나 다른 것이 하나도 없다. 이것이 하느님을 믿고 하느님을 섬기는 성직자와 교회들이 하는 짓이란 말인가? 사람들을 인간들을 더 이상 속이지 마라.

108. 역사의 씨를 말린 사람들

오늘날 그 화려했던 남미의 대표적인 마야 문명, 잉카 문명을 비롯하여 아즈텍 문명, 톨텍 문명 등의 실체가 아직도 밝혀지지 않는 이유는 16세기 이곳을 점령한 유럽의 정복자들이 이들이 남긴 문화유산들을 마구잡이로 파괴하고 빼앗아가고 옛 신화와 전승(傳承)되어 오던 지식을 전해줄 수 있는 지식인들을 몽땅 살해하여 버렸기 때문이었다. 이것은 인류의 비극이고 수치였다고 할 수 있다. 페루의 쿠스코는 서기 1000년경 잉카제국으로 개국한 이래 1534년 스페인의 프란시스 피사로가 이끄는 정부군에 의하여 왕국이 결단나고 전 도시가 유린당할 때까지 잉카제국의 번영을 이끌었다. 무자비한 정복자들은 쿠스코에 있던 화강암을 정교하게 다듬어 세운 태양의 신전 '코리찬차'도 사정없이 유린하였다. 원래 코리찬차 신전은 황금신전으로 한 장의 무게가 2㎏에 이르는 순금 7백여 장으로 신전 석벽을 덮고 있었으며 정원에는 갖가지 모양의 동물과 식물 형상을 황금 조각으로 장식해 놓았다고 한다. 이러한 엄청난 유물과 보물들을 황금에 눈이 멀어 약탈자로 돌변한 정복자들에게 강탈당하여 모두 본국으로 보내져 버리고 지금은 화려했던 코리찬차 신전의 석축만 남아있고 이 야만스런 정복자들은 한 술 더 떠서 그 위에다 자기들의 종교인 카톨릭 대성당을 세웠던 것이다. 그것이 지금의 '산토 도빙고' 성당이다. 이것이 하느님을 믿는 사람들이 한 짓들이다. 나의 것은 금덩어리요 너의 것은 개죽이라는 식이다. 어떻게 이렇게 더럽고 야만스러운 짓을 할 수 있었을까? 인간이 아니다 그들은 약탈해 간 그 재물과 황금으로 호의호식하며 교회와 성당을 짓고 더 많이 약탈할 수 있게 하여 달라고 하늘에다 대고 기도드리고 하였으니 이를 보고도 가만히 있은 하느님이 있었다면 이것은 눈 먼 하느님이었거나 아니면 바보천치 하느님이었거나 이도 저도 아니면 조폭두목 하느님이었을 것이다. 이들이 재물을 약탈해 가기 위하여 세운 항구도시가 오늘날 페루의 수도가 된 '리마'다. 슬픈 리마여! 이렇게 역사의 씨가 말라갔습니다.

109. 지상에 평화(平和)는 올 것인가?

나를 움직이고 나를 지배하는 주체는 나 자신이다. 가족을 지키고 가정을 이끌어 나가는 것도 가족구성원 각자다. 사회나 국가를 움직이고 이끌어 나가는 것도 국민 각자의 지각과 책임에 의해서다. 지구 위에는 이백수십여 개의 나라가 있다. 이것이 어우러져 세상이 되고 세계가 된다. 이 세상을 누가 만들고 누가 이끌어 가는가? 결국은 사람이다. 사람이 이 세상을 움직여 나가면서 살아가는 무언의 조건이 있으니 그것은 평화와 행복이다. 지상에 존재하는 수많은 다양성의 종이 어울려 존재하면서 나타내는 존재방식이 평화와 행복이다. 그러나 지상에 존재하는 단 한 종 인간의 종만이 평화와 행복의 존재방식을 거부하고 제 욕심껏 살려고 평화로운 삶을 거부하고 나의 행복만 챙겨 먹으려고 악악거린다. 서로를 죽이고 또 죽인다. 이 악악거리는 중심 세력이 '종교'다.

종교라는 것의 대의는 종교를 통하여 인간자신의 성찰과 성취를 계기로 이타적인 공동체의 삶이 더 풍요로워지고 더 행복하여지고 더 평화로워지는 것이 그 목적이 아닐까? 생각한다. 그러나 현대의 종교라는 괴물은 인간정신을 말살하고 나는 살고 너는 죽어도 좋다는 지경에 이르러 지구상 모든 싸움과 분쟁의 '종자' 역할을 하고 있는 판이다.

과연 이 지구상에 평화는 올 수 있을 것인가, 필자의 짧은 견해로는 아니올시다, 쪽이다. 지구상에 종교라는 괴물이 존재하는 이상 세상에 평화는 오지 않을 것이고 또한 평화라는 것도 없을 것이다. 어쩌다 종교라는 것이 이 지경까지 되어버린 것일까. 첫째는 종교가 인간들을 편향적인 정신병자로 만든다는 것이다. 점잖게 말하던 사람도 종교나 신 하느님 이야기만 나오면 입에 거품을 무는 경우이다 가만히 보면 대개가 서양종교 타령하는 사람들이다. 보지도 못하고 본 적도 없는 신을 가지고서 내일이라도 곧 찾아 올 것처럼 사람들 허파에 잔뜩 바람 불어 넣어서 도박 중독자들이 곧 한탕 크게 먹을 것 같은 기대로 도박을 하는 것처럼 금방 뭐가 될 것처럼 사람을 주물러놓는다. 천당이나 극락 본 적도 없고 가보지도 않은 자들이 천당이나 극락에 가면 아무것도 하지 않고 놀고먹고 팔자 늘어질 것이라고 바람 잡는다.

어떤 놈이 악마를 보았고 어떤 놈이 천사를 보았다고 방귀만 잘못 뀌어도 악마가 잡아갈 듯이, 아니면 뭐가 재판을 해서 처단할 듯이 공갈을 쳐대고 있지 않은가. 전부 모든 것이 실현가능성도 없고 뻥쳐도 확인할 길이 없는 말로 인간들 간덩이를 키워서 모두를 정신병자로 만들어 놓는다. 둘째는 종교가 인간들을 교만 방자하게 만든다. 교회나 성당 다니면 무슨 벼슬이라도 하는 것처럼 말을 걸어 보지 않아도 나 무슨 성당 다니고요, 나 무슨 교회 다니고요. 대한민국에서 교회나 성당 다니면 무슨 큰 특권층이라도 되는 것처럼 아니면 무슨 양식의 기준이라도 되는 것처럼, 그래서 나는 당신보다 더 낫다는 식의 오만하고 방자하고 경망스럽기 짝이 없는 말들을 꼭 끄집어낸다. 이러한 남을 얕보는 행위들을 종교지도자들이 교회나 성당에 나가면 무슨 큰 특권이라도 되는 것처럼 사람들을 부추기고 가르치기 때문인 것이다.

셋째는 이 세상을 물과 기름으로 만들고 있는 것이다. 서양 종교를 신앙하는 사람들은 비교적 배타적이다. 자기와 사상적으로나 신앙적으로 뜻이 맞지 않으면 금세 표를 내고 편을 갈라 버린다. 하늘에는 해도 있고 달도 있고 별도 있다. 구름도 있고 바람도 불고 따뜻한 날 추운 날도 있다. 이 우주의 만고 법칙인 세상의 다양성은 인정하지 않고 자기들 무리 속에 자기들이 신봉하는 신 아래 모두를 몰아넣으려고 하니 이래가지고서는 세상에 평화가 오기를 기다리는 것은 요원한 일이다. 눈 들어 밖을 보면 세상은 더 험악하다. 지금 일어나고 있는 지구상 테러의 100%가 전부 종교 싸움이고 신(神) 싸움이다. 나 이외에 아무것도 없다고 할 때 너는 적일 수밖에 없고 물과 기름처럼 너를 인정하지 않겠다는 데는 싸움밖에 달리 할 것이 없다.

나만 살겠다고 할 때는 힘센 놈만 이길 수밖에 없다. 이렇게 이성과 이성이 만나서 타협하는 것이 아니고 감성과 감성이 부딪히면 총으로 나아가고 전쟁으로 이어질 수밖에 없다. 이래도 인류에게 종교는 필요하고 은총 내리는 신이 필요할까. 신은 잠에 취했나 술에 취했나? 지구상에 종교

(宗敎)가 존재(存在)하는 한 평화는 오지 않을 것이다. 불쌍한 사람들이여 종교라는 뼈다귀만 빨고 있으라.

110. 자본주의(資本主義)의 종말(終末)

사람들이 역사의 수레바퀴를 굴리고 굴리면서 수많은 실패와 성공을 반복하며 최종적으로 만들어 낸 제도가 '자본주의'다. 자본주의와 쌍벽을 이루었던 공산주의는 그 명을 다하고 종말로 치닫고 있다. 자본주의라는 것이 원칙적으로는 모든 자산과 자본의 사적소유를 인정하고 관리하는 정치, 경제, 사회적제도이다. 그 특징은 노동력의 고용이 주종관계였던 봉건제도와는 달리 평등에 의한 자유계약에 기초하고 자본의 소유를 사회 내지 국가가 차지하는 공산주의나 사회주의와는 다르게 모든 자산과 자본의 소유를 개인이 소유함을 기본으로 하는 것이다. 또한 이러한 자본과 자산의 유통 메카니즘도 국가나 사회의 통제 하에 있게 되는 공산주의와 사회주의와 달리 완전한 자유를 누리는 자유 시장 주의에 입각하여 운용되는 것이다.

이에 반대하여 자본의 집중과 폐혜를 예상하여 부의 공평한 분배를 외치며 흥기(興起)하였던 공산주의는 역사의 뒤안길로 사라져 가고 있고, 지나친 선심정치에 치중하였던 사회주의 역시 역사에서 사라질 위기에 봉착해 있다. 그리고 만고불변할 것 같았던 자본주의도 자신이 저지른 죄업에 의하여 스스로 목이 졸려 그 명운이 경각의 지경에 도달해 있다.

쥐약 먹은 쥐는 결국 죽는 것이 당연하다. 먹고 싶은 대로 먹고 비대해질대로 비대해진 자본주의는 마지막 극약인 '탐욕'까지도 스스럼없이 집어먹고 이제 단말마의 비명으로 교수대 위에 선 죄수의 형국이 되어 있다. 자만과 교만에 빠진 자본주의는 '양심과 선(善)에 기초한 이타(利他)와 절제'라는 해독제를 먹지 못하고 '탐욕'이라는 독배만 들고 말았다. 자본주의의 꽃이라 일컬어지는 '금융자본주의'가 일을 저지른 것이다.

a. 금융자본주의의 몰락

기세등등하던 그놈의 돈, 유식하게 말하여 자본이라는 이름의 돈이 온 세상 인간을 파멸의 구렁텅이로 몰아넣은 것이 월 스트리트(Wall Street)발 금융대란이다. 세상만사는 선과 후가 있고 질서라는 것이 있다. 자의든 타의든 모든 일에 질서가 없으면 뒤엉켜 뒤죽박죽이 되고 만다. 돈이란 놈도 들고 남에 질서가 있게 마련이고, 이 질서가 무너지게 되면 돈은 독이 되고 총알이 되고 대포가 되어 너를 죽이고 나를 죽이고 세상을 뒤집는 흉기가 된다. 얼마나 많은 사람들이 얼마나 많은 가정이 '금융 귀재들'이 만들어낸 '금융총탄' 앞에서 쓰러져 갔는가! 말이 좋아서 '금융'이지 따지고 들여다보면 모두가 헛바람이다. "땅은 정직하다"는 말과 "심은 대로 거둔다" 등 땅에 대한 믿음은 땅은 언제나 남을 속이지 않고 정직하다는 것이다. 씨앗은 땅에 뿌려 시간이 지나면 그에 걸맞는 수확이 달린다. 시간과 정성과 노력에다 비, 바람, 햇빛이 어우러져 나온 결과다. 그런데 금융이란 괴물은 아무것도 한 것 없이 허공에다 대고 입으로 바람만 잡아 놓고 오늘 100원짜리가 내일 200원이 되는 식이다. 이것은 정상적인 우주의 질서로는 이해될 수 없는 인간 탐욕이 만들어 낸 괴물이요 허수아비다. 내일을 알 수 없는 것이 오늘이다. 이런 것을 믿게 만들어서 감언이설로 꼬드겨 허파에 바람 집어넣어 폭탄을 집어넣어 폭탄을 마시게 한 것이 소위 월 스트리트 '금융귀재들'이 한 짓이다.

이제는 윤리성이 따르지 않는 자본주의나 한걸음 더 나아간 금융자본주의나 모두 이 땅에서 명운을 다 할 날이 머지않았다는 것이 순진한 필자의 생각이다.

111. 인본자본주의(人本資本主義)

열어 놓은 가게 문을 닫을 수도 없고 세상이 뒤죽박죽이 되든 어쨌든 해가 뜨는 이상 살아야 하는 것이 인생이다. 이놈 아니면 저놈, 이가 없으면 잇몸으로 산다. 차가운 냉혈한처럼 인정도 사정도 없는 자본주의와 금융자본주의를 대신할 제도는 과연 없는 것일까?

여기에 냉혹한 이기심 일변도에서 탈피하여 온정적인 모습을 갖춘 착한 자본주의가 태동되기 시작한 것이다. 양식 있고 양심적인 일부 학자들과 기업인들의 선을 향한 공동인식하에 수익창출과 사회에 공헌하는 동시 목적을 가지고 복지나 자선, 또는 가난 퇴치, 환경 문제, 실업자 문제 등 사회가 원하는 곳에 필요한 것을 베풀 수 있는 기업들이 세계 곳곳에서 머리를 들기 시작하고 있다. 이것은 자본주의의 진화라고 할 수 있는 것이다. 자의에 의해서든 타의에 의해서든 이제 자본주의도 정말 따뜻한 온정이 흐르는 윤리와 정의에 입각한 인간이 중심이 되는 인본자본주의(人本資本主義) 가 되어야 한다고 생각한다. 만물은 인간을 위해서 존재하는 것이다. 인간이 슬퍼지고 가슴 아파 한다면 그런 제도나 문물은 존재할 이유도 필요도 가치도 없다. 이러한 인본 중심의 제도나 문물이 펼쳐진다면 인류의 미래도 밝을 것이다.

112. 수억 명의 죽음 위에 세워진 유럽의 영화

　오늘날 스스로 세계 문화의 중심임을 자부하는 유럽의 영화는 어떤 여정을 거치며 오늘에 이르렀을까? 물론 유럽 문화의 발상지로서 세계문화 발전의 기초가 되었던 고대 그리스 문화는 찬란하였고 지금도 인류의 자랑거리임에는 틀림없는 사실이다. 그러나 기독교가 전파되면서부터 탐욕과 부패와 패거리 시류가 생겨나고 인류는 자기도 모르는 사이에 인간 본연의 본분을 잊어버리고 분열과 억압과 살육이 난무하는 광기의 시대로 접어들게 된 것이다. 학자들의 연구에 의하면 피사로가 150여 명의 정복군을 데리고 남미 침략을 감행한 1520년대의 남미전체 인구가 7500만 명 정도 되었다고 한다. 그 후 약 100년이 경과한 1620년대의 전체 남미 인구가 500만 명 정도 밖에 되지 않았다고 한다. 물론 이 같은 인구의 감소에는 유럽에서 전파된 전염병도 한 몫 하였으나 남미의 인구가 전멸에 이를 지경이 되자 노동력 부족을 실감한 유럽 정복자들은 인구증가를 위하여 아프리카에서 아프리카 원주민들을 노예로 끌고 와서 브라질과 카리브 지역의 서인도 제도 그리고 필요한 각 지역에 사고팔고 한 것이 오늘날의 남미 구성원이 된 것이다.

　이렇게 볼 때 백여 년에 걸쳐 유럽 정복자들의 손에 운명을 달리한 남미 원주민들의 숫자가 단순한 산술적인 계산으로는 7000만 명이 죽은 것으로 되겠으나 그동안 그 인구들이 자연증가로 출산되었을 인구까지 계산해보면 실제로 죽은 원주민의 숫자는 1억 명이 넘을 것으로 봐야 할 것이다. 이러한 상황이 세월이 흐른 지금은 책상에 앉아서 숫자 놀음으로 몇 명이 죽었다느니 어쩌니 하고 있지만 그 당시 사건 속으로 들어가서 그 현실을 들여다본다면 상상을 초월하는 잔인하기 짝이 없는 지배자들의 혹독하고 악독한 억압 아래 짐승보다 못한 대우를 받으면서 죽어갔을 것이다. 단순계산으로 보면 1년에 100만 명 죽은 계산이 나온다. 10년이면 천만 명 100년이 면 1억이 된다.

아무런 저항도 하지 못하고 아무런 이유도 없이 그저 정복자의 총칼 앞에서 짐승처럼 죽임을 당했다고 봐야 하겠다. 문제는 이렇게 잔인무도한 유럽의 정복자들이 그 잘난 하느님과 신을 섬기는 자들이었다는데 있다. 입으로는 하느님이었으나 행동은 개백정 짓을 한 것이다. 원주민들을 그렇게 잔인하게 많이 죽여 놓고 그 원주민들이 뿌린 피의 계단 위에 뻔뻔스럽게도 십자가를 앞세워 교회를 성당을 세웠으니 이게 말이나 될 법한 짓인가? 인간이 미쳤나 신이 미쳤나, 신(神)이 있었다면 그 신은 무엇을 하고 있었기에 그 불쌍한 사람들이 그 지경이 되도록 가만히 있었는가. 과연 신은 존재하는가? 이러한 존재하지도 않는 부존재(不存在)의 신을 믿고 따라야하는가? 양심이 손톱 끝만큼이라도 있는 인간들이라면 스스로를 뒤돌아보고 여기에 대답하여야 한다. 유럽의 지성과 교회와 교황청도 여기에 대답해야 한다. 대답해야 할 의무가 있는 것이다.

오늘날 유럽이라는 찬란함은 이와 같이 아프리카 흑인 원주민들과 남미 원주민들이 뿌린 피와 눈물 위에 세워진 허망의 열매이다. 옛날 우리나라의 대학을 '우(牛)골탑'이라고 하였다. 시골 부모님들이 농사 밑천인 소까지 팔아 자식들을 대학에 보냈기에 붙여진 이름이었다. 유럽 문화는 '인골탑'인 셈이다. 우리의 우골탑 세대는 국가 발전에 기여하였지만 유럽의 '인골탑' 출신들은 불쌍하게 죽어간 그 수많은 영혼들에 대하여 감사하기는커녕 아직도 그 사람들을 옭어먹는 일에 몰두하고 있다. 끝나지 않은 착취의 칼날이 아직도 그 사람들을 향하고 있다. 신을 믿으면서. 신을 팔면서.

113. 신(神)은 정의로운가?

예수의 제자 베드로가 그리스를 거쳐 로마에 그리스도교를 전파한 이후 오늘날에 이르기까지 인류는 어떠한 길을 걸어 왔는가? 예수가 하느님을 머리에 이고 인류 앞에 등장한 이후 사람들은 더 착해지고 더 행복하여졌는가? 그 하나님은 원수를 사랑하였고 언제나 정의로웠던가? 양식이 있는 사람이라면 한 번쯤 생각해 보아야 할 문제인 것이다. 전문적인 지식 없이 대충 아는 지식으로라도 십자군 전쟁을 예를 들어 볼 수 있다. 200여 년간 지속된 8차에 걸친 이슬람권과의 전쟁은 그리스도교 쪽에서 먼저 시비를 걸어 일으킨 전쟁이다.

이 세상의 어떤 전쟁이라도 아름다운 전쟁은 없다. 피가 튀고 살육과 만행이 인간의 이성을 마비시키고 혼돈의 시대를 잉태시킨 것 뿐이다. 이러한 야만적인 전쟁을 200여 년 동안 신을 팔아 신의 이름으로 계속하였다.

그 동안 하나님이 한 일이 무엇이었나. 유럽의 역사는 인간을 천 갈래 만 갈래 찢고 찢는 걸레의 역사다. 신의 이름을 등에 업고 야합과 배신이 판을 치고 신의 이름으로 이합집산이 이루어진 인간의 역사가 아닌 신의 역사를 위하여 인간이 조연이 된 허깨비 역사였다.

하나님을 앞세운 그들은 남북 아메리카 대륙에 침입하여 선주민이었던 인디오들을 짐승 사냥하듯이 죽이고 그 땅을 빼앗았다. 그때 하나님은 정의로운 하나님이었던가? 자신의 이름을 팔아 사람 죽이는 사람들을 왜 그냥 놔두고 그 피의 제전 위에 세워진 십자가 예배당의 첨탑에 하나님 이름을 빙자하여 만행을 저지르도록 그냥 놓아두었는가? 그것이 하나님이 해야 하는 짓이었든가?

아프리카에서는 왜 인류 비극중의 비극인 사람을 사냥하여 사육하듯이 다루고 팔아먹는 노예장사를 그냥 바라보고 있었단 말인가. 신이나 하나님이 존재하는가? 탐욕의 화신이 되어버린 하나님을 믿는 자들은 드디어 1차 세계대전 2차 세계대전을 일으켰고 그야말로 수많은 사람들이 원인도 모르고 아무 죄도 없이 죽어가는 데도 신은, 하나님은 한 마디 말도 아무 말도 없었다. 600백만 명의 유대인들이 죽을 때 하나님이 내려와서 지켜보았는가? 시베리아 동토에서 죽어갔을 수많은 죄 없는 사람들, 그 사람들이 왜 죽어야 했는가. 그들 한 사람 한 사람이 자기 죄를 알고 그래서 그 죄의 대가로 죽었을까? 모두가 억울한 사람들이었고 남의 자식이었으며 남편이었고 부모였던 사람들이었다. 이 억울했던 사람들이 이유 없이 죽어가는 데 그때 하느님은 무엇을 했는가.

배꽃처럼 어여뻤을 대한의 딸들이 저 무지막지한 일본인의 군화 발에 짓밟힐 때 하나님은 정의로웠는가? 동족의 비극으로 수백만 명을 죽이고 수천만 명의 가슴을 찢어놓은 6.25가 일어날 동안 하나님은 무얼 했는가? 지금도 이 땅에는 비극의 흔적이 사라지지 않고 있다. 숯검정이가 된 가슴을 안고 살아가는 사람들이 있고 북녘 땅에는 수천만 명의 형제들이 배고픔과 공포에 질려 살아가고 있다. 이 비극을 신이 있다면, 하나님이 있다면 즉시 대답하라.

오늘도 제 몸에 폭탄을 두르고 인간 형제를 죽이러 나서는 이 비극을 하나님이 존재한다면 신이 존재한다면 막아야 할 것 아닌가? 이대로 신이 존재한다고 하나님이 존재한다고 말하고 싶고 그 신을 그 하나님을 믿고 싶은가? 미안한 일이지만 예수가 하나님을 등에 업고 인류 앞에 나타난 이후부터 땅 위에는 한순간도 평화로웠던 적이 없었고 단 한 번도 신이나 하나님이 인간을 위하여 해준 것이 없다. 인간성을 파괴시키고 인간끼리 싸움만 붙여 놓았다.

이 시대를 살아가고 있는 사람들은 이제 현명한 대답을 내 놓을 때가 되었다. 미래세대를 위하여서도 대답해야만 한다.

114. 존재(存在)의 이유

우주 만물은 각자의 정위치에서 존재한다. 만물이 존재하는 이유는 무엇일까? 또 왜 존재하는 것일까? 정답은 하나뿐이다. 존재하는 이유는 '너'를 위해서이다. 만물의 존재 이유는 결코 나를 위해서 존재하는 것이 아니고 너에게 존재당해 주기 위하여 존재하는 것이다. 예를 든다면 우리나라에는 연(緣)이 많다. 학연, 지연, 인연 등 그중에서 학연을 예로 들어보면 학교가 나 혼자를 위하여 존재하는 것이 아니다. 모든 학생들을 위하여, 즉 당신을 위하여 존재하는 것이다. 초등학교, 중학교, 고등학교, 대학교 등 대소 동창회가 참으로 많이 있다. 이 동창회도 내가 있어서 동창회가 있는 것이 아니고 동창회가 있어서 내 자신이 동창회 회원이 되는 것이다.

우리 몸으로 보면 누구나 5장 6부를 가지고 있다. 5장 6부는 서로 협업한다. 5장 6부중에서 하나만 없어도 5장 6부가 정상 작동되지 않는 다. 결론은 세상만사 모두가 존재하는 것은 모두가 너를 위하여 존재하는 것이고 그리고 너를 위하여 기꺼이 존재하여 주는 것이다. 마누라는 남편을 위하여 남편은 마누라를 위하여 모두가 각자의 자리에서 열심히 너를 위하여 존재하는 것이다. 그런데 이 우주 만물의 존재 이유에 대하여 역린(逆鱗)처럼 거스르는 것이 있으니 그것은 바로 신이요 하느님이다. 이 자들은 모두 나를 위하여 존재하라고 외치고 억압하고 얼러댄다. 이 세상에 존재하는 모든 존재자들이 모두가 나를 위하여 존재하라고 주장한다면 이 세상은 단 1초도 정상작동이 되지 않는다. 이러한 이치를 망각한 채로 욕심에 눈이 멀어 나만 따르라고 외쳐대는 어리석은 사람들이 여기에 귀신들린 것처럼 흘려서 날뛰고들 있으니 세상 돌아가는 것이 정상이 될 수 없는 것이다. 그러니 제자리에서 정신 차려 잘 생각해보고 모두들 제자리로 돌아와야 제분수를 지키고 제 할 일 할 수 있다는 사실을 깨닫게 될 것이다.

115. 그것도 모르나

불가에서는 삶과 죽음을 하나로 본다. 생사여일(生死如一)인 것이다 삶이 죽음이고 죽음이 삶인 것이다. 그래서 고승들은 임종이 가까워오면 죽음이란 옷을 갈아입을 것을 미리 알고 각자 나름대로 오도송(悟道頌)이란 것을 남겼다. 죽는 줄 안다는 것이다. 이에 비하면 '예수의 죽음'은 비참하기 이를 데 없다.

중세 카톨릭에서 종교 개혁의 기치를 들고 일어나 프로테스탄트 즉 '신교'를 개창한 루터의 사상적 출발점은 '아무런 죄가 없는 예수가 어찌하여 신으로부터 버림을 받았느냐?'는 것이었다. 이 말이 정말 맞는 말인 것이 예수가 하나님의 아들이었다면, 그리도 전지전능하신 하나님이 자기자식을 십자가에 못이 박혀 물도 한 모금 못 마시고 매달려 죽도록 내버려 두어야 했을까? 그리고 예수 또한 자신이 하나님의 독생자요 아들이라면 자기가 죽을 시간 정도는 알고 있어야 할 일 아닌가. 이것은 아무리 꿰어 맞추어 보아도 정상적인 사고로는 이해가 되지 않는 것을 창세기의 시간과 공간에서 0.1mm도 빠져나오지 못하고 있는 불쌍한 사람들이 시도 때도 없이 몰려다니며 설쳐대는 세상이다 보니 세상이 바른 생각을 할 수가 없는

것이다. 말을 탄 새신랑이 장가가는 것처럼 시간은 다가오고 있으니 때가
되면 알게 될 것이다.

116. 정저지와(井底之蛙)

　정저지와(井底之蛙)라는 말은 우물 안 개구리에게 바다를 설명해 줄 수
없다는 뜻으로 중국 고전 '장자'에 나오는 말이다.

　내가 보는 세상이 제일 크고, 내가 살고 있는 세상이 가장 위대하며 내
가 뛰고 있는 속도가 가장 빠르다고 생각하는 것이다.

　자신이 존재하는 우물 속이 세상의 전부라고 생각하는 사람에게 하늘
을 설명할 수 없고 바다라는 것을 이해시킬 수가 없다. 또한, 여름만 살다
가는 매미에게 차디찬 겨울의 눈보라를 설명해 줄 수가 없고 자기 속에 갇
혀 있으면 외부의 어떠한 것도 받아들일 수 없게 된다.

　요즈음은 옛날과 달리 핵가족시대라서 집 안에서는 아버지가 제일 어
른이시고 기둥이다. 그런데 우리 집 안에서 아버지가 제일 어른이시고 똑
똑하다고 하여 이 세상에서 아버지는 오직 우리 아버지 밖에 없다고 한다
면 이것이 맞는 말이겠는가? 우리 집 밖을 나서면 수많은 아버지 수 십 억
명의 다른 아버지들이 계신다. 그런 모든 아버지들을 우리 아버지가 창조
하였다고 한다면 되겠는가?

　신관(神觀) 또한 이와 꼭같은 이치다. 어떤 한 신(神)이 다른 모든 신을
창조하였다고 하면 이때부터 싸움과 충돌이 시작된다.

　우주적으로 보면 태양(太陽)은 태양계 안에서는 제일 어른이고 좌장이
다. 그러나 태양계를 벗어난 우주 전체적으로는 하나의 점(點)도 되지 않

는 미미한 것이다. 이것은 거짓말도 아니고 과학이라는 실존(實存)이 이를 증명하고 있다. 내가 알고 있는 것이 온 우주의 모든 법칙은 아니다.

우물 안에서 벗어나야 새로운 세상이 보이는 것이다. 신관(神觀)또한 마찬가지다. 이제는 시야(視野)를 넓혀 우주적인 관점으로 접근해야 할 것이다. 미래의 세상은 모든 사람들의 마음이 서로를 배려하고 칭찬하는 우주시민(宇宙市民) 정신으로 바뀌어야 할 것이다.

117. 선(線)의 정의(正義)

수학(數學)에서 선의 정의는 점(點)의 연결(連結)이다. 수많은 점이 연결되어 하나의 선(線)이 되는 것이다. 점(點)이 하나의 개체(個體)로서 존재(存在)할때는 점의 특성과 개성이 살아 있을 수 있으나 점 자체가 선에 함입(陷入)되고 나면 점 자체의 고유성은 소멸되고 선의 한 부부이 되어 자체는 소멸되고 점 자신이 선의 일부분이 되어 점이 선이 되는 것이다.

118. 태양(太陽)은 없다.

하늘 아래 존재하는 모든 것들은 태양의 덕에 힘입어 존재하고 있다. 태양이 없다면 세상 만물은 한 날 한 시도 생존할 수가 없다. 그런데 태양이 없으면 한 날 한 시도 존재할 수가 없다고 하면서 "태양은 없다."고 한다면 무슨 궤변(詭辯)처럼 보일 수도 있으나 생각을 우주적으로 넓혀 보면 이는 결코 궤변도 아니다.

과학(科學)이 만개(滿開)하여 앉아서 10억 광년(光年)의 거리를 볼 수 있는 세상이다. 사람들이 모르고 있을 뿐 알고 있어도 생각을 바꾸어 보지 않아서 그럴 뿐이다. 선(線)의 정의에서 점(點)의 연결(連結)이 선이며 점이 선에 함입되면 점은 선이 되어 점 자체는 소멸되듯이 태양도 우주 속으로 들어가 태양 스스로 우주의 일원이 되면 태양은 없는 것이 된다.

하나의 점(點)에도 못 미치는 태양(太陽) 속에서

우주(宇宙)에 비교하면 하나의 점에도 미치지 못하는 태양 속에서 서로 신(神)을 만들어 나의 신(神)은 좋고 최고이며 너의 신(神)은 나쁘고 저급하며 못난이라고 깎아 내리고 좌파와 우파를 만들어 서로를 속이며 나는 잘났고 너는 못났고 나는 바르고 정의이며 너는 틀렸고 악이라고 설쳐대는 이 한심한 작태가 인간 세상에서 일어나고 있는 현실이다. 실로 비루하기 짝이 없고 가련하기 그지없는 인간살이다. 이렇게 살아야 하나? 부모자식 간에도 말이 통하지 않는 막다른 세상으로 가고 있다.

그 끝은 어디쯤일까?

119. 코로나

코로나가 지구촌을 휩쓸고 있다. 인공적으로 만들어진 것이든지 자연적으로 출현한 것이든지 간에 이러한 병이 창궐(猖獗)하는 것은 인간의 자업자득(自業自得)이다.

우주의 대원칙인 '나눔과 배려'의 법칙을 저버리고 무조건 더 가져야되고 무조건 이겨야하는 무한경쟁을 하다보니 필연적으로 충돌이 일어나고 서로가 서로를 갉아먹는 막다른 시간에 다다르게 된 것이다. 필자의 어리석은 생각에 '코로나의 출현'은 이제 인간들이 좀 쉬어라는 뜻인 것 같고 또한 미래의 어느 시점에 코로나보다 수 십배 수 백배 강한 새로운 병겁(病劫)의 출현을 예고하는 것일 수 있다는 생각이 든다. 이 코로나란 것이 눈이 달렸는 지 귀가 달렸는 지 특이하다. 세상 천지에 자기 자식 코로나 걸리라고 하는 부모는 없을 것이다. 그런데 무슨 천지니, 무슨 선교니, 무슨 센터니, 무슨 재단이니, 하나님 모시는 곳마다 '못자리 논에 볍씨 뿌리듯'이 따라다니며 코로나를 뿌려주시니 하나님 정말 대단하시다. 무슨 천지에 뿌려주니 대구 천지에 소(沼)가 파였고 공동체가 거덜이 났다. 광주에 뿌려주니 광주 천지가 대전에 뿌려주니 대전 천지가 몸살을 앓고 수 십만 명이 직장을 잃고 수 십만 명의 자영업자들이 문을 닫고 고통과 절망 속을 헤메고 있는데도 눈 한 번 깜짝하지 않고 코로나 뿌려대니 하나님은 자식을 키워보지 않아서 그런지 '아이는 죽는데 배구멍 딴다고, 막무가내다.

몰상식하고 몰염치한 이 아전인수의 억지를 어찌해야할꼬?

120. 격도 제 할 탓, 자기 격은 자기가 만든다

옛날에 금으로 만든 그릇이 두 개 있었다.

금으로 만들었으니 노랗고 번쩍번쩍한 것이 귀물이었다. 그런데 한 그릇에는 쌀밥을 담아서 그야말로 "금밥그릇"이 되었는데, 한 쪽은 그만 개밥을 담게 되었다. 그래서 한 쪽은 "개밥그릇"이 되고 말았다. 그렇다. 아무리 좋은 그릇이라도 무엇을 담느냐에 따라 그릇의 격이 매겨지는 것이다. 모두가 제 할 탓이다.

이 세상에 태어날 때 마음 속에 금그릇 품지않고 나온 사람이 누가 있겠는가. 모두가 남의 집 귀한 자식으로 태어나 가슴에는 빛나는 금그릇이 있었을 것이다. 그러나 이 세상 살면서 그 금그릇 속에 무엇을 담게 되었느냐에 따라 지금의 나의 가치가 나타나게 되는 것 아니겠는가.

모든 것은 남의 탓이 아니고 전부 나의 탓인 것이다. 불평불만할 것도 없고 지금부터라도 내가 지니고 있는 금그릇에 나만의 꿈과 희망과 행복을 담으면 되는 것이다.

나의 격은 내가 할 탓이고 남이 지어주는 것이 결코 아님을 깨달아야 할 것이다.

제5장

일풍(一風)-증산도(甑山道)

121. 우주의 보편적 본질(本質)

우주의 보편적인 본질은 그 바탕이 저잣거리말로 '공짜'다. 좀 품위 있게 말한다면 '베푸는 것'이고 한 차원 더 높은 말로는 '배려'라고 할 수 있겠다.

우주에 비한다면 '태양계'는 조족지혈도 되지 않는 정도의 크기지만 태양계만으로 볼라치면 우선 태양계 권에서 태양의 해택을 가장 많이 받고 있는 별이 인간이 살고 있는 지구이다. 지구에 살고 있는 모든 존재자들은 태양이 비추어 주지 않으면 모든 것이 끝나는 종말(終末)이 된다.

언제나 항상 제 몸을 태워서 밝음과 따뜻함을 보내어 만물이 자라고 살아갈 수 있는 힘을 보내주고 있다. 이 모두가 '공짜'다. 태양이 빛을 보내고 에너지를 제공했다고 지구에다 대고 인간에다 대고 '고지서' 한 번 보낸 일이 없다. 보내는 모든 것이 '공짜'다. 한 번도 투덜대거나 제 하는 짓을 몰라준다고 야속해 하지도 않는다. 언제나 말없이 '베풀어'주고 있다.

사람이 밥을 먹지 않아도 사흘 나흘 닷새 정도 까지 죽지 않을 것이다. 그러나 공기로 숨을 쉬는 행위를 5분만 멈추면 '현고학생(顯考學生)'이 되고 만다. 지천으로 꽉 차 있는 것이 공기다. 부지런히 숨만 쉬면 살아갈 수 있는 것이다. 그런데 이 공기 또한 공짜다. 어떤 사람도 어떤 단체도 어느 누구도 숨 쉰다고 '고지서' 들고 찾아오는 법이 없다.

시시때때로 하늘에서는 '물'을 내려 보내준다. 가끔 많이 보내서 문제가 되기도 하지만 이것 또한 '공짜'다. 사람이나 동물이나 생명 있는 것들은 어느 것이든지 한 열흘 정도만 물을 먹지 못하면 아마 모두가 숨을 거둘 것이다. 이 물의 가격 역시 공짜다. 생수와 수돗물은 하늘에서 공짜로 보내주는 물을 가공하기 때문에 값이 붙을 뿐이다.

과학자들이 추정한 지구의 무게는 약 6조 톤이 된다고 한다. 이 거대한 지구라는 덩어리가 한 바퀴씩 저절로 돌고 있다. 누가 돌리는 것도 아니고 저절로 돈 한 푼 들이지 않고 공짜로 돌고 있다. 이 거대한 덩어리를 돈을 들여서 돌린다고 하면 그 비용이 얼마나 어마어마할 것인가? 공짜로 저절로 돌면서 햇빛을 받으면 낮이 되고 햇빛을 받지 않으면 밤이 되어 하루가 되어준다.

그런데 낮이 밝아서 좋다고 24시간 낮만 있다면 지상의 모든 것은 모두 말라죽어 버릴 것이다. 밤이 좋다고 밤만 있다면 아무것도 존재할 수 없게 될 것이다. 때가 되면 낮이 되고 다시 밤이 찾아와 지친 나래를 접고 밤이 주는 어둠에 안기면 물 묻은 솜처럼 지친 몸이 거뜬하게 힘을 다시 얻는다. 지구가 돌아가니 강낭콩 덩굴도 울타리를 따라 올라가고 수박 순 참외 순이 수박과 참외를 매달고 자라며 담쟁이는 담을 따라 덩굴도 올린다. 이것이 모두 공짜다. 돈 일전 내지 않는 순수한 공짜다.

땅 위에 존재하는 모든 것은 모두 땅이 내어준 것이다. 시멘트, 철근, 자동차, 비행기, 기차, 빌딩 모든 것이 땅을 파먹어 땅에서 뺏어낸 것들이다. 그래도 땅은 고지서 한 장 날려 보내지 않는다. 우주의 완전한 공짜 덕분에 오늘을 휘날리며 살아가고 있는 것이 인간의 삶이다. 아라비안 나이트의 '마법의 양탄자' 같은 완벽한 '공짜 양탄자'를 타고 놀면서 조금이라도 힘이 생기면 이것이 제 것인 양 으스대고 우쭐대고 목에 힘을 주고 기고만 장 날뛴다. 세상이 제 것인 양 까불어댄다.

아무리 많은 재화를 가지고 놀아도 그것이 자기 것이 아닌 것이 확실한 것은 죽을 때 보면 안다. 고대광실 높은 집도 그 많았던 돈도 땡전 한 푼 못 가져간다. 모두 두고 가야 한다. 왜냐? 제 것이 아니기 때문인 것이다. 이러한 이치를 안다면 그렇게 길길이 날뛰고 가슴을 후벼 파는 짓을 하지 않고 살게 되었을 것이다.

우주의 완전하고 완벽한 이 공짜, 베품의 혜택을 받은 올바른 사람이라면 베풀 줄 아는 사람이 되어야 하지 않겠는가. 이것이 우주의 본질과 완벽하게 동화되는 길인 것이다. 필자가 알기로는 지구상에서 우주의 베푸는 원리에 가장 가까이 근접한 집단이 대만의 자제공덕회(慈濟共德會)가 아닌가 한다.

1966년 대만 동부 화롄에서 비구니 증엄 스님과 제자 5명 가정주부 30명으로 출발한 이 단체에 기부금을 냈거나 자원봉사를 한 사람만 대만 내에서 1000만 명, 세계적으로 1500만 명이 동참하는 불교단체로 성장하였다. 증엄 스님과 제자들은 처음부터 시주를 받지 않았다. 이들은 수행 틈틈이 아기신발을 만들어 팔고 촛불, 도자기를 만들어 팔고 직접 농사를 지어 자급자족하면서 운동을 펼쳐나갔다. 1986년 자제병원을 세우고 의과대학도 설립했다. 1990년대 들어 세계구호 활동과 환경 보호로 활동 범위를 넓혔으며 대만의 태풍 그리고 지진이 났을 때 시리아 난민 구호 활동을 했으며, 동일본 대지진 등 세계 구호현장에 출동하였다.

1997년 북한에도 9차례 구호 활동을 하러 갔다. 이들이 숭고한 것은 기부금을 자선과 구호 활동에만 쓰기 위해 봉사자들은 교통비와 숙식비를 모두 자비로 내고 다닌다는 것이다.

증엄 스님은 "수양(修養)은 나를 위해서 하는 것이 아니다. 세상에서 보고 배우는 것이 수양이다"라고 갈파한다. 자제공덕회에 기부금을 내거나 봉사활동을 하는 사람들이 모두가 불자는 아니라고 한다. 불자가 아니면서도 토요일 오후 땡볕 아래 쭈그리고 앉아 쓰레기 분리수거를 할 수 있는 까닭을 궁금해 하자. "내 인생을 돈 벌기 위해서만 사용할 수 없다. 더럽고 더운 환경 속에서 손발을 움직여 일하다 보면 내가 옳은 일을 하고 있다."는 것을 느낄 수 있다"는 대답이 돌아왔다고 한다. 이만하면 우주의 보편적 본질에 근접한 집단이 아니겠는가? 훌륭하시도다. 훌륭하시도다. 또다시 훌륭하시도다.

인간들도 이제 스스로를 뒤돌아 볼 때가 되었다고 생각한다. 양심과 이성에 입각하여 성숙된 판단으로 제자리를 찾아 올때가 되었다고 본다.

122. U.F.O와 석가모니 그룹

U.F.O와 석가모니와 그의 제자들은 현대적인 과학용어로 보면 '순간이동'을 하였던 우주 에너지들이었다.

지구인들이 UFO니 뭐니 해서 외계인이나 외계문명에 대한 의견들이 분분한바 한결같은 외계인에 대한 비평이란 것이 모두가 조악한 지구인들의 사고방식을 벗어나지 못한 비평을 하고 있다. 첫 번째가 외계인들에 의한 지구 정복론이다. 외계인이 지구를 정복하여 식민지로 만들어서 자기들 마음대로 조종하여 지구인들을 죽이고 빼앗고 마음대로 할 것이라는 식이다. 이러한 거의 공상적인 상상은 지극히 자기중심주의에 사육되어 온 탐욕에 찌든 사악한 지구인들의 생각일 뿐 '우주 보편의 사상, 베품,

너를 위하여, 배려'의 정신이나 마음은 0.001%도 없는 지구인들 자신의 생각이요 이론일 뿐인 것이다.

인류에게 역사란 것이 기록되어진 이래 모든 종족과 집단, 사람들이 뺏고 빼앗기는 짓을 되풀이하면서 단 한 번도 빼앗은 사람들이 빼앗긴 사람들에게 자기들의 가진 것을 베풀었다거나 나누어 주었거나 한 적은 없었다. 빼앗고 나면 무조건 죽이고 파괴하고 불태우고 없애 버리는 짓만 하였다. 그렇기 때문에 '외계인들도 지구에 오면 지구를 정복하고 빼앗고 파괴할 것으로 생각하고 있다. 자기들이 해본 짓이 빼앗고 죽이고 파괴한 것밖에 없기 때문에 외계인들도 지구에 오면 그렇게 할 것'이라고 지레짐작하고 상상하는 것이다.

우주의 본성은 선(善)이다. 우주의 문명과 우주인들은 이미 우리 주변에 널려있다고 봐야 한다. 다만 지구인들이 외계인들과의 선한 생각의 주파수와 맞출 수 없기 때문에 그들을 보지 못하고 있는 것이다.

두 번째는 지구인들이 물질과 비물질에 대하여 구분을 하고 경계를 가지고 이해를 못하고 있다는 점이다. 불가에서 부처께서 체득하신 '색즉시공 공즉시색(色卽是空 空卽是色)'이란 것에 대하여 이해를 못하고 있는 것이다. 현대 과학이 밝히고 있는 바와 같이 거시세계와 미시세계는 서로 연결되어 있는 뫼비우스의 띠와 같이 하나라는 것이다. 석가모니께서 깨달음의 도(道)를 이루신 때에 그 당시의 언어 표현을 상상해보면 어떤 언어 어떤 방식으로 그 경지를 설명할 수 있었겠는가? 현란한 표현을 구사할 수 있는 현대의 언어로도 '색즉시공 공즉시색'이 색이 공과 다르지 않고 공도 색과 다르지 않다는 정도의 해석만 내놓고 있는 정도다.

가방 끈 짧은 필자의 건방진 해석은 예를 든다면 '사과 씨를 뿌리면 그 자리에서 금방 싹이 나고 나무가 커서 사과가 열리는' 식이다. 몸이 있다가 갑자기 없어지는 투명인간 유체이탈이 되는 식이다. 이것이 색즉시공 공즉시색이라고 봐야 하는 것이다. 현재의 지구인들 상식으로는 공상이나 거짓말 불가능으로 치부할 수밖에 없는 일이지만 마음의 도(道)를 이룬 자에게는 불가능이 아니라는 것이다. 이러한 일은 득도(得道)한 사람만이 알 수 있는 일이요, 객외자는 상상도 못할 일인 것이다. 이 마음의 길을 열어주기 위하여 석가모니는 세상에 나타났던 것이다.

세 번째, 현재 지구를 방문하는 외계인들은 벌써 '색즉시공 공즉시색'의 도(道)를 득(得)한 문명이라고 보아야 하는 것이다. 이러한 문명을 가진 외계문명 내지 문명인들이라면 지구를 정복하고 식민화하려는 것이 아니고 우주일가(宇宙一家)를 이루기 위한 문명교류를 위하여 지구를 방문하는 선진우주 문명이라고 보아야 한다는 것이 필자의 우론이다. 수천 년 동안 뺏어먹고 파괴하고 죽이는데 이골이 난 지구인들의 사고로는 상상이 안 되는 일이다. 상대 집단이나 진영에 대하여 베풀어 준 적이 없다. 오늘도 지구상에서는 뺏고 또 빼앗기 위해 너를 죽이고 납치하고 파괴하는 일들이 쉬지 않고 일어나고 있다.

통합적으로 본다면 석가모니를 비롯한 가섭, 목련존자, 아난 등 십대제자와 오백 나한 등은 우주인으로 보아야 한다는 것이고 '색즉시공 공즉시색'은 물질과 비물질의 경계가 없다는 것이고 마지막으로 속도에 관한 이야기다. 지금까지 인간이 발견한 속도의 단위로서 가장 빠른 것으로 알려진 것이 광속(光速)이다. 1초에 약 30만 km를 간다고 알려져 있다. 그런데 색즉시공 공즉시색이 되고 우주인이 되려면 광속으로는 해결이 되지 않는다. 사실 인간이 못 느끼고 알지 못하고 알려고도 하지 않아서 그렇지 광속 보다 몇 십 배 훨씬 빠른 속도가 있다. 그것은 바로 념속(念速)이다. 아무리 먼 곳이라도 수 초 만에 도달할 수 있고 돌아올 수 있는 것이 생각의 속도 염속이다. 이 생각의 속도로 마음대로 자유자재로 변신하고 바꿀 수 있는 것이 '색즉시공 공즉시색'이라고 보는 입장이다. 이러한 경지는 마음이 도달할 수 있는 궁극의 세계라고 해야 할 것이다. 이러한 일들을 이루었던 자들이 바로 석가모니 그룹이라고 할 것이다. 이것 또한 '순간이 동'인 것이다.

석가모니는 당신도 마음의 경지를 열고 이룬다면 나처럼 될 수 있다고 갈파하였다. 인간종자의 마음이란 그릇 속에는 누구나 선(善)의 씨앗 즉 불성(佛性)이 존재하고 있기 때문에 마음의 문을 열어 보라는 가르침을 알려준 것이다. 얼마나 평등하고 보편적인 사상인가. 제자들이 그 뜻을 받들어 모두 아라한과를 증득하여 윤회의 오고감이 없는 위 없는 도(道)를 이루어 우주에너지가 되었던 것이다.

예수 또한 반쯤 알기는 하였으니 '오병이어'가 그것이다. 몇 사람의 배는 불려 주었으나 제자도 기르지 못하고 자기 처신도 못하고 신(하느님)을 만들어서 인간과 구별을 지어 인간이 눈을 들어 신을 쳐다보지도 못하게 만들어 인간의 정신과 영혼을 말라비틀어지게 만든 장본인이 되고 말았다.

123. 인간과 우주문명

생물학을 전공하신 학자님들께서는 인간을 어느 쪽이나 과로 분류하는지 모르겠으나 필자의 의견은 인간이란 존재는 '우주문명'을 향하여 나아가는 하나의 '에너지' 집단이요. 그 과정이라고 보는 견해를 가지고 있다. 인생이란 인간 개개인의 삶의 과정이라고 할 수 있겠으나 인간 전체를 뭉뚱그려 보면 인간은 '우주문명'을 향하여 끊임없이 진화하고 있는 만물의

'마지막 과정'이라는 것이다. 전술한 바와 같이 태양이나 공기나 물 같은 우주의 큰 에너지들은 끊임없이 베풀어주는 공짜다. 사람들은 공짜라고 할 수 있으나 객관적이고 순수한 정확한 표현은 아무런 보상이나 대가도 없이 '순수에너지' 상태로 베푸는 것이 '우주에너지'의 본성이라고 하겠다.

여기서 한 번 더 '석가모니 집단'을 보면 그들은 완전히 우주 에너지화되어 오고감이 없는 우주 에너지가 되신 우주에너지들인 것이다. 그들은 햇빛이 되어 동토를 녹이고 만물을 길러 주었으며 아침이슬이 되어 목마른 자들의 목을 축여주고 공기가 되어 너를 숨 쉬게 하는 순수한 우주에너지가 되신 자들인 것이다. 석가모니는 모든 인간들은 모두가 누구라도 우주의 순수 에너지가 될 수 있다고 갈파하신 것이다.

사람은 누구나 자신의 인지 범위 내에서 모든 것을 판단하고 이해하려고 한다. 시간 너머의 시간이 존재하고 공간 너머의 공간이 존재한다는 사실을 인정하지 않고 있다가 20세기에 들어와서 과학의 발달로 공간 너머의 공간이 존재하고 시간 너머의 시간이 존재할 수 있다는 사실을 인지하기 시작하였다.

이 말은 '윤회'를 설명하기 위한 장광설이다. 사람들 중에는 윤회를 인정하는 사람도 있고 인정하지 않는 사람도 있다. 각자 자기의 인지 범위 내에서의 판단이다. 가령 예를 들어보면 옛날 어머니들은 뜨개질을 하실 때 털실이 귀하니까 털실로 짠 큰 옷이 해어지면 그 해어진 옷의 털실을 풀어 둥근 공처럼 감아서 다시 장갑이나 모자, 양말 등 다른 물건으로 만들어 쓰셨다. 인간도 마찬가지라고 보면 된다. 해어진 털실 덩어리가 모이듯이 흩어졌다 다시 뭉쳐져서 인간이 되고 또 해어져서 다른 물건이 되었다가 인간이 되고 각자의 인연 따라 오고가는 것이다.

그러나 최종적으로는 '순수 우주에너지'가 되는 것이다. 가기 싫어도 가야되고 하기 싫어도 해야 되는 것이 인간의 업보요, 공짜로 우주에너지를 받아먹고 쓰고 한 턱을 자신도 갚아야 하는 것이다. 이 과정을 알아도 좋고 몰라도 좋다. 무조건 조건 없이 순수 우주에너지를 향하여 가는 과정이 인간의 과정인 것이다. 빨리 알아채면 빨리 갈 것이요, 게으름 피우고 딴 짓하면 인절미 떡방아 찧듯 이리저리 떠돌며 때로는 눈물과 콧물도 흘리면서 먼 길을 가는 것이다.

124. 인간과 종교

인간이 태어나서 엄마 젖무덤 빨지 않고 산 사람은 없을 것이다. 젖이 모자라면 동냥젖이라도 먹고 미음이라도 먹고 자랐을 것이다. 그러나 나이가 들어 어른이 되고서도 엄마 젖 먹는 사람은 없다. 인간과 종교관계도 마찬가지다. 춥고 배고픈 시절 거친 황야를 떠돌며 추위와 공포 속에서 살아갈 때는 의지하고 싶은 곳도 있어야 했고 기대고 싶은 언덕도 있어야 했다. 원시시대를 거치면서 인간들이 자아에 눈뜨기 시작하면서 시작된 종교는 일정기간은 인간들에게 위안도 되어 주었고 길잡이도 되었을 것이다.

그러나 하늘 날아다니고 물속을 휘젓고 다니고 만 리 밖의 소식을 앉아서 들을 수 있는 첨단 과학의 이 시대에도 수천 년 전에 만들어낸 신(神)에게 집착한다는 것은 다 큰 어른이 어머니 젖가슴 찾는 것과 같은 것이다. 이제 성숙해질 대로 성숙해진 인간은 종교로부터 신(神)으로부터 '인간으로 돌아오는 엑소더스(Exodus)'가 일어나야 할 때다. 서양 종교의 신관(神觀) 사상은 인간을 비루먹고 말라비틀어지게 하였다.

125. 인간을 비루먹게 하여 빌어먹게 한 책 성경

신과 하나님을 찬양하는 책 성경은 언필칭 "진리요 생명"이라고 외쳐대지만 이 지구를 혼돈과 살육의 장으로 만든 원인 제공자요, 인간의 영혼과 정신을 수천 년 전의 '미라'처럼 말라비틀어지게 하였으며 인간의 영혼과 정신을 앙상한 뼈만 남은 좀비로 만든 장본인인 것이다.

a. 성경과 불경

언필칭 '생명의 말씀'이요, '진리의 말씀'이라고 하는 성경의 전체적인 흐름은 문장 모두가 명령적이다. 상대를 인정하여 주고 감싸 안아 주는 것이 아니고 처음부터 끝까지 인간의 생각이 비집고 들어갈 틈도 주지 않고 모든 것이 명령조다. "나를 믿어라 그러면 너와 너의 가족이 구원을 얻을 것이다." 이 말을 반어법적으로 뒤집어 보면 "나를 믿지 않으면 너와 너의 가족은 구원을 받지 못할 것이다"로 된다. 이것은 다분히 공갈조적이다. 마음 약한 사람에게는 위협적인 것으로 해석될 수도 있다.

신(神)과 인간(人間))을 종속적인 관계로 설정해 놓고 대놓고 명령하고 무조건 따르라는 것이 성경이라는 책 전체의 흐름이라고 볼 수 있다. 불경의 경우는 이와는 정 반대다 그 많은 불경을 다 볼 수도 없지만 가방 끈이 짧은 필자가 본 어떠한 경전에도 명령적인 문장은 한 번도 없었던 것으로 기억한다. 불경의 8만 대장경이나 수많은 경전은 모두가 비유법을 차용한 은유적인 설명들이다. 문장들이 신사적이라고 할 수 있다. 누구를 탓하거나 원망하거나 싸우거나 하는 것이 아니고 그저 이러이러하니 저러저러하더라. 그러니 그 경을 보고 자기 재량에 맞게 느끼고 생각한 바대로 받아들이고 행하면 되는 것이다. 또 하기 싫으면 하지 않으면 되는 것이다.

어리석은 인간의 삶 속에서 볼 때 성경은 너무나 딱딱하고 직설적이고 공격적이고 명령일색이다. 인간적인 입장에서 정말 한 번 음미해 볼만한 일이라고 사료된다.

b. 우주의 보편적 진리 1. (배려·자비·공짜)

사람들이 무심코 하루하루를 살아가고 있지만 따지고 보면 정교한 자연 법칙의 은혜를 무더기로 뭉텅뭉텅 받아가며 살고 있는 것이다. 하늘에서 햇님이 비춰주지 않으면 살 수가 없다. 무진장으로 지천으로 공급되는 공기가 없으면 5분도 살아갈 수가 없다. 하늘에서 공짜로 비가 내려오지 않으면 사람들은 생존할 수가 없다. 이렇게 자연으로부터 한량없는 은혜를 받고 살고 있는 것이 우리의 삶이다. 그런데 이러한 무지막지한 공급을 하여 주면서도 하늘이나 땅이 한 번도 돈을 달라거나 은혜로 갚으라거나 하여 영수증을 요구하거나 고지서를 발부한 적이 한 번도 없다는 사실이다. 즉 자연은 모든 것을 '공짜'로 나누어 주고 있다. 좀 고상하게 말하자면 대가 없이 그냥 베푸는 것이다. '자비' 그 자체다. 사람들은 이렇게 자연으로부터 온갖 것을 공짜로 받아쓰고서 자기는 베풀 줄 모르고 인색하기 짝이 없다. 여기서 충돌이 시작되는 것이다. 공짜로 받아썼으면 공짜로 나누어 줄줄도 알아야지 모든 것이 제 것이고 제가 잘났고 제가 최고라고 하니 이게 충돌로 이어질 수밖에 없는 것이다.

하여간 인간들이 자기들끼리 아무리 지지고 볶고 까불고 하여도 하늘과 땅 자연은 언제나 말없이 베풀어 주고 있다.

'공짜' 이것이 우주의 보편적 '진리'다.

c. 우주의 보편적 진리 2. (평등)

흔히들 어른들이 어린 아이에게 "엄마가 좋으냐, 아빠가 좋으냐?"라는 대답하기 곤란한 질문을 하곤 한다. 그렇다면 필자가 독자 여러분께 물어보고 싶은 것이 있다.

햇빛이 좋으냐?, 공기가 좋으냐?, 또는 물이 좋으냐? 공기가 좋으냐?다

여러분들은 어느 것이 좋다고 딱히 말할 수 없을 것이다 한 가지라도 없으면 당장 죽음을 맞이할 수밖에 없는 것들이기 때문일 것이다. 모두가 어리석은 질문일 뿐이다. 하늘과 땅 천지(天地) 간에 귀하지 않은 것이 어느 하나도 없다. 존재하는 것은 모든 것이 최고(最高)로 귀한 것이고 보물인 것이다. 우주의 보편적인 진리는 존재하는 것은 모든 것이 귀하고 모든 것이 모두 평등하다는 것이다.

햇빛이 비춰주면서 내가 최고라고 우긴다면 공기가 그 소리를 듣고서 네가 최고라고 하니 나도 최고다 하고 삐쳐서 다투게 된다면 이것이 이치가 맞아 돌아가겠는가? 공기가 내가 최고라고 나오면 물도 또한 내가 최고라고 하고 밤과 낮이 서로 싸운다면 세상의 짜임새가 되지 않는다.

햇빛은 햇빛대로 공기는 공기대로 물은 물대로 밤은 밤대로 낮은 낮대로 길섶에서 밟히며 살아가는 잡초는 잡초대로 모든 것이 다 있어야 할 이유가 있어 서로 존재하는 것이고, 존재하는 모든 것은 모두가 평등한 것이 우주 보편진리의 두 번째 진리다.

* 우주의 보편진리 3. 공존과 평화 (서로 다투지 않는다)

우주에 존재하는 모든 것은 서로 다투지 않는다. 공존(共存)과 평화(平和)로써 서로 존재하는 것이다. 똑같은 씨를 뿌려도 큰 놈은 크고 작은 놈은 작다. 좀 더 열리는 것도 있고 좀 덜 열리는 것도 있다. 그렇다고 작은

것과 큰 것이 서로 다투지 않는다. 공존하는 것이다. 산에 나무를 심어서 그 나무가 모두가 똑같이 그 크기나 가지 수나 모양이 모두 같다면 이것은 자연이 아니다, 공장에서 대량으로 찍어 내는 공산품이 되는 것이다. 크면 큰대로 작으면 작은 대로 서로 알아주고 인정하며 공존하는 것이 우주의 보편진리인 것이다.

d. 우주의 보편진리와 서양 종교의 세계관

우주의 보편진리인 자비와 배려, 평등, 공존의 입장에서 보면 서양 종교의 세계관은 편협하기 짝이 없는 어린아이들 골목대장 놀이하는 수준 정도라고밖에 볼 수 없는 것이다. 이 세상에서 내가 제일이고 나밖에 없다. 나만 믿고 다른 것은 믿지 말고 나만 따라오라는 것은 공존에 위배되는 독존의 사고에서 빚어진 일이요. 내가 제일이고 나뿐이라고 하며, 상대와 다툼을 벌이게 되면 평등의 뜻에 위배되어 평등의 진리에 못 미치는 것이요. 언필칭 '사랑'의 종교라고 하면서 신을 섬기는 것 외에는 인간을 배려하는 것이 어디에도 없다. 인간이 자율적인 생각과 판단을 가지고 자율적인 행동을 하여야만 평화고 공존이고 배려고 하는 것이 일어날 수 있지, 신(神)에 의한 타율의 법칙으로 인간을 통제하고 재단하기만 하면 지구상에서 평화는 요원한 것이되고 언제나 원망과 투쟁이 범벅이 된 아귀다툼만이 이 세상을 지배하게 될 것이다.

서양 종교의 세계관이란 것은 우주의 보편진리에서 본다면 어린 아기 수준도 못 미친다고 하겠다.

126. 염화미소(拈華微笑)

  부처님 당시, 수다스(Sudas)라는 가난한 구두 장인이 자기 집 앞 연못에서 제철이 아닌데도 피어난 아름다운 연꽃을 부처님께 바쳤을 때, 부처님은 아무런 말도 하지 않고 바친 연꽃만 들고 있었을 뿐인데 그 꽃을 보고 제자 '마하가섭'이 빙그레 웃었다.

  이때 부처님께서는 "나는 이 연꽃뿐만 아니라 나의 모든 향기와 빛인 법(法)을 그대에게 전하노라. 이제 나의 법을 가섭에게 전하니 이 연꽃은 그것의 상징이다"고 하셨다. 이것을 염화미소라고 하는 것인바 이에 대한 후대의 여러 해석이 전해 오지만 필자의 짧은 소견으로는 현대적인 용어로 텔레파시(telepathy)로 해석해 보는 바이다. 텔레파시는 초상현상의 하나로 '원격정신반응'으로 번역하기도 하는데, 여하간 2천 5백여 년 전에 부처님과 제자 마하가섭은 텔레파시로 서로의 마음을 읽고 서로 그 뜻을 공유하였다고 할 수 있는 것이다. 바로 우주 에너지가 된 사람들이라고 할 수 있는 것이다.

a. 우주영혼들

  인류가 생존하여 오면서 전설이든지 신화이든지 간에 우주영혼을 언급해 놓은 것이 두 곳 있다. 하나는 이스라엘 쪽의 신화요, 다른 하나는 대한민국의 신화다. 창세기 5장의 아담 계보는 아담이 130세에 '셋'이라는 아들을 낳고 800년을 지내며 자식을 낳고 9백 30세에 죽었으며, '셋'은 105세에 '에노스'를 낳고 그 후 912세를 살고 죽었으며, '에노스'는 90세에 '게난'을 낳았고 905세에 죽었으며, '게난'은 70세에 '마하랄렐'을 낳았고 910세에 죽었고, '마하랄렐'은 65세에 '야렛'을 낳았고 895세에 죽었으며, '야렛'은 162

세에 '에녹'을 낳았고 962세를 살았으며, '에녹'은 65세에 '므두셀라'를 낳았고 '므두셀라'는 187세에 '라멕'을 낳고 969세를 살았고 '라멕'은 182세에 모아를 낳았다. 그는 777세를 살고 죽었으며 '노아'는 오백 세에 '셈'과 '함'과 '야벳'을 낳았다고 되어 있다. 다분히 전설이나 신화적이라고 할 수 있다

그러나 대한민국의 신화는 격이 다르다. 신화가 아니라 실제의 기록이 남아 있는 확실한 역사적인 사실인 것이다.

환단고기에 따르면 9천여 년 전 '환국(桓國)'이 있었는데 이 환국은 우리 환족이 중앙아시아의 천산(天山 일명 파내류 산)을 중심으로 세운 나라라고 한다. 1세 안파견 환인부터 7세 지위리 환인까지 총 3301년 (서기전 7197~서기전 3897)동안 존속하였으니 환인 한분이 평균 470여년을 다스린 셈이다. 의학이 발달한 현대의 상식으로도 상상할 수 없는 세수를 사셨는데 이러한 분들은 모두 우주에너지를 받은 분들이셨으며 모두 우주로 돌아가셨다고 해야 할 것이다.

이 우주에너지들의 순수함이 이스라엘에서는 모세에 와서 '나 외의 다른 신은 섬기지 말라.'는 편협하고 폐쇄적인 사상으로 바뀌어 대립과 투쟁의 피비린내 나는 세상을 만들었고 다른 한쪽은 홍익인간(弘益人間) 재세이화(在世理化)의 정신으로 남아 아직도 한민족의 정신세계를 지탱하는 원천이 되고 있다. 어느 것이 우주의 보편 진리에 부합되는지는 독자제현의 생각에 맡기는 바이다.

b. 우주영혼의 흔적들 홍산문화(紅山文化)

학창시절, 세계 4대 문명의 발상지는 티그리스와 유프라테스 두 강역에서 발달한 메소포타미아 문명, 하파라와 모헨조다로의 인더스 강 문명, 나일 강의 비옥한 토지를 바탕으로 발전한 이집트 문명, 중국의 황하

강 유역에서 발달한 황하문명으로 배웠다. 이들 문명의 역사는 BC.3000~
BC.5000년 정도로 추정되고 있다. 그런데 이러한 세계 4대 문명보다 수천
년 앞선 문화가 중국 내 몽골 자치구 적봉시(赤峰市) 홍산(紅山)을 중심으
로 요서 일대에서 최고 9천 년 전까지 거슬러 올라가는 대량의 유물들이
발견되어 이를 '홍산문화'라고 통칭하는바 20세기 고고학계를 놀라게 한
최대의 발굴이었다고 한다. 결론은 홍산문화는 세계 4대 문명보다 훨씬
앞선 문명이었다는 사실이다. 이는 쏟아진 유물이 이를 증명하고 있다.

　홍산문화의 가장 놀라운 특징 중 하나는 정교하고 다양한 옥(玉) 문화
라고 한다. 옥으로 만든 수많은 조각품들은 현대인의 디자인 감각에 비추
어 보아도 손색없는 작품들이다. 옥으로 만든 용 형상물, 옥으로 만든 제
사용 기물, 장신구 등 수 많은 유물들이 고도의 문명을 향유했던 당시를
증명하고 있다. 이는 우리 역사의 환인, 환웅, 단군의 역사와 궤를 같이 한
다고 할 것이다. 이 당시의 환인 치세 동안 환인들의 나이가 평균 470여
년이 된다고 하였는데 그렇다면 통치자만 오래 살고 백성들은 100년도 못
살고 죽었겠는가? 일반 백성들도 생명이 비슷하다고 해야 할 것이다. 이
렇게 광명과 함께 하면서 오랜 수명과 문명을 향유하였던 사람들은 우주
영혼들이라고 해야 할 것이다.

옥조룡玉雕龍　　　　　　　옥조玉鳥　　　　　곰 형상의 옥 장신구

홍산문화 유적에서 흔하게 발견되는옥으로 만든 용형상물

c. 홍산문화고(紅山文化考)

인간이 살아가면서 어느 한 집단의 가치나 문화가 형성된다는 것은 하루아침에 갑자기 생기거나 만들어지는 것이 아니다. 오랜 시간과 경험과 시행착오를 거치면서 그것이 쌓이고 쌓여 하나의 문화를 형성하는 것이다. 이렇게 볼 때 이렇게 엄청난 유물을 만들고 사용하였던 7천 년 전 9천 년 전으로 돌아가 보자.

첫째, 이러한 옥을 다루려고 하면 그 원자재 원석의 가치부터 알아보는 안목을 가져야한다. 현대인 지금도 가치를 모르는 사람에게는 다이아몬드 원석도 한낱 돌 덩어리에 불과할 것이다. 옥의 가치와 쓰임새에 정통하여야만 옥이 옥임을 알 수 있는 것이다.

둘째, 아무리 좋은 원석이 있어도 그 원석을 만들어 낼 작품의 구상이 없으면 아무 쓸데 없는 것이 된다. 현대적 용어로 디자인 감각이 탁월했어야만 그 원석을 다루고 작품을 만들어낼 수 있는 것이다.

셋째, 아무리 원석이 쌓이고 쌓여 있어도 가공할 도구가 없으면 소용없는 일이다. 이렇게 아름답게 가공된 정말 멋진 옥들이 손톱으로 뜯어내거나 이빨로 물어뜯어서 만들지는 못하는 것이다. 이렇게 정교하고 아름다운 작품을 만들기 위하여서는 그 옥을 가공할 수 있는 도구들이 있었을 것이다. 상상을 초월하는 일들이다.

넷째, 인간 세상 사는 데는 거창한 경제학 용어를 들이대지 않아도 '수요와 공급'의 원칙에는 변함이 없는 것이다. 쓰임새가 없는 물건을 만들 필요도 없으려니와 먹을 사람도 없는데 밥하고 반찬하고 음식장만하지 않는 것이다. 이렇게 많은 정교한 옥 제품을 만들었다는 것은 이러한 작품을 향유하고 즐기는 수요처가 있었다는 말이다.

이렇게 볼 때 그 당시의 문화적 수준과 사람들의 풍모가 얼마나 우아하고 점잖은 것이었을까? 상상해보면 대단한 사람들이었을 것이라는 것은 미루어 짐작 할 수 있을 것이다. 이러한 우주영혼들이 우리들의 선조들이 었다는 점은 너무나 감사하고 자랑스러운 것이다.

d. 불교

우주 에너지, 우주 영혼을 논하면서 불교를 건너 뛸 수는 없다. 일부 몰지각한 종교인들이 미신이니 우상이니 어쩌고 하면서 불교를 비하하고 있지만 이는 상식의 축에도 끼이지 못하는 아주 몰상식한 일이다. 불교 옹호론자는 아니지만 처음부터 끝까지 모든 것이 '마음으로 시작하여 마음으로 끝나는 것'이 불교의 총체다. 저 위대한 팔만대장경부터 원효대사님의 대승기신론 화엄경 60만 자를 210여 자로 축약한 천재 의상 대사의 법성계, 반야심경까지 모든 것이 결국에는 인간의 마음을 노래하고 분석하고 느끼고 깨닫고 실천하도록 이끌어주는 보배로운 것들이다. 근대서양의 문인들이나 학자들이 불교의 영향을 직간접적으로 받았다는 것은 모두가 알려진 사실이다.

헤르만 헷세나 정신의학의 개척자 프로이드 등 모두 이런 부류들이다. 이러한 불교를 허구한 날 미신이니 우상숭배니 하면서 물어뜯고 비난하고 있으니 한심하고 처량한 일이라 하겠다.

이랬거나 저랬거나 불교를 개창한 석가모니와 그 제자들은 마음수련을 통하여 우주에너지가 된 영혼들이었다.

인공위성이 하늘을 나는 시대에도 미신을 가르치고 있다.

인공위성 수만 개가 하늘에 올라가서 지구를 이 잡듯이 뒤지고 있고 전파 만원경이 우주의 10억 광년 멀리까지 쳐다보는 세상이다. 서울에서 기침을 하면 뉴욕에서 그 기침 소리를 들을 수 있다. 이러한 개명천지 세상에서 아직도 인간의 사유는 2천 년 전, 3천 년 전의 사유영역에 머물러 그 한계를 벗어나지 못하고 있다.

하늘의 별들이 1등성 2등성이라고 가르치고 있다. 하늘에 있는 모든 별들은 태양계의 별들을 제외하고는 모두가 거대한 하나의 은하라고 가르쳐야 맞는 것이다. 몰랐을 때는 몰랐으니까 그렇게 가르쳤다고 할 수 있지만 과학이 거울처럼 하늘의 별들을 쳐다보고 있는 이 시간에도 1등별, 2등별, 하고 가르치는 것은 미신을 가르치는 것이다. 더구나 이러한 하나도 아닌 수 조 개의 거대한 은하를 하루아침에 말로서 창조하였다고 하는 것은 더 황당한 일이다. 미래의 '미신자'를 양산하고 있는 것이다. 이 조그만 땅덩어리 위에서 손바닥만 한 공간, 그것도 크다고 반토막으로 잘라놓은 곳에서 '전교조니, 반교조니' 하면서 좌우파 놀음을 하고 있는 것은 더 한심의 극치이고 이 또한 미래를 불신하는 짓이고 미신스러운 짓인 것이다. 우주의 영원한 영속성에서 보면 인간 백 년은 하나의 점에도 미치지 못하는 그야말로 찰나의 시간이다. 이 아까운 찰나의 시간을 이리 허비하여도 될까? 이리 허비하여도 복(福)이 될까? 한 번 생각하여 볼 일이다.

e. 천년 로마의 흥망을 지켜본 판테온 신전(神殿)

현존하는 로마의 유적 판테온 신전은 만신전(萬神殿)이었다고 한다. 로마 제국이 정복한 모든 지역에 존재하던 각 지역의 인간들이 숭배한 모든 신들을 위하여 지어진 신전이라고 한다.

로마제국이 지배하던 고대에는 다신교(多神敎)가 대세였다. 각 지역 지방마다 섬기고 믿어온 신(神)들이 다를 수밖에 없었을 것이다. 황제는 판테온 신전을 지어 로마제국의 관용을 세상 만방에 선포한 것이다. 그 옛날 제국의 곳곳에서 몰려온 시민들은 이 관용의 신전에서 마음 편하게 각자의 신에게 기도했던 것이다. 우리의 개념으로 보면 '현대판 굿당'이었던 셈이다. 그러나 영원한 것은 존재할 수 없는 법, 로마 역시 그 관용의 정신을 이어가지 못하고 테오로시우스 1세 황제(재위 379-395) 때 기독교를 국교로 받아들임으로써 천 년 이상을 지켜온 다신교 전통을 포기하고 제국의 정신적 지주였던 '관용'의 정신을 버림으로써 스스로 제국 멸망의 길을 걷게 되었다. 후세 사가들은 로마멸망의 단초를 로마가 기독교를 국교로 받아들인 것으로 보는 견해도 있다.

관용과 포용이 사라진 사회가 온전할 수 있겠는가는 오늘날 우리사회에 만연해 있는 독선과 아집의 현장에서 사라진 천년 로마를 보는 느낌이 왠지 어색하지 않게 다가오는 것은 무슨 까닭일까?

f. 세상에서 제일 나쁜 사람

세상에는 좋은 사람도 많고 나쁜 사람도 많다. 그 중에서 제일 나쁜 사람은 다름 아닌 '자신을 속이는 사람'이다. 얼핏 생각하면 내 자신이 나를 속이는 것이 무슨 큰 대수인가 할 수 있지만 따지고 보면 나 자신을 속인다는 것은 대대선조 및 조상과 온 세상을 속이는 큰 죄를 짓는 것이다.

천애 고아라도 아버지 어머니 없이 태어난 사람은 없다. 어머니 아버지는 또 그분들의 어머니 아버지가 계셨을 것이고 그 위도 또 그 위도 마찬가지다. 나 자신의 영혼 속에는 수천, 수만, 수십만 명, 수억 명의 영혼이 깃들어 있는 것이다. 나 자신을 속인다는 것은 단순히 나 자신을 속이는 것이 아니고 그 많은, 내 안에 깃드신 영혼들을 속이는 것이다. 이것은 더 나아가 세상을 속이는 것이다. 오늘날 우리 사회에 나 자신을 속이는 일들이 눈을 뜨고 볼 수 없는 지경에 이르고 있다. 나를 속이고 남을 속이고 세상을 속여서 얻을 수 있는 것이 무엇인가 얄팍한 물질과 몇 푼의 돈밖에 무엇을 더 얻을 수 있겠나 이 허잡한 것을 얻어 순간적인 만족을 취한들 나의 고귀한 영혼을 판 대가에 비할 수 있겠는가? 한심한 세상이다.

g. 현하대세(現下大勢)

현하대세(現下大勢)는 한마디로 막 가는 세상이다.

시정잡배들이 밥상을 앞에 두고 서로 싸운다면 결과는 단 하나 '밥상 엎을 일'밖에 더 있겠는가? 현하대세 우리네의 요즈음이 꼭 이와 같다. 좌가 옳고 우가 그르고, 우가 옳고 좌가 그르고, 누가 잘하고 누가 못하고를 떠나 우리 공동체는 '판'을 엎으러 달려가고 있다.

미국사람은 미국에서 미국 햄버거를 먹고 미국 물을 마시고 미국 공기를 들이 쉬고 미국 햇빛을 쪼이니까 우리와 생각이나 말이 다를 수 있다. 그런데 다 같은 이 땅에서 나는 쌀 먹고 이 땅에서 나는 물 마시고 이 땅에서 나오는 공기 마시고 이 땅에 비춰주는 햇빛 쪼이는데, 다 같은 한민족 대한민국 사람이라고 하면서 한쪽은 '해를 보고 달, 이라고 하고 또 한쪽은 '달을 보고 해'라고 한다. 어느 쪽이 옳은지 그른지는 차치해 두고 이것은 인간의 이성이 있다고 할 수 없는 지경에 이르렀다. 이제 이러한 분열과 증오의 마음은 한 세대 두 세대에 치유될 수 없는 태극기의 청·홍처럼 완전분리의 길을 달리고 있다. 완전히 공동체의 삶이 파괴되었다고 밖에 할 수 없다.

누구는 하도 답답하니까 이 난세에 이순신 장군처럼 구국의 영웅이 나타나기를 바라는 사람도 있으나 한 사람 영웅의 출현으로 이 세상이 치유되고 바로 되기는 불가능해진 현실이다. 이러한 난세를 바로잡을 수 있는 방법이 단 하나 있으니 그것은 우리 모두가 '떡'이 되는 것이다. 우리 모두가 떡이 되지 않고서는 공동체의 삶이 하나가 되기는 글렀기 때문이다.

떡은 우리 민족 고유의 음식이다. 떡이 되기 위하여서는 쌀을 쪄서 그 쌀을 절구나 떡판 위에 올려놓고 떡메로 쳐 대는 것이다. 쌀알 하나하나의 형태나 자취가 옆 쌀과 한데 합쳐져서 '합창'이 되면 떡이 완성되는 것이다. 이와 같이 현하의 인간들도 떡메에 얻어맞아 합창이 되도록 쥐어 터져야 인간의 길을 갈 수 있게 되는 것이다. 그러면 인간을 내리칠 떡메는 무엇인가? 바로 자연이라는 떡메인 것이다. 지금도 자연이란 떡메가 인간을 치러 오고 있다는 것을 모두들 똑똑히 알아야 할 것이다.

127. 개벽(開闢)

근대 한국의 개벽 이념은 증산도에서 나온 개념이다. 증산도 공부는 쉽고도 어렵고 어렵고도 쉬운 것이다. 거두절미하고 증산도의 양대 축은 개벽과 태을주이다. 개벽은 미래에 펼쳐질 지구상의 변화를 말하는 것이고 태을주는 그 변화의 시간을 헤쳐 나갈 수 있는 방편을 알려주는 주문이다.

필자는 우연히 증산도(甑山道)를 알게 되어 현재 공부하고 있고 미래에도 공부할 것이다. 증산도의 개벽사상은 그무슨 미신이나 웃음거리도 아니요, 인류의 미래를 짊어지고 이끌어 나갈 미래의 핵심 가치요 사상인 것이다. 개벽의 바른말은 천지개벽(天地開闢)이 아니고 천개지벽(天開地闢)이 맞는 말이다. 하늘이 열리고 땅이 열린다는 뜻의 줄여진 말이 개벽이다. 하늘이 열리고 땅이 열린다고 하면 하늘이 무슨 지퍼 열리듯이 갑자기 벌어져서 하늘에서 불벼락이 내리친다거나 땅이 벌어져 뱀 혓바닥 같은 불길이 날름거린다거나 하는 것이 아니고 새로운 하늘의 기운, 새로운 땅의 기운이 찾아온다는 것이다.

전술한 바와 같이 우주는 시간과 공간으로 씨줄과 날줄 같이 짜여져 빈틈없이 돌아가고 있다. 개벽은 우주의 이 시간과 공간이 변화한다는 것이다. 개벽은 거짓말도 아니요. 사기 치는 것도 아니요. 무슨 사술을 부리는 것도 아니다. 완전한 과학과 사실에 기초한 팩트(fact) 그 자체다. 더 쉽게 말씀드리면 '개벽'은 '지구의 무게 중심 이동'인 것이다. 갑자기 지구의 무게 중심이동이라면 선뜻 이해가 잘 되지 않으실지 모르겠으나 역도 선수가 무거운 역기를 들 때 무게가 너무 무거우면 머리 위로 들어 올린 역기를 들어 올리지 못하고 비틀거리다가 내려놓게 된다. 그러면 선수는 바로 선다. 지금 지구도 이와 마찬가지 현상을 겪고 있다. 지구는 만류인력에 의하여 회전 운동을 매일하고 있다. 회전운동은 원 운동이다. 원의 도수는 360°이다. 따라서 지구가 정원 운동을 한다면 지구의 1년은 360일이어야만 정확한 것이다. 그러나 지금 지구의 일년은 $365\frac{1}{4}$이다. $5\frac{1}{4}$이 꼬리처럼 붙어 다닌다. 이것은 지구가 23.4° 기울어져 타원형체로 운동을 하고 있기 때문이다. 지구는 남극과 북극에서 어마어마한 무게의 얼음을 머리에 이고 발에 달고 회전 운동을 하고 있다. 이 얼음이 지금 녹고 있다. 지구 온난화라는 이름으로, 얼음이 녹으면 물이 되고 물은 바다로 간다. 태평양, 인도양, 대서양 적도에 몰린다. 지구의 무게 중심이 이동되는 것이다. 이것이 개벽이다.

a. 개벽은 등을 떠밀어도 오고 있다.

개벽 상황은 이미 '루비콘 강'을 건너 오지 말라고 밀어내도 시작되었다고 하겠다. 현재 지구상에서 일어나고 있는 온난화현상은 어떤 권력자, 어떤 실력자 어떤 과학자라도 막아 낼 수 없는 현실이다.

남극에서는 1조 톤짜리 빙벽(氷壁)이 남극에서 떨어져 나와 바다에서 녹고 있다. 영구 동토로 인식되던 그린랜드가 맨살을 드러내어 그곳에 묻혀 있던 지하자원 개발 열풍이 한창이고, 얼음섬으로 불리던 〈아이슬란드〉에서는 '빙하 장례식'이 벌어지고 있다. 수백 년 간 산 정상을 덮고 있던 빙하가 온난화현상으로 면적과 두께가 서서히 줄어들어 빙하 연구자들로부터 죽은 빙하(dead ice)판정을 받은 것을 '빙하 장례'라고 한단다. 가장 무더운 여름인 2019년 여름은 북극권 지역의 빙하가 녹아내리는 양이 급증하였다 한다. 그린랜드에서는 하루에 110억 톤의 빙하가 녹아내리는데 이는 수영장 440만 개를 가득 채울 수 있는 양이라고 하니 이 거대한 힘의 흐름을 누가 어떠한 힘으로 막을 수 있겠는가? 개벽은 시작되었다.

b. 개벽의 후과

지구상에 존재하는 모든 연구기관과 정치가, 학자, 종교가, 예언가 모든 사람 어느 누구도 '지구 온난화'는 입에 침이 마르도록 걱정하면서 지구 온난화가 가져 오는 후과(後果)에 대하여 말하는 곳이나 사람은 없다. 지구 온난화는 '개벽'의 예고편인 셈이다.

지구온난화의 결과는 '개벽'인 것이다. 전장에서 밝힌 바와 같이 얼음이 녹아 물이 되면 물이 하늘로 올라갈 수도 없으니 결국은 바다로 모이는데 사람들이 지구의를 놓고 보면 북극에서 녹은 물이 남극까지 흘러갈 것처럼 생각하지만 물의 입장에서 보면 북극의 물은 녹아서 태평양으로 흘러오면서 지구의 제일 높은 곳인 적도를 넘지 못한다. 즉 물이 높은 곳으로 넘어 가지 못하는 것과 같다. 남극도 마찬가지다. 남극 물은 녹아서 올라오면서 역시 적도를 넘지 못하고 남극물과 북극물이 만나는 곳이 적도인 것이다.

북극에서 얼음이 녹으면 북유럽 쪽 얼음 녹은 물은 대서양으로 흘러가고 알래스카에서 녹은 물은 태평양으로 온다. 남극도 마찬가지다. 히말라야에서 녹은 얼음 물은 인도양으로 흘러온다. 지구 전체 무게를 놓고 본다면 변함이 없지만 남극과 북극에서 얼음으로 얼어붙어 지구의 타원형 회전 운동을 하던 것이 얼음이 녹아내림으로 인하여 남극과 북극 얼음이 물로 바뀌어 적도 부근으로 몰리는 것이다. 이것을 필자는 '지구의 무게 중심 이동'이라고 정의한다.

그 결과는 당연히 기울어진 지구의 정립으로 나타날 수밖에 없다. 아래위 쪽의 무게가 중심으로 오면 기울어진 물건이 바로 설 수 밖에 없는 것이다. 이 사실은 공갈도 아니요, 사술도 아니요, 거짓말도 아니며 진실이고 진리인 것이다. 이것은 누가 막는다고 되는 일도 아니다.

c. 지구 정립 이후의 일들

지구가 정립 되는 시기는 물리학자들이 슈퍼컴퓨터로 계산하여보면 그 시간을 대충 짐작할 수 있을 것으로 본다.

현재 지구의 총무게는 6조톤 정도라고 알려져 있는데 이 정도 무게의 물체가 돌아갈 때 가지고 있는 관성의 힘을 남극과 북극의 얼음의 무게가 물로 바뀌어 태평양, 인도양, 대서양의 적도에 그 무게 중심이 몰려서 회전하면 그때의 관성의 힘을 계산하여 비교해보면 지구의 정립 시기를 대충 알 수 있지 않을까 하는 것이다.

아무튼 계산을 해 보든지 해 보지 않든지 간에 지구는 결국 정립하게 될 것이다. 만약 지구의 자오선 정립이 이루어진다면 그 뒤에 무슨 일이 일어나게 될까? 그 결과는 엄청난 지각 변동이다. 잘 아시다시피 지구 내부에는 용암이 꿈틀거리고 있다. 지구가 정립된다면 그 용암들이 내부에서 엄청난 소용돌이를 치고 그 힘이 지상으로 표출되면 온 지구가 화산으로 뒤덮이는 시간이 오는 것이다. KBS에서 방영된 다큐멘터리 '차마 고도'에서 히말라야 산 속 옌칭이라는 작은 마을에서 여인들이 샘물을 길어 소금을 만드는 장면이 나온다. 이는 그 옛날 어느 시절에 이곳들이 모두 바다였다는 것을 말하는 것이다. 티벳 고원의 소금호수나 서사하라 사막의 투아레그 족들이 사막에서 소금을 캐어 낙타에 싣고 다니는 것이 이러한 곳이 그 옛날에는 모두가 바다였다는 것을 증명하는 것이다. 이와 같이 지구의 지축이 정립(正立)되면 산이 바다가 되고 바다가 산이 될지 그 누구도 알지 못하는 대 변혁의 시대가 되는 것이다.

d. 물난리

온 세계가 온난화 현상으로 몸살을 앓고 있다. 그 중 제일 먼저 사람들에게 피해를 주는 것이 물난리이다. 중국을 휩쓸고 일본을 휘젓고 우리나라도 할퀴고 있다.

서인도제도의 섬나라 멕시코만, 미국 남부 등 허리케인이 맹위를 떨치고 있다. 점점 더 강한 태풍이 몰아치고 있으며 영국 등 유럽은 때아닌 겨울 홍수를 당하고 있다. 이 모든 난리의 원인은 물이다.

물리학자는 아니지만 모든 힘이나 물의 법칙에서 임계치(臨界値)를 벗어나면 그 힘은 더 강하여지는 것이다. 물이 끓는 비등점(沸騰點)은 100°다. 99.9°일때도 물은 끓지 않는 다. 하지만, 0.01°의 임계치만 넘어가면 물이 끓는 다. 이와같이, 100의 힘으로 100의 힘이 나온다면 그 힘이 101이 되어 임계치를 넘었을 때는 나오는 힘이 110, 120, 130 등 더 강한 힘이 되는 것이다.

마찬가지로 현재 지구상에서 일어나고있는 물의 횡포는 지구의 바다가 수용할 수 있는 물 양의 임계치를 넘은 결과인 것이다.

남극과 북극, 히말라야, 알래스카, 각 대륙의 빙하가 녹은 물이 하염없이 바다로 몰려드니 바다가 배가 불러 터지게 되었다. 그러니 적도에서 더 많은 수증기가 생겨나고 이것이 힘을 모아 물난리를 치는 것이다. 모두가 개벽의 전조현상이라고 보아야 한다.

e. 진짜 개벽(開闢)

진짜 개벽은 온 지구가 불바다가 되면 그것으로 끝나는 것이 아니고 온 지구가 불바다로 변한 후에 시작되는 것이다. 현재 시간으로 지구의 일 년은 $365\frac{1}{4}$ 이다. 이 시간을 초단위로 계산하여 보면 1분이 60초, 60분이 1시간, 24시간이 하루다.

A안은 60초×60분×24시간×$364\frac{1}{4}$=31557600초가 된다. 일 년이 3천 1백 5십 5만 7천 600초다. 만일 지축이 정립하게 되어 정원 운동을 하게 되면 1년은 360일이 된다. 일 년이 360일이 되면 일 년의 초는 B안 60×60×24×360=31104000 일 년이 3천 1백 1십만 4000초가 된다.

B÷A가 되면 B÷A=0.985626283이 된다. 즉 1초의 단위가 달라지는 것이다. 현재의 1초가 0.985626283초가 되어 시간이 빨라지게 되는 것이다. 사람의 생각으로는 시간이 1초가 0.08초 달라진다고 뭐가 대수롭지 않은 것처럼 생각할 수도 있으나 이것은 어마어마한 변화이다. 지금 지구에서 태평양의 수온이 0.2도 상승하는 것이 별스럽지 않은 것처럼 생각하나 만일 태평양의 그 많은 물을 0.2도 수온을 올리기 위하여 장작이나 석탄을 땐다면 수억 톤 수십억 톤의 석탄이나 장작을 사용해도 안 될 것이라고 생각된다.

이 엄청난 우주에서 시간이 0.08초 빨라진다는 것은 어마어마한 변화다. 즉 지구가 그만큼 빨리 회전한다는 말이다.

이 변화는 우주의 양대 소재인 시간과 공간 중에 시간의 변화를 말하는 것이다. 시간은 엄격한 아버지같은 양(陽)적인 존재다. 공간은 만물을 품어 길러주는 온화한 어머니 같은 음(陰)적인 존재다. 시간이 변하면 공간도 변하는 것이 이치다. 즉 새로운 시간과 새로운 공간이 열린다는 것이다. 이것이 개벽의 완결이다.

f. 개벽 이후의 세계

지구의 지축이 정립되고 시간과 공간이 변하여 개벽이 완성되면 온 세상은 그야말로 낙원(樂園)의 선경(仙景) 세상이 펼쳐지게 된다.

이때는 순수시대가 되기 때문에 이에 적응하지 못하는 에너지는 도태되게 마련인 것이다. 나를 속이고 남을 속이고 세상을 속이는 에너지들, 보이지 않는다고 뒷골에 앉아서 남의 험담이나 하고 악플이나 달아 대는 에너지, 이러한 순수하지 못한 에너지들은 순수에너지에 섞일 수가 없다. 스스로 눈 녹듯이 녹아서 우주 어딘가 구만리 장천을 정처 없이 떠돌게 되는 것이다. 일부 선생께서는 개벽 이후에 펼쳐질 선경세계에 대하여 다음과 같이 노래하였다. "천지청명혜(天地淸明兮)여 일월광화(日月光華)로다 일월광화혜(日月光華兮)여 유리세계(琉璃世界)로다." "천지와 달이 밝으니 해와 달이 빛나는도다. 해와 달이 빛나고 빛나니 밝고 밝은 낙원세계가 되는구나."라고 했다.

이것은 모든 세상이 밝아져서 서로가 서로의 마음을 볼 수 있을 정도가 되는 것이다. 증산도 도전에는 1만 2천 명의 도통군자가 나온다고 기록되어 있다. 도통군자라고 하면 무슨 요술을 부리는 사람으로 생각하기 쉬우니 이 사람들은 최소한도 '석가모니'급의 순수 우주에너지가 되어서 우주

간을 마음대로 다니면서 우주를 위하여 일할 수 있는 사람들을 말하는 것
이라고 하겠다.

g. 리모델링(Remodeling)

요즈음 리모델링이 유행이다.

아파트도 리모델링하고 가게도 리모델링하고 몸도 리모델링한다.

개벽의 결론은 지구의 '리모델링'이다.

미국의 유명한 사업가가 화성에 지구의 식민지를 건설하겠다고 한다.
고인이 된 과학자가 생전에 "인류가 멸종을 피하려면 100년 내에 다른 행
성으로 이주해야 한다고 경고했다" 는 등 설들이 난무하지만 이 아름다운
행성을 놓아두고 어디로 가겠다는 것인가. 개벽은 지구의 리모델링이다.
여기에 지구의 소프트웨어(soft ware)인 인간의 사고력도 뺏어먹는 짓에
이골이 난 것을 나누어 주는 것으로 리모델링해야 하는 것이다. 이렇게 되
면 화성이나 외계에 낙원을 건설하려 용쓸 것도 없고 지구는 다시 낙원의
시간을 맞이할 것이다.

h. 병겁(病劫)

증산도에서는 충(忠)과 효(孝)가 무시되고 스승을 저버리는 것이 만연
한 무도(無道)의 상태가 되면 병겁이 도래할 것이라고 하였다. 이 말이 맞
는다면 작금의 우리 세대는 병겁이 찾아오고도 남을 지경이 아닌가 싶다.
공동체의 질서가 무너지고 도리(道理)가 자취를 감추었다.

'급살병(急煞病), 괴병(怪病)이 돌 때는 자다가도 죽고 먹다가도 죽고 내
왕하다가도 죽어서 묶어 낼 사람이 없어 쇠스랑으로 찍어내어 신발 돌려신
을 정신도 차리지 못하리라'고 하였다. 이때 이 병겁을 치료할 수 있는 길이

오직 의통(醫統)뿐이라고 하였다. 이 의통이 바로 태을주(太乙呪)이다.

요즈음은 코로나가 유행하여 지구촌을 기함시키고 있다. 옛날에 극장에서 보여주는 예고편 영화를 '맛보기 영화' 즉 '맛배기'라고 하였다.

지금 창궐하고 있는 코로나는 앞으로 닥칠 병겁의 '맛배기'가 아닌가 한다.

i. 마음 지키기가 죽기보다 어렵다.'

증산 도전(道典) 8편 3장 4절에 나오는 말씀이다.

우리나라 말 중에 '오만 생각'을 한다는 말이 있다. 5만 가지의 생각을 한다는 말이다. 서구 학자들이 실험을 해 보니 사람이 하루에 대략 5만 가지의 생각을 한다는 것이다. 우리 조상님들 신통도 하시지 어떻게 아셨는지.

여하간 사람의 마음은 5만 가지 생각을 만들어 낼 뿐만 아니라 1초도 가만히 있지 못하고 파도처럼 출렁거린다.

우리나라에 불교가 전파된 이래 하고 많은 사찰들이 지어지고 없어지고 하면서도 높은 산처럼 우뚝 서 있는 세 봉우리가 있으니 일러 삼보(三寶)사찰이다. 부처님의 전신사리를 모셨다고 하여 불보사찰 양산의 통도사(通度寺)가 있고, 부처님의 법(法)을 전하는 8만대장경이 모셔져 있는 합천의 해인사(海印寺)가 있고, 국사(國師)를 많이 배출한 순천의 송광사(松廣寺)가 있다. 그중에 법보사찰인 해인사의 이름이 특이하다. 한문으로 직역해보면 해인(海印), 즉 바다 도장이다.

하루에도 수천 번 수만 번 왔다갔다 이지러지는 파도 위의 바다에 어떻게 도장을 찍는단 말인가? 그러나 이 해인이라는 말 앞에 마음이라는 심(心)자를 붙여 보면 감이 잡힌다. 심해인(心海印)이 된다. 하루에 수천 수만 번 왔다가는 바다에는 도장을 찍을 수 없지만, 다같이 하루에도 수만 번씩 변하는 마음에는 도장을 찍어 간직할 수 있는 것이다.

불교의 묘한 비유이다. 이 허무한 세상에, 짓밟고 짓밟히는 난세의 세상에 마음을 지킨다는 것이 죽음보다 어렵다고 한 것이 아닐까?

그렇다고 어쩌랴, 내 마음을 내가 지켜야지, 작은 일이고 큰 일이고 간에, 나쁜 일이고 좋은 일이고 간에 순정은 지켜야지, 끝까지 지켜야지. 누가 무슨 말을 하든 마음을 지켜야지!

j. 보이는 세계와 보이지 않는 세계

사람들이 이 우주 간에서 살아가면서 보이지 않는 것이 보이는 것보다 훨씬 많다는 것을 모르는 것 같다. 보이지 않는다고 함부로 하기도 한다. 광선도 보이지 않는다. X선, 감마선, 자외선도 볼 수가 없다. 전파도 볼 수가 없다.

한창 유행하고 있는 코로나 바이러스나 각종 세균도 보이지 않는다. 보이지 않는다고 없는 것이 아니다. 마음 또한 그러하다. 마음이 보이지 않는다고 누가 마음이 없다고 하겠는가.

사람들이 보이는 것에는 온갖 호사를 다해 주면서 보이지 않는 것에는 관심조차도 주지 않는다.

심신(心身)은 동체(同體)라고 한다. 마음 없는 몸이 없고 몸 없는 마음이 없다. 그런데 몸은 보이고 마음은 보이지 않는다. 그래서 사람들이 보이는 몸에는 온갖 것을 입히고 먹이고 잠재우고 보석을 달아주고 하면서 보이지 않는다고 마음은 함부로 한다.

마음에다 온갖 짜증과 신경질과 분노와 원한을 다 뿌려대고 칠한다. 마음이 견딜 수 없는 지경이 되면 마음 고장이 나고 마음 고장이 나면 동체인 몸이 드디어 망가지게 되어 병이 나는 것이다.

보이는 몸은 은금보화처럼 떠받들고 모시면서 마음은 누더기로 만들어 걸레 취급한다. 이러니 바로 될 수가 없다. 항시 마음을 보석처럼 모시고 살아야 한다. 세상이 이 지경이 된 것은 마음을 보살펴 주지 않은 결과다.

k. 지장보살의 서원(誓願)

지장보살(地藏菩薩)의 서원은 육도(六道: 지옥계, 아귀계, 축생계, 수라계, 천상계, 인간계) 세상의 중생을 구원하는 것이다. 자신의 성불(成佛)은 미루고 모든 중생, 특히 악도(惡道)에 떨어져 헤매는 중생, 지옥에서 고통 받는 중생들 모두가 빠짐없이 성불하기 전에는 자신은 결코 성불하지 않기로 맹세한 것이다. 지장 보살을 대원본존(大願本尊)이라고 하는 것도 이 때문이다.

지장보살의 서원에는 적군과 아군이 없고, 피아(彼我)도 없고 미운 것, 안 미운 것도 없다. 오직 자비(慈悲)만 있을 뿐이다. 이것이 진정한 사랑이 아니겠는가? 네 편 내 편을 가르고 나를 믿는 자는 구원과 복을, 나를 믿지 않는 자는 내팽개친다는 것은 사랑도 아니고 편애(偏愛)일 뿐이다. 이와 비교하면 서양 종교 사상은 수천 년 동안 자기 말 잘 듣고 따르는 자들만 구원과 복을 준다고 믿게 하여 인간들의 마음에 씻을 수 없는 분노와 원망을 집어넣어 자기편이 아닌 상대는 적대시하여 죽이는 일도 서슴지 않았다.

그 결과가 서양 종교사상의 사생아인 막스 레닌의 유물주의 공산주의가 태어난 것이다. 수천 명씩 인간들을 모아 놓고 표딱지 한 장 들고서 찬성이냐고 물어보니 내 편이니까 100% 찬성일 수밖에 없었다. 정신없는 사람처럼 고함을 치고 박수를 쳐대니 이것이 획일주의, 전체주의인 것이다.

인간 세상에 고운 놈은 떡 주고, 미운 놈은 떡 안주는 패거리 갈라치기를 가르쳐온 결과다.

사랑하는 데 나를 믿는 자와 따르는 자의 구분이 무슨 필요가 있나. 굳이 나를 믿는 자들만 구원해주고 사랑한다고 하면, 이것은 사랑이 아니고 어린애들 모아놓고 말 잘 듣는 아이 사탕 주겠다고 장난치는 것이나 같다. 지장보살의 서원에는 발바닥 근처에도 못 따라가는 한심한 놀음일 뿐이다. 사람들의 마음에 인간의 향기가 들어갈 틈을 주지 않고 몰아대니까 세상이 이 지경이 되어 좌파니 우파니 질러대는 것이다. 인간 세상에 좌파와 우파가 어디 있나. 모두 그 놀음에 놀아나는 것이지. 어리석음의 극치일 뿐이다.

좌파고 우파고 간에 한 묶음에 들어갈 시간이 찾아오고 있다.

I. 슬픔도 한 곳, 기쁨도 한 곳

우리 몸에서 슬픔이 나오는 곳도 한 곳이요, 기쁨이 나오는 곳도 한 곳이다. 모두 한 곳, 마음으로부터 나온다.

증산 상제님께서 저술하신 현무경(玄武經)에 나오는 수화금목(水火金木)이 대시이성(待時而成)하나니 수생어화고(水生於火故)도 천하무상극지리(天下無相剋之理)니라는 말씀이 있다.

"수, 화, 금, 목이 때를 기다려 크게 이루어지나니 물이 불에서 생겨났으므로 천하에는 상극의 이치가 없느니라."는 말인바 그냥 흘리면 한 문장을 읽어 보는 것으로 그칠 수도 있으나, 여기서 "수생어화"가 백미다. 우주가 처음 생기면서 물이 나왔다고 한다. 북1水 남2火이다. 물이 압축과 분열을 거듭하면 불이 되는 것이다. 그러니까 물과 불은 한 곳에서 태어난 이란성 형제인 것이다.

흔히들 물과 불은 서로 상극(相剋)이라 한다. 그러나 그렇지않다. 불이 나면 불을 끌 수 있는 것은 천하에 물 밖에 없다. 불이 물을 받아들인 것이다. 자석에는 N극과 S극이 있다. 두 자석을 맞대고 같은 극을 마주하면 서로 붙지만, 극이 다른 N극과 S극을 마주하면 서로 밀어낸다. 이와 같이 서로 같기에 받아 들이는 것이다. 불에 물을 부으면 불이 꺼지는 것은 불이 물을 받아들인 결과다. 이것은 물과 불이 같은 계열이라는 명확한 증거이다. 그래서 천하무상극지리(天下無相剋之理)라고 말씀하신 것이다. 그렇다. 따지고보면 천하에 상극이란 없는 것이다.

슬픔이 나오는 곳도 한 곳, 기쁨이 나오는 곳도 한 곳, 웃음이 나오는 곳도 한 곳, 눈물이 나오는 곳도 한 곳, 신경질, 짜증, 화가 나오는 곳도 한 곳, 즐거움이 나오는 곳도 한 곳이다. 한 곳으로부터 나오니 슬픔도 기쁨도 형제간이요, 웃음과 눈물도 형제간이요, 짜증이나 화, 즐거움도 한 곳이요, 실망과 희망도 모두 형제간인 것이다. 천하가 무상극지리인 것을 안다면 이리 아귀다툼을 하고 난장을 부리고 억지부리고 살 세상이 아닌 것이다.

m. 불경과 도전(道典)

내가 젊은 시절에 본 불경은 그때 느낌으로 가공의 세계이거나 아니면 사람을 교화시키기 위하여 꾸며낸 이야기쯤으로 생각하였다. 철이 들어 나이가 차니 불경의 한마디 한 구절이 진실이요 진리라는 것을 깨닫게 되었다. 해인사의 국보 인류의 보물인 대장경은 8만대장경이라고 하는데 8만 4천여 경전이라고 한다. 이 8만 4천 가지 경의 이야기는 한순간에 체험할 수 있는 이야기도 있고 아니면 한세상을 경험해야 알 수 있는 이야기도 있다. 인간이 한 세상 살면 100년을 살아도 1년 365일 십년 3650일 백년 36500일이다. 백년을 살아도 36500일이니 8만 4천 가지 경험을 하루 한 가지씩 한다 해도 2백 5십여 년은 살아야 해볼 수 있는 경험적인 일들인 것이다. 석가모니의 500생에 걸친 이야기라고 하니 그 말이 맞는 것이 된다.

한 생애만으로 경험하고 지어낼 수 있는 분량의 이야기가 아닌 것이다. 우주 저 먼 곳 삼천대천(三天大天) 세상의 이야기인 것이다. 도전(道典)은 증산도의 주(主) 경전이다. 아무런 이해도 없이 도전을 보게 되면 무슨 SF 환타지를 보는 것처럼 보일 수 있다. 필자가 처음으로 증산도 공부를 하게 된 까닭은 성경의 주기도문처럼 증산도의 심고문(心告文)을 보고나서다. 심고문 중에 이런 구절이 있다. '후천 오만 년 선경 세계로' 라는 말이다. 짧은 생각에 '아! 증산도라는 곳이 최소한 '영생'을 팔아먹지는 않는 곳이구나.' 하고 생각하였고 한 발 더 나아가니 백 년 정도 밖에 되지 않는 우리나라에서 생겨났다는 것이요. 순수한 우리나라말로 되어 있어 오역이나 의역이 없었다는 점이었다. 그리고 도전의 모든 내용은 그 당시 강일순(상제님)님을 추종하고 수종들었던 신도들에 의하여 하나의 거짓도 없이 모든 것이 발로 뛰어 정확한 증언에 의하여 채록된 것이라는 사실도 알게 되었다. 믿지 않을 수 없는 일이다.

도전에 기록된 증산 상제님의 조화 무쌍한 천지공사의 법도는 '석가모니'를 훨씬 훨씬 능가하시는 천변만화의 법도였던 것이다. 우주 에너지였던 것이다. 집단과 집단 공동체와 공동체 국가와 국가 간의 언어라는 존재는 공동체간의 감정과 쓰임새가 각기 다르기 때문에 수많은 오역과 의역이 생긴다. 좀 불편한 단어이지만 양해를 당부 드리며 한 가지 예를 들어보면 병신(病身)이라는 단어는 우리나라에서는 몸이 불편한 사람을 빗대어서 남을 비아냥거리거나 조종하는 말로 쓰고 있는데 이웃 일본에서는 病身(병신)이라고 쓰면 "아픈 사람"을 일컫는다고 한다.

단순한 말 한마디에도 쓰임새가 이렇게 다른데 하물며 생각이나 사상을 다른 나라말로 전달한다는 것은 지극히 어려운 일이고 오역과 의역이 없을 수 없는 것이다. 그러나 증산도의 도전은 우리나라에서 우리말로 전해졌고 수백 년의 시간이 흘러 말이 보태지거나 빠지는 일도 없고 그 당시에 함께 하였던 수많은 사람들의 증언에 의해 정확하게 전달된 사상이다. 이 위대한 기록을 폄하하거나 부언을 할 수가 없다. 불경과 도전은 진실한 말이요 이야기들이다.

n. 개벽 이후의 일들

개벽은 우주의 시간과 공간과 혼을 일깨우는 실로 위대한 우주사적인 일이다. 미움과 원망 질투와 시기 분쟁이나 전쟁 정치와 문화 사상과 이데올로기 인간세상의 모든 욕망과 역사와 종교가 '개벽'이라는 자연의 절구 공이에 찧어져 새로운 것으로 재탄생되어지게 된다. 지구는 실로 우주혼의 인큐베이트가 되어 우주의 혼을 담아내는 곳으로 변하게 되는 것이다.

o. 개벽을 맞이하는 법방

증산도의 두 주축은 개벽사상과 개벽에 대비하는 송주 태을주(太乙主)라 하겠다. 태을주는 처음 들으면 무슨 소리인지도 알 수가 없고 미신스럽고 중얼거리는 소리로 들릴 수도 있으나 이는 실로 위대한 하늘과 통하는 대 주문이라는 것을 경험해 보아야 알 수 있는 일이다.

훔치
훔치 태을천 상원군 훔리치야도래 훔리함리 사파하

吽哆
吽哆 太乙天 上元君 吽哩哆揶都來 吽哩喊哩 娑婆訶

모두 23자로 되어있는데 처음 보면 우스꽝스러울 것 같은 주문이다. 그러나 이 주문은 천지를 여는 대 주문이며 언제 어디서나 송주하며 몸에 익

히게 되면 말할 수 없는 천지의 힘이 자신의 몸속으로 들어옴을 느낄 수 있다. 이 주문은 권력자나 실력자 똑똑한 사람이라고 더 잘되고 가난하거나 못났거나 낮은 사람이라고 안 되는 것도 아닌 그야말로 공평무사한 정성만 들이면 누구나 성취할 수 있는 우주의 기운과 합일 될 수 있는 대 주문임을 알려드린다. 태을주의 기운은 천지가 개벽되고 천하가 요동칠 때 살아날 수 있는 길을 알려주는 방법인 것이다.

p. 개벽 후의 세계

지구의 무게 중심 이동으로 기울어진 지구의 지축이 바로서고 지구가 360°의 정원 운동을 하게 되면 지구는 지하의 멘틀이동으로 엄청난 변화가 찾아오고 없었던 땅도 생겨나고 멀쩡한 산이 사라질 수도 있을 것이며 지구 지표면의 새로운 질서가 정립된다. 이때부터 살아남은 자들의 시간과 공간이 시작되는 것이다.

모든 에너지는 변화를 맞이하고 원소의 기운까지도 다 바뀌어서 소련의 체르노빌이나 일본 후쿠시마의 원전 잔존물들도 모두 바뀌고 소멸될 것이다. 나라간의 분쟁이나 싸움, 신(神) 때문에 일어나는 테러나 종교분쟁도 눈 녹듯이 녹아서 지구는 그야말로 청명(淸明)한 세상을 맞이하고 낙원의 시간과 공간이 찾아와 인간은 무병 장수하게 되고 남을 속이고 이곳에 끄달리는 사람은 자취를 감추게 된다.

q. 도통(道通)과 핸드폰

유사 이래 인류가 생기고 동서양이 나누어진 후 동양권 정신수련 대표주자인 선가(仙家), 도가(道家), 유가(儒家), 불가(佛家) 모두가 바라던 공통인자가 도통(道通)이라 하겠다. 그런데 인류의 비원인 이 도통이 옆에 붙어있는데도 사람들이 모르고 있는 것뿐이라고생각한다.

사람들은 매일 도통을 들고 다니고 하루종일 끼고 살고 있다. 바로 핸드폰이다.

핸드폰은 완벽한 도통의 조건을 모두 다 가지고 있다.

첫 번째 도통을 하려고 하면 삼독심(三毒心)을 없애야 한다고 하는데 아시다시피 삼독이란 탐(貪), 욕심내는 마음, 진(瞋), 성내는 마음, 치(癡) 교만한 어리석은 마음을 말하는데 '핸드폰'은 삼독이 없다. 이것만으로도 도통을 이룬 상태다.

둘째 도통을 하면 과거 현재 미래 삼세의 세상을 다 알 수 있다고 하는데 '핸드폰'에는 과거, 현재, 미래의 모든 정보가 다 들어 있다. 이만 하면 도통이라고 할 수 있지 않겠는가?

이런 말씀을 드리는 이유는 사람들에게 앞으로 '핸드폰'처럼 되는 세상이 오고 그렇게 되는 것이기 때문이다. 사람의 마음은 거울처럼 맑고 얼굴에는 미소가 마음에는 평화가 깃든 '핸드폰' 같은 세상이 오는 것이다. 핸드폰은 미래의 인간을 미리 알려주는 선행기기인 셈이다.

r. 일풍(一風) - 막가는 세상

바람이 불어오고 있다. 보이지도 않고 잡을 수도 없지만 한 시대를 매듭짓는 큰 바람이 몰려오고 있다. 온 세상이 막장으로 치닫고 있다. 정의와 공정, 평등이라는 말들이 한 때는 우리의 공동체를 지탱하여 주는 희망이기도 하였고 힘없고 서러운 자들에게는 위안이 되기도 한 말들이었지만 막 나가는 이 세상에서는 정의와 공정, 평등이라는 말들이 광인(狂人)의 메아리가 되어 하늘로 올라가 인간 세상을 내려다 보고 베싯거리고 이죽거리며 허공에서 칼춤을 추고 있다. 참말이 거짓말이고 거짓말이 참말이다. 말이 구별이 안된다. 일언(一言)이 중천금(重千金)이라는 옛말이 있다. 한 마디 말의 무게가 천금의 무게와 같다는 말인데 이 난세에서의 말은 그 무게가 '백짓장보다 가볍다. 공공의 질서를 지켜주고 지탱하여 주던 공권력(公權力)은 권세있는 자들의 사금고(私金庫)가 되어 버렸다.

공문서고 사문서고 믿을 수가 없다. 휴지조각이 되어 날아 다닌다.

정의와 공정의 잣대가 되어야 할 법정(法廷)은 거짓말 경연장이 되어 패거리들이 위세 떨치는 공연장이 되어 버렸다. 막가는 세상이다. 막나가는 판이다. 인간의 말이 빛을 잃고 그 가치를 잃어버린 세상을 어찌 바른 세상이라고 하겠는가. 공동체의 삶이 무너져 내리고 있다.

이러한 때를 당하여서도 세상이 온전하기를 바란다는 것은 깨어진 장독단지가 다시 붙기를 바라는 것과 다를 바 없을 것이다. 어찌 하늘과 땅의 응징(膺懲)이 없기를 바라리오. 바람이 몰려오고 있다. 인간이 광풍(狂風)을 부른 것이다. 일진광풍(一陣狂風)이 휘몰이 친 뒤에라야 평화와 고요가 찾아올 것이다. 나를 속이고 남을 속이고 한 끗의 이문을 위하여 악마구리처럼 버둥대던 인간의 욕망도 바람과 함께 사라질 것이다.

신(神)이란 괴물을 머리에 이고 내 편이 아니면 죽고 죽이는 분탕질도 덧없이 사라질 것이다. 거짓과 위선도 바람과 함께 사라질 것이다. 고요의 시간이 찾아오면 광명같은 세상이 꿈결처럼 펼쳐지고 낙원의 시간이 찾아 올 것이다. 이제 대단원의 막을 내리면서 온 세상, 온 지구가 서로 배려하고 웃음이 넘쳐나는 아름다운 세상이 올 것을 기대하며 이 글을 마친다. 모든 독자님들의 건승을 빈다. 🌀

후기 後記, *Epilouge*

　부족한 사람으로서 한 권의 책이 완성되어 후기를 쓸 수 있게 되었음은 실로 감개무량한 일이다. 이 책이 완성되기까지 지난한 일들이 많았지만 여기까지 올 수 있게 물심양면으로 지원하여 주신 여러 지인님들께 깊은 감사를 드린다.

　이 책은 세상사 여러 분야 중에서도 인간의 평화와 행복에 이르는 궁극적인 길을 제시한 하나의 안내서라고 생각한다.

　먼저 인간이라면 누구나 바라마지 않는 "행복"이란 측면에서 행복의 근원적 출발점을 찾아본 것이다. 모든 행복의 출발점은 인간의 사유(思惟)로부터 나온다.

　사유, 즉 생각의 출발점은 곧 마음이다. 마음으로부터 세상만사가 펼쳐지는 것이다. 스스로 나약하다고 생각하였던 인간들은 마음을 찾는 길을 종교에 의탁하게 되었고 종교와 사람은 애증의 길을 함께 걸으며 얽히고 섞여 오늘에 이르게 되었다. 그러나 애석하게도 종교는 본연의 임무와는 다른 길을 걸으며 인간이 인간을 핍박하고 인간이 인간을 갈라놓고 인간이 인간을 죽이는 지경에 이르게 하였다.

　잘 아시다시피 종교는 서양종교(기독교, 이슬람교), 동양종교(불교, 유교)로 대변되게 되었다. 이 두 양대 종교사상은 처음부터 그 출생환경과 출발점이 달랐다. 서양종교의 출발점이 된 중동은 지금도 기후환경이 사막지대이지만 2천년, 3천년 전의 그 열악한 환경을 상상해보면 누구에게라도 기대어 그 어려움을 달래보려 하였을 것이고 이것이 자연스럽게 인간이외의 타자에 의탁하는 구조를 형성하게 된 것이 서양종교사상의 시발점이 되었을 것이다. 동양의 종교는 풍부한 수량과 농경덕분에 인간의 근본욕망인 먹고사는 문제가 해결되니까 자연스럽게 인간 내면의 세계를 찾아가게 되었을 것이다. 동양종교 중에 유교는 종교라고 할 것까지는 없지만 그 탄생배경은 인간의 탐욕으로 인하여 하도 많이 싸우고 속이고하니 그 체험의 바탕위에서 돋아난 인간질서 유지의 방편이었다고 하겠다.

여하간 서양과 동양의 두 종교집단은 한쪽은 신(神)이 위주가 되었고 한쪽은 인간이 위주가 된 것이다. 2천년 전, 3천년 전 사람이라고 음식먹지않고 배설하지 않고 살 수 없었고 사람이라면 누구나 가지고 있는 "마음"을 가지지않고 산 사람은 없었을 것이다. 그런데 세월이 흐르면서 인지가 발달하고 "과학"이란 이름의 문명이 생겨나면서 서로 그 궤를 달리하게 되었는 바 동양쪽 종교는 인간 자신의 내면을 찾으면서 2천년 전이나 3천년 전이나 변함이 없지만 서양종교는 인간 외의 타자에 의존하는 종교의 근본구조자체가 달라졌다는 사실은 인지하지 못한채 오늘에 이르러 온 세상이 화약고 신세를 면치못하는 지경에 이르고 말았다.

2천년 전, 3천년 전의 태양은 그야말로 하늘의 제왕이었고 그 당시 사람들의 인지속에서는 태양의 신(神)이었고 왕이었고 세상의 전부였다. 그래서 하늘에는 태양뿐이었으므로 하늘을 지배하는 자가 있을 것이고 하느님이 생겼다. 그 당시로서는 그 이론이 맞는 것이었다. 그러나 세월이 수천년 흘러 "과학"이라는 이름의 찬란한 "증거자"가 나타나면서 2천년 전, 3천년 전의 신(神)의 논거(論據)가 허물어질때도 되었지만 "사탕발림"에 길이든 인간들은 아직도 2천년 전, 3천년 전의 논리에서 한발도 빠져나오지 못하고 있는 안타까운 지경이다. 2천년, 3천년 전에야 태양이 세상의 전부였겠으나 우주(宇宙)를 알고난 현재의 입장에서보면 인류의 전부였던 그 찬란한 태양은 하나의 점도 못된다는 것이다.

필자가 어떤 사람을 만났는 데, 그 분의 말씀이 만약 과거로 돌아갈 수 있다면, 자기가 제일 하고싶은 일이 막스와 레닌을 처단하고 싶다고 하는 이야기를 들었다. 인류가 처음부터 좌우가 있던것도 아닌데 21세기 문명 시대에 막스, 레닌의 영혼을 섬겨서 좌우 난장판을 만드는 것은 인간의 수 치라고 보아야한다.

누가 이 거대한 우주와 수조개의 별을 거느린 수많은 은하를 하루 아침 에 만들어냈었다고 하는가. 과학자들은 지금도 매초 우주가 팽창하고 있 다고 한다. 창조자 논리대로라면 지금도 창조자가 매초 우주로 만들고 있 어야 한다. 창조자가 그런 근거나 증거가 있다고 우긴다면 구멍가게 주인 이 하루 아침에 수 천 조 규모의 회사를 자기가 만들었다고 하는 것이나 마 찬가지다. 애시당초 잘못된 것이었다고 한다면 지금이라도 인간 본연의 인간의 세계로 돌아와야한다. 그래야만 이 아수라장 난장판의 세계가 숨 쉴 수 있는 공간이라도 될 것이다. 인간의 길로 돌아오면 더 좋고 안 돌아 와도 좋다.

붙잡지 않아도 떠밀지 않아도 바른 세상의 바른 길이 열리고 있다. 개벽 (開闢)이다.

개벽은 본문에서 나름대로 풀이하였지만, 다시 한 번 개벽은 무슨 미신 이나 거짓말이나 사기가 아니라는 것을 말씀드린다. 기약없는 "영생"이라 는 것도 아니다.

개벽은 과학적이고 물리적인 논리가 뒷받침된 가까운 시일내에 찾아올 지구의 "리모델링"이다. 개벽을 거치고나면 지구는 낙원같은 푸른 행성으 로 다시 태어나는 것이다. 본서에서 적어낸 말 중에는 지구상에서 한 번도 써본 일이 없는 두 단어가 있다. 하나는 개벽을 설명한 "지구 무게중심이 동"이란 말이고 다른 하나가 "지구 리모델링"이란 말이다.

앞으로 모든 세상이 이육사 시인의 광야(曠野)에서 외쳤던 "모든 산맥 (山脈)들이 바다를 연모(戀慕)해 휘달릴 때처럼"

정치, 종교, 사상, 경제, 문화, 악과 선, 남과 북, 돈, 명예, 권력, 이 모든 것이 개벽이라는 거대한 시간의 블랙홀을 따라 떡방앗간의 떡이 될 시간이 찾아오고 있다는 것을 모두가 알아야한다.

이 모든 것은 사실에 기초한 것이지 공상이나 몽상에 의한 것이 아니다. 누구를 미워하거나 분노하거나 불평, 불만에서 이 책을 만든 것도 아니고 아귀다툼으로 나를 속이고 세상을 속이고 몇 푼의 땡전을 위하여 고귀한 영혼을 바꾸지 않기를 간곡히 바라는 바이다. 또한, 인간이 신의 압재로부터 인간으로 돌아오길 바란다.

독자 여러분의 냉철한 이성이 본서와 함께 하기를 기원드리며 끝을 맺는다. 독자제현의 행운을 빕니다.

2021년 4월 5일

道光

참고문헌

甑山道 道典 ┃ 甑山道의 眞理 / 安耕田 / 대원출판 ┃ 이것이 개벽이다 / 安耕田 / 대원출판
증산도와 한민족 / 安耕田 / 대원출판 ┃ 시간의 역사 / 스티븐 호킹 / 까치글방
그녀는 다시 태어나지 않기로 했다. / 조민기 / 조계종출판사 ┃ 실체에 이르는 길 / 로즈 펜로즈 / 도서출판 승산
聖經 / 佛經 / 조선일보 과학칼럼 ┃ 신.만들어진 위험 / 김영사 /리처드 도킨스

일풍

•초판발행 2020년 10월 1일 •2판인쇄 2021년 4월 20일 •2판발행 2021년 4월 25일
•저자 居士 道光 •발행인 한정숙 •발행처 율려문화사
  서울특별시 서대문구 증가로29길 20-36, 501호(북가좌동)
  Mpbile : 010-5056-6688 E-mail : ksb47@naver.com
•등록년월일 2020년 7월 31일 •등록번호 제2020-000082호
•ISBN 979-11-971443-0-1 03290

· 잘못된 책은 교환해 드립니다.